RESEARCH ON INSTITUTIONAL INVESTOR NETWORK RELATION
CORPORATE INNOVATION

机构投资者网络关系与企业创新研究

王丽丽◎著

泰山学院学术著作出版基金资助

山东省社会科学规划研究项目“双碳”战略下山东省行政垄断规制与企业绿色投资研究（23CGLJ47）

泰安市哲学社会科学青年人才创新团队—区域经济高质量发展创新团队，团队研究课题是“环境规制推动泰安市经济高质量发展实现路径研究”

经济管理出版社
ECONOMY & MANAGEMENT PUBLISHING HOUSE

图书在版编目（CIP）数据

机构投资者网络关系与企业创新研究 / 王丽丽著.
北京 ：经济管理出版社，2024. -- ISBN 978-7-5243
-0168-4

Ⅰ. F832.51；F279.23

中国国家版本馆 CIP 数据核字第 2024WJ2217 号

组稿编辑：张馨予
责任编辑：张馨予
责任印制：张莉琼
责任校对：陈　颖

出版发行：经济管理出版社
（北京市海淀区北蜂窝 8 号中雅大厦 A 座 11 层　100038）
网　　址：www.E-mp.com.cn
电　　话：（010）51915602
印　　刷：唐山昊达印刷有限公司
经　　销：新华书店
开　　本：720mm×1000mm/16
印　　张：13.75
字　　数：278 千字
版　　次：2025 年 3 月第 1 版　　2025 年 3 月第 1 次印刷
书　　号：ISBN 978-7-5243-0168-4
定　　价：98.00 元

·版权所有　翻印必究·
凡购本社图书，如有印装错误，由本社发行部负责调换。
联系地址：北京市海淀区北蜂窝 8 号中雅大厦 11 层
电话：（010）68022974　　邮编：100038

前　言

在“以企业为主体、市场为导向、加快建设创新型国家”的国家宏观战略愿景下，以科技创新主导的现代化经济体系重要战略支撑的科学技术革命为企业生产制造和企业创新带来亘古未有的发展机遇，同时也给企业带来加快创新经济体系建设的诸多挑战和市场竞争。如何进一步激发企业创新活力、努力提升企业创新能力和创新效率，是目前中国亟待解决并需深入研究的重要问题。本书试图以机构投资者网络（社会网络）的角度切入，研究机构投资者网络关系对企业创新行为的影响，考虑不同企业产权、行业竞争及市场化进程的横截面调节作用，全面探讨异质机构投资者网络关系对企业创新影响的异同，深入剖析机构投资者网络关系对企业创新影响的作用机理，并进一步检验机构投资者网络关系影响企业创新的经济后果。中国作为新兴资本市场，其市场发展机制、产权保护体系和法律制度规范尚不完善，机构投资者网络关系作为公司治理的一种非正式制度，是对正式制度的有效补充，机构投资者网络中所蕴含的资源效应、信息效应以及治理效应将深刻影响企业创新行为。本书从机构投资者网络关系出发，基于社会网络理论深入剖析了企业创新的影响因素、作用机制和经济后果，为企业技术创新研究提供了新的视域，丰富了社会学与公司治理领域的相关研究成果。

本书以我国沪深两市 A 股 2007~2019 年上市公司的创新行为作为研究对象，在充分梳理我国资本市场机构化所带来的重大历史变革和制度背景之后，聚焦于机构投资者共同持股形成的社会网络关系，运用企业创新理论、资源依赖理论、社会资本理论、信息不对称理论、公司治理理论及竞争优势理论，系统检验了机构投资者网络关系对企业创新的影响及其作用机制以及经济后果，研究结论如下：

第一，机构投资者网络关系能够显著提升企业创新水平，进一步采用倾向得分匹配（PSM）、工具变量（IV）、两阶段 HECKMAN 检验控制非随机干扰、遗漏变量以及自选择问题所产生的内生性，结论依然成立；本书采用了替换解释变量与被解释变量、随机删除样本等方法进行了稳健性测试，结果依然稳健；横截面检验发现，产权性质（国有企业取 1，民营企业取 0）弱化了机构投资者网络关系对企业创新影响的正向作用，行业竞争程度（反指标）与市场化进程强化了机构投资者网络关系对企业创新影响的正向作用。

第二，按照机构投资者与企业是否具有商业关系（独立性）重构了压力抵抗型机构投资者网络与压力敏感型机构投资者网络；按照机构投资者持股持续性（稳定性）重构了稳定型机构投资者网络与交易型机构投资者网络；按照机构投资者持股质量以及持股规模（专注型）重构了专注型机构投资者网络与临时型机构投资者网络，在此基础上进一步研究了异质机构投资者网络关系与企业创新的相关关系。压力敏感型与压力抵抗型机构投资者网络关系均能显著提升企业创新水平；相较于交易型和临时型机构投资者网络关系，稳定型以及专注型机构投资者网络关系对企业创新水平的影响更显著。

第三，机构投资者网络关系通过缓解企业融资约束、发挥资源效应进而提升企业创新水平，进一步对资源效应进行研究发现，机构投资者网络关系可以通过促进商业信用合作和降低股权融资成本而非扩大银行信贷实现企业创新水平的提升；机构投资者网络关系通过提高企业信息透明度、发挥信息效应进而提升企业创新水平，进一步对信息效应进行研究发现，机构投资者网络关系不仅可以通过信息效应提高企业信息透明度，进一步通过促进私有信息和创新信息传递而实现企业创新水平的提升；机构投资者网络关系通过提高企业公司治理水平、发挥治理效应而提升企业创新水平，进一步对治理效应进行研究发现，机构投资者网络关系通过降低管理层自利行为、抑制大股东隧道行为而实现企业创新水平的提升。

第四，经济后果研究发现，机构投资者网络关系能够弱化公司现金约束对创新活动的抑制作用而克服创新投资不足；机构投资者网络关系能够缓解企业的创新迎合行为而抑制创新投资过度；机构投资者网络关系能够实现企业创新质量的提升；机构投资者网络关系在提高企业创新投入产出比、企业创新价值增值能力基础上进一步提升企业创新效率；机构投资者网络关系引致的企业创新效率的提升能够提高企业全要素生产率，优化其资源配置，促进经济高质量发展。

创新是提高企业劳动生产率的重要方式，也是提升其核心竞争力的有效途径。近年来，我国政府相继出台一系列强有力的产业扶持政策以期提升企业技术创新。然而，与创新型国家相比，我国创新水平相对落后，企业技术创新投入及产出效果难以满足日益激烈的国际竞争需求。在我国经济步入“新常态”的时代背景下，提供可持续、高质量且稳定的创新来源以及良好的创新融资环境可以有效满足企业的创新需求，也是企业自身以及当前社会各界需要解决的重要问题。

本书主要探讨了机构投资者共同持股形成的机构投资者网络关系对企业创新行为的影响及作用机制和经济后果，机构投资者网络作为一种非正式制度安排，通过资源效应、信息效应和治理效应的充分发挥可实现企业创新水平和创新效率的有效提升，机构投资者网络关系对企业创新的正向影响也进一步优化了企业资源配置，提高了全要素生产率。本书的研究结论在一定程度上能够为企业合理高效运用创新资源提供方向指引，为企业持续健康发展提供科学性指导，为政府如何引导机构投资者参与企业经营管理、提高企业创新活力提供丰富的理论借鉴和政策启示。

目 录

1 绪论

创新是民族进步的灵魂，是国家发展的不竭“原动力”，是现代化经济体系建设的战略支撑。以技术进步和技术创新为核心的“创新驱动”已经连续被写入党的十八大报告和党的十九大报告中，在经济可持续发展的现实背景下，打造创新驱动新引擎已然成为推动中国经济快速健康发展的必由之路，创新业已正式列入国家层面的重要发展战略。技术创新引领着产品、产业、商业模式的创新。伴随我国产品市场的不断发展和开放，在激烈的国际贸易竞争中，我国各类商品的出口份额已经赶超甚至远超其他发达国家，但相关零部件和核心技术的进口量依然居高不下。我国企业创新意识、能力、投入依然薄弱，自主创新进程的推动相对缓慢，更多地停留在模仿创新阶段。为了加快迈向创新强国的步伐、掌握未来经济发展的主动权，提升我国综合创新能力是中国亟待解决的迫切任务。随着产业结构的优化升级，供给侧结构性调整的深改推进，产品竞争的不断加剧，社会经济高质量发展的迫切需要，实现市场经济发展从一般意义的“要素驱动”“投资驱动”向内驱力更强的“创新驱动”的快速跨越是国民经济得以持续健康增长的重中之重。

社会学家 Bourdieu（1984）正式提出社会资本的重要概念，相关研究迅速引发了国内外学者的广泛关注。聚焦于企业资源观，社会资本是镶嵌在微观经济主体所处复杂社会网络中的一系列稀缺资源的有效集合，那么社会资本产生的关键载体便是社会网络。作为一个典型的关系型社会，中国存在着各种形式以及各种规模的社会网络，社会网络关系无时无刻不在影响着人们的生产生活。同时，我国正处于重要经济新常态转轨的特殊时点，并面临各项正式制度相对欠缺的复杂现状，微观经济主体能够从资本市场获取的相关资源还非常有限，为了创造我国企业可持续发展的竞争优势，提高企业面临复杂多变市场情况的应对能力，中国企业的高层管理者越来越重视各种社会网络关系的构建和运用，以期充分利用社会网络中的稀缺资源而服务于企业的可持续、高质量发展。

伴随机构持股比例的持续增加和股东积极主义的逐渐兴起，我国投资者结构也发生了相应转变。在资本市场中，机构正逐步超越个人投资者成为主角，机构投资者参与公司管理和监督的意愿及动机也越发强烈。资本市场机构化引致了微观企业主体股权结构与治理环境的双重改变。机构投资者积极参与公司监督与治理的特殊角色亦得到政策的支持和肯定，联合其组合投资、分散风险的超凡能力，被发达国家视为能够缓解代理问题及改善公司治理的特药良方。无论是参与度还是影响力方面，机构投资者都逐渐扮演起“资本市场压舱石”的重要角色。

相对散户投资者，机构投资者拥有稀缺的创新资源和强大的信息优势，通过共同投资于高价值上市公司而构建的社会网络又可以进一步折射及强化其治理能力。区别于以往从机构投资者个体的持股类型和持股比例进行的相关研究，本书聚焦社会网络中的社会学原理与方法，通过机构投资者共同持股所形成的机构投资者网络中心度来表征机构投资者网络关系中的资源、信息及治理优势，深入剖析机构投资者网络关系对企业创新行为的影响及其经济后果，并希望能够针对以下问题作出解答：机构投资者网络关系对企业创新水平将会产生何种影响？产权性质、行业竞争程度以及市场化进程会对机构投资者网络关系影响下的企业创新产生何种作用？异质机构投资者网络关系会对企业创新水平产生何种异同？机构投资者网络关系影响企业创新行为的作用机制为何？其影响又会给企业带来何种经济后果？

本章为绪论部分，重点帮助我们了解本书的研究思路和主要内容。主要包括本书的研究背景、理论和现实意义、研究内容、研究方法、研究思路、技术路线、框架结构等。

1.1 选题背景与研究意义

1.1.1 选题背景

世界知识产权组织（WIPO）于 2021 年 9 月 20 日发布了《2021 年全球创新指数报告》，其相关数据显示，中国创新指数排名持续攀升，从 2019 年的第 14 位升至 2021 年的第 12 位，已经远远超越加拿大、日本、以色列等发达经济体和其他发展中国家。伴随创新投资的持续增加，我国创新能力已经能够和发达国家处于同一梯队。《全国科技经费投入统计公报》显示，我国科研经费投入在 2007~2020 年逐年增长（见图 1-1）。2020 年，我国研发支出占 GDP 的比重为 2.40%，虽再创新高，但远不及美国的 50%，也并没有达到“十三五”规划中

2.5%的目标要求，研发支出占 GDP 的比重在国际上也只有达到 5%才被认可具有创新竞争力。

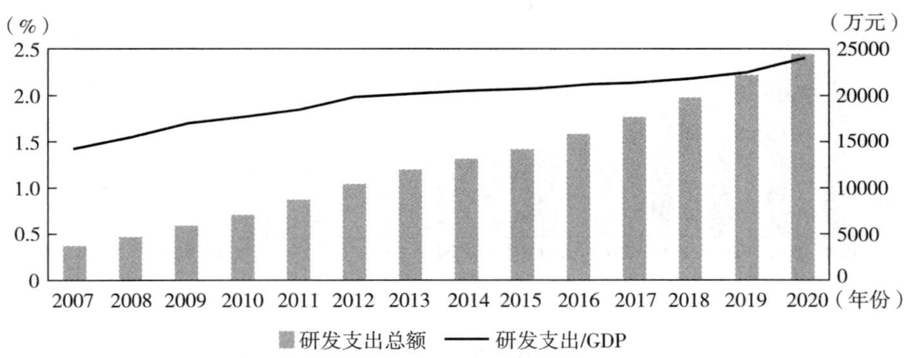

图 1-1　2007~2020 年我国研发支出占 GDP 比重及研发支出总额走势

资料来源：《全国科技经费投入统计公报》。

根据 1995~2020 年我国研发支出结构趋势的分析可以看出（见图 1-2），从投入主体看，2020 年，各类企业研发支出为 18673.8 亿元，占全部研发投入的比重为 76.6%，我国企业已经超越政府成为国家技术创新的主导力量。实施创新驱动应该以市场机制为基础和以企业创新为主导（李扬、张晓晶，2015），技术创新行为不仅在企业核心竞争力提升和可持续发展实现方面发挥着举足轻重的作用，同时也为国家实现创新驱动的伟大战略提供了必要以及重要的微观经济基础。为更好更快实现“中国跻身创新型强国”的战略目标，不仅需要在宏观层面上加大研发投入，更需要进一步激发企业创新活力，调动其创新活动积极性。由此而来，如何提高我国企业的技术创新水平是当前亟待解决并需要深入研究的重要问题。

创新作为一项投入大、周期长、风险高的不确定性行为，其实施过程要受企业多个方面因素的影响。稀缺的创新资源决定了企业创新投入水平及可持续性；及时的研发信息决定了创新的方向和成功率，有效的监督治理决定了企业创新的风险承担水平及创新质量（王贞洁、王京，2018）。因此，影响企业创新的本源在于企业能否及时获取外部稀缺资源满足技术创新、能否充分获得研发相关信息降低信息不对称以及能否进一步提升高管风险承担、缓解代理冲突，进而促进高质量企业创新并提升企业创新效率。

伴随资本市场的深改推进和股东积极主义的逐渐兴起，我国 A 股投资者结构发生明显改变，逐步进入“机构化”时代，机构投资者持股比例的持续增加引

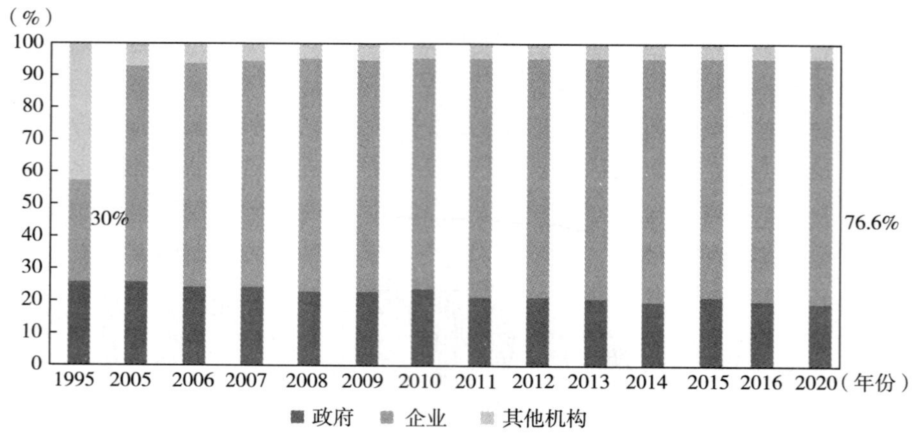

图 1-2　1995~2020 年我国研发支出结构趋势

资料来源：经合组织（OECD）发布最新版《主要科学技术指标》。

致其在 A 股中的话语权显著提升，机构投资者参与企业经营管理的动机和愿望也越加强烈，其发挥的监督和治理机制也被西方发达国家学者视为能够缓解代理问题和强化公司治理的特药良方。从全球来看，以散户投资者为主体的投资者结构常常被认为是导致各国资本市场脱离理性轨道的根本原因，提倡资本市场机构化已成为全球金融市场的改革发展趋势。自 2000 年起，中国证券监督管理委员会（以下简称“中国证监会”）鼓励并提倡“超常规、创造性地培育和发展机构投资者”，并相继出台系列政策和措施予以扶持和规范。截至 2020 年底，境内外机构投资者持股在我国 A 股市场中占流通股比重约为 23.44%，无论是参与度还是影响力方面，机构投资者都逐渐扮演起“资本市场压舱石”的重要角色。相对于个人来说，机构作为资本市场中成熟理性的投资者，拥有强大的资金优势和专业的技术团队，可以进行充分的组合投资来获取投资收益和分散投资风险，并进一步强化其知情交易者角色，对管理层以及大股东的积极监督能够有效抑制其在职消费（Ajinkya et al.，2005）和内部人隧道行为（Xu et al.，2014）。但是由于机构个体行为的相对独立性，股权分散又会弱化其参与公司治理监督的有效性（Shleifer and Vishny，1986），因而有学者对中国机构投资者的治理能力和治理效果提出质疑，他们认为中国的机构投资者由于较低的持股水平，缺乏足够的动机和能力通过“用手投票”以“发声”的方式参与企业的经营管理（Jiang and Kim，2015；Firth et al.，2016）；交易型短期机构投资者倾向于频繁更换投资对象并且持股周期较短，出于短期盈利交易的投资意愿也致使他们缺乏足够动机为上市公司提供更多的资源和信息，并无法对上市公司的经营管理实施有效监督和约束。

伴随机构投资者的快速发展以及对微观经济产生的持续深刻影响，作为金融市场两大参与主体的投资者和上市公司的关系也正在发生显著变化。我国以证券投资基金、社会保险基金、QFII、保险公司、券商为代表的机构数量的持续增加以及投资理念的日益成熟，组合投资分散和规避投资风险已成为机构投资者普遍采取的投资方式。由此而来，在我国上市公司中，多家机构个体共同持有同一家上市公司股份的情况非常普遍，这种由多个机构个体共同持有一家上市公司股份所形成的若干交集和联结就形成了机构投资者网络。2020 年，机构投资者同时持有同一家上市公司平均构成的直接联结为 6.12 个，其联结最大能够达到 87 个。由此可见，通过持有上市公司股份，机构投资个体已经形成了独特的网络关系。

中国作为新兴市场，尚未建立完善的市场机制、产权保护体系和法律规范，“关系”对机构资源效应、信息效应和治理效应的影响不容忽视。机构投资者网络本身属于社会网络，在良好市场机制和法律制度相对欠缺的情况下，社会网络更易于被企业作为其自身的一种经营战略，进而通过这种网络关系寻求企业所需的稀缺创新资源（游家兴、刘淳，2011）。企业创新行为都会面临比较严重的融资约束。一方面，创新行为的涉密性和创新绩效的难以预估性使企业创新行为面临较为狭窄的外部融资渠道；另一方面，创新融资的“柠檬”市场使上市公司对外融资时要面对高昂的融资成本。相关文献研究发现，银行贷款、商业信用合作以及政府补助能够成为企业创新投资的有效融资渠道（李汇东等，2013）。从社会学的角度看，社会网络关系是超越企业和市场的一种组织形态，是对正式制度的补充，它可以促使多种形式的资源低成本、无阻碍地在企业之间流动。社会网络能够有效整合企业内外部资源，实现外部资源内部化，相对于其他社会网络，机构投资者网络是企业间低成本的、可靠的网络关系形式，不仅可以实现联结企业之间以及企业与外部的资源互通，还可以正向影响投资者获取社会资源的能力，提升企业创新水平。相对于企业其他社会网络而言，机构网络位置的差异会影响企业对信息资源的获取和掌控能力，机构网络可以促进网络个体之间的信息传递和交流，降低上市公司的信息不对称，而通过网络间的联系，机构投资者可以获得更多私有信息和创新信息并促使他们在网络内外有效传递，进而提升企业创新水平。共同持股形成的机构投资者网络联结也能促进机构个体的合作行为，从而强化其参与公司治理的有效性（Edmans and Holderness，2016；Crane et al.，2019），机构投资者网络可以通过各种方式积极参与公司治理，网络联动效应也能进一步提升其参与企业决策的话语权。相关研究表明，机构投资者网络关系不单是机构个体获取经验和交流信息的主要途径（Cohen et al.，2008），更是机构个体选择交易方式与进行投资决策的关键影响因素。机构个体所处其网络越趋于中心，其获取网络中的非冗余信息、经验、知识、资金等社会资本的能力越强，也越能更好地发挥监督决策职能、提升公司治理水平。当然，网络也可能使机构投资者获得更多冗余信息而降低企业信息透明度；面对业绩压力也可能进行短视投资而无法带给企业更多的稀缺资源，无法缓解企业的融资约束；基于机构投资者和企业管理层的“战略合作假说”，存在网络关系的机构投资者也可能与企业管理层合谋，进一步引发代理冲突，降低公司治理水平。

企业的资源获取能力、信息不对称程度以及公司治理有效性，能够直接影响公司的创新行为。基于此，本书要研究的是，机构投资者网络如何影响企业创新水平？异质产权、异质行业竞争程度以及异质市场化进程下机构投资者网络关系对企业创新水平的影响存在何种异同？机构投资者网络关系通过何种方式作用于企业创新行为？其对企业创新行为影响会带来怎样的经济后果？

1.1.2 研究意义

“以企业为主体、市场为导向、加快建设创新型强国”的国家宏观愿景下，以信息科技为代表的技术革命为企业生产发展和科技创新带来前所未有的发展机遇，与此同时，企业也面临着经济新常态背景下的竞争新压力和研发新挑战。对如何进一步提升企业创新能力，本书试图从社会学社会网络中的机构投资者网络出发，研究机构投资者网络关系对企业创新水平的影响，并考虑不同横截面调节作用，全面探讨异质机构网络关系与企业创新活动的关系，并进一步深入剖析机构网络关系对企业创新影响的作用机理以及经济后果。中国作为新兴资本市场，市场机制、产权保护体系和法律规范尚不完善，机构投资者网络关系作为公司治理的一种非正式制度，是对正式制度的补充，其对企业创新的影响研究具有一定的理论意义和现实意义。

理论意义：第一，从社会学视域拓展了企业创新影响因素研究，为网络算法与管理学的进一步融合提供参考。现有相关文献大多聚焦管理学和经济学角度研究企业创新的影响因素，包括宏观法律环境、金融发展和外部宏观环境以及微观人力资本、企业公司治理以及外部融资约束。关于企业创新影响因素中的公司治理特征研究，部分学者主要关注机构投资者的持股比例以及机构投资者的异质性，但这些研究所蕴含的基本假设是将所有机构投资者看成一个整体，从而忽略对机构投资者个体联结关系的进一步考察。机构投资者网络关系属于社会学中社会网络的一种具体形式，作为企业外部的一种非正式制度安排，超越了市场和企业的组织形态，将机构投资者看成投资个体，考察机构投资者的个体效应在网络中的传播，区别于以往对机构“持股比例”和机构“异质性”特征的关注，运用社会网络的分析方法探讨机构投资者网络关系对企业创新的影响机理，拓展了企业创新影响因素研究。本书的网络算法也更易于捕捉数据背后机构成员之间的交互勾稽关系，从而易于深化对机构投资者个体行为的理解。更重要的，各种异质性网络存续于不同的金融参与个体以及金融中介之间，本书将根据机构投资者的具体特点，进行多维度机构投资者网络重构，考察异质机构投资者网络关系对企业创新的影响。在这些不同的机构网络中，蕴含大量有待进一步挖掘的多维度网络参数，对于公司金融、资产定价以及企业公司治理有大量有待研究者挖掘的影响因素。因此，基于此研究，希望能为后续学者进一步展开社会学与管理学研究的深度融合提供参考。第二，拓展了机构投资者网络关系的经济后果研究。一些研究者运用社会网络分析针对机构个体行为趋同或经济利益共享进行了有益探讨，但这些研究还是站在机构投资者角度上进行的，主要考察对资本市场经济行为的研究，较少延伸至企业层面，没有从社会网络关系的内在视角来研究机构个体的资源交换、信息传递和治理效应以及这些行为对企业创新活动的影响。本书试图将机构个体在资本市场层面的网络关系研究与公司战略层面的创新行为研究融合在一起，研究社会网络环境下机构投资者网络关系对企业创新的影响。

现实意义：第一，为企业合理利用创新资源提供方向指引。本书将从社会网络视角出发，深入探究机构投资者网络与创新之间的相关关系，并考虑了治理特征的横截面影响。基于网络异质性，进一步考察了不同独立性、不同稳定性、不同专注型的机构网络关系对企业创新行为的影响，同时深入剖析机构投资者网络影响企业创新的作用机制和经济后果。本书的研究结论将有助于揭示企业的网络嵌入性与企业参与创新的作用关系，引导企业关注自身差异对创新的作用，进而期望可以总结归纳出能够适合其自身需求的创新行为发展路径，为企业的可持续健康发展提供更加科学性的指导，帮助企业在未来发展中做出正确的决策，促进经济高质量发展。第二，为政府如何引导机构投资者参与企业公司治理，提高企业创新活力提供政策建议。中国作为新兴市场，尚未建立完善的市场机制、产权保护体系和法律规范，“关系”对机构投资者的资源效应、信息效应和治理效应的有效发挥颇为重要。机构网络关系作为一种非正式制度安排，通过资源整合、信息获取和治理监督职能的发挥能够对企业投资行为产生影响，进而影响企业的创新行为。创新作为提升企业核心竞争力、维护中国企业在国际市场重要地位的关键战略，决定着中国企业的未来。本书基于机构投资者网络对于企业创新行为的影响结论有助于国家制定促进企业高质量发展的相关政策和方针。国家应进一步提升对机构投资者利益保护水平，提高其对企业公司经营管理的参与程度，通过提高机构投资者治理积极性和释放治理活力，进一步促使我国企业通过利用机构投资者网络和企业网络提高自身经营管理效率并提升企业创新水平，从而有效服务于我国经济的高质量发展。

1.2 研究内容与研究框架

1.2.1 研究内容

本书坚持理论与实践相结合，基于社会网络视角研究我国机构投资者网络关系对企业创新投入、企业创新产出的影响路径，全面探究治理特征的横截面作用，并深入分析了不同机构独立性、不同机构稳定性、不同机构专注型的机构投资者网络差异对企业创新行为的影响，同时深入剖析机构投资者网络影响企业创新的作用机制和经济后果，最终凝练本书研究结论并提出相应的政策建议与启示。本书研究内容共分为 8 章，具体如下：

第 1 章为绪论。主要阐述本书的研究背景、研究意义；凝练本书的研究内容、研究框架；明确本书的研究思路及研究方法，并总结归纳本书的创新与贡献。

第 2 章为文献综述。本章内容主要分为三部分。第一部分，企业创新的概念及影响因素。第二部分，社会网络对微观经济活动的影响。包括社会网络的概念以及应用、社会网络与微观经济行为、机构投资者网络与资本市场、机构投资者网络与微观经济行为。第三部分，文献述评。阐述已有研究不足，并切入本书的研究内容。

第 3 章为理论基础与研究机理。本章内容主要概括为四部分。第一部分，概念界定。包括创新行为、社会网络及机构投资者网络关系的相关概念界定。第二部分，理论基础。包括竞争优势理论、企业创新理论、资源依赖理论、信息不对称理论、公司治理理论、社会资本理论、弱联结优势理论、镶嵌理论的阐述。第三部分，机构投资者网络关系影响企业创新的机理分析。通过凝练机构投资者网络关系对企业创新影响的资源效应、信息效应及治理效应运用理论模型推导出机构投资者网络关系对企业创新所产生的影响。第四部分，本章小结。

第 4 章为机构投资者网络关系与企业创新：基本回归。本章内容主要分为两部分。第一部分，根据机构投资者网络关系的资源效应、信息效应和治理效应，以机构投资者网络中心度平均值和中位数作为公司层面机构投资者网络的代理变量（其中，网络中心度的平均值作为解释变量，中位数可作稳健性检验替代变量），以公司创新投入和创新产出作为企业创新的代理变量，以公司规模、资产负债率、营业收入增长率、资产报酬率、现金持有量、公司年龄、资本支出、第一大股东持股、管理层持股、机构投资者持股作为控制变量，首先考察机构投资者网络的存在是否能够影响企业创新水平，其次重点考察机构投资者网络大小对企业创新的影响。第二部分，基于不同治理横截面（包括产权属性、行业竞争、市场化进程）考察机构投资者网络关系对企业创新的影响异同。

第 5 章为机构投资者网络关系与企业创新：网络关系异质性。本章主要根据机构投资者的不同性质重构机构投资者网络，并进一步研究了异质机构投资者网络关系与企业创新的相关关系。本章根据机构投资者独立性并按照机构投资者与企业是否具有商业关系重构了压力抵抗型机构投资者和压力敏感型机构投资者网络关系；根据机构投资者稳定型并按照机构投资者持股持续期重构了稳定型机构投资者网络关系与交易型机构投资者网络关系；根据机构投资者专注型并按照机构投资者持股质量和持股规模重构了专注型机构投资者网络关系与临时型机构投资者网络关系，在此基础上考察异质机构投资者网络关系对企业创新行为的影响。

第 6 章为机构投资者网络关系与企业创新：作用机制。本章基于机构投资者网络关系的资源效应、信息效应、治理效应分别检验了机构投资者网络关系影响企业创新的三条作用机制，主要内容包括以下两部分：第一部分，借助温忠麟（2005）的中介效应分析方法，从机构投资者网络关系蕴藏的资源效应（缓解融资约束）、信息效应（提升企业信息透明度）和治理效应（提升企业公司治理水平）角度出发，探讨机构投资者网络关系影响企业创新的内部传导机制，并进一步对三条作用机制进行了主次比较。第二部分，基于三种效应，分别识别出企业融资约束、企业信息透明度、公司治理水平的具体作用机制。

第 7 章为机构投资者网络关系与企业创新：经济后果。本章主要研究三个问题：一是机构投资者网络关系是否缓解了企业创新投资不足、抑制了企业创新投资过度、提升了企业创新质量和效率。二是机构投资者网络能否提高企业创新投入产出比、企业创新价值增值能力并进一步提升企业创新效率。三是机构投资者网络关系在影响企业创新效率的基础上是否进一步优化了企业资源配置，提升了企业全要素生产率而进一步实现经济的高质量发展。

第 8 章为研究结论与展望。本章分为两部分。第一部分是研究结论与启示，第二部分是研究局限与研究展望。

1.2.2 研究框架

本书在文献梳理、相关理论分析、研究机理推导的基础上，秉持“提出问题—分析问题—解决问题”的研究思路与技术路线，研究框架如图 1-3 所示。

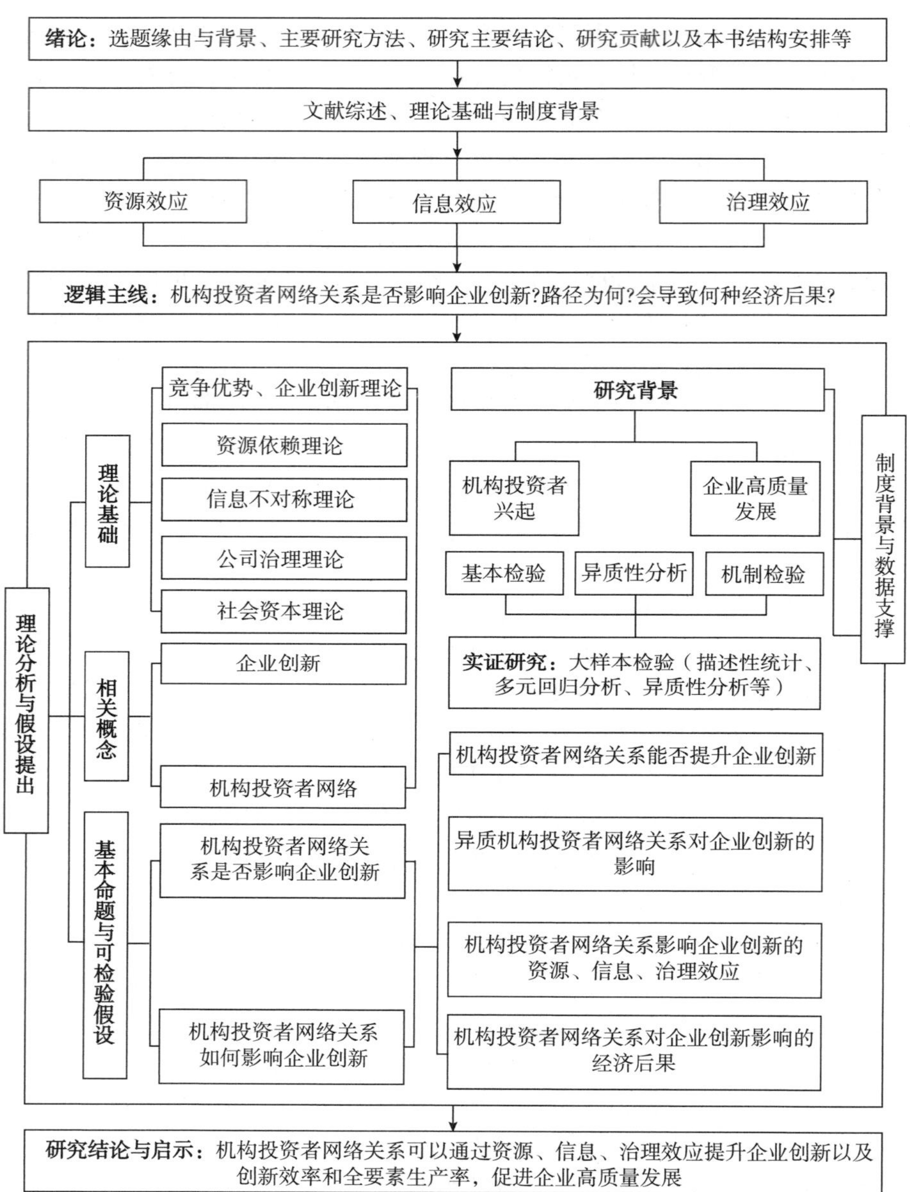
绪论：选题缘由与背景、主要研究方法、研究主要结论、研究贡献以及本书结构安排等
文献综述、理论基础与制度背景
资源效应
信息效应
治理效应
逻辑主线：机构投资者网络关系是否影响企业创新?路径为何?会导致何种经济后果?
理论分析与假设提出
理论基础
竞争优势、企业创新理论
资源依赖理论
信息不对称理论
公司治理理论
社会资本理论
相关概念
企业创新
机构投资者网络
基本命题与可检验假设
机构投资者网络关系是否影响企业创新
机构投资者网络关系如何影响企业创新
研究背景
机构投资者兴起
企业高质量发展
基本检验
异质性分析
机制检验
实证研究：大样本检验（描述性统计、多元回归分析、异质性分析等）
机构投资者网络关系能否提升企业创新
异质机构投资者网络关系对企业创新的影响
机构投资者网络关系影响企业创新的资源、信息、治理效应
机构投资者网络关系对企业创新影响的经济后果
制度背景与数据支撑
研究结论与启示：机构投资者网络关系可以通过资源、信息、治理效应提升企业创新以及创新效率和全要素生产率，促进企业高质量发展

图 1-3　研究框架

1.3 研究思路与方法

1.3.1 研究思路

在广泛阅读国内外相关研究与文献的基础上，梳理并总结有关企业创新的影响因素，鉴于资源获取、信息传递以及公司治理在企业创新中的突出作用和企业创新影响因素研究的全面性，以及随着机构投资者治理在我国的大力引入和发展，社会网络分析在我国企业经济后果研究中的兴起，把研究切入点聚焦到了机构投资者网络这一非正式公司治理机制，深入研究机构投资者网络关系对企业创新的影响。具体剖析机构投资者网络关系对企业创新影响的理论逻辑时，首先深入阐述了社会网络的相关理论，进而总结出机构投资者网络的概念及形成机制，并结合企业创新理论及基本特征，归纳出机构投资者网络关系对企业创新影响的理论逻辑源于机构网络关系中资源效应、信息效应和治理效应的充分发挥能够有效缓解企业融资约束、提升企业信息透明度、优化公司治理水平，进而对企业创新产生积极影响。

结合逻辑分析，本书将从以下四个方面对机构投资者网络影响企业创新进行实证探究：第一，基于社会网络中网络中心度指标的算法处理机构投资者网络数据，并使用 Pajek 软件计算公司层面的网络中心度指标作为解释变量，初步确定以创新投入（企业研发投入占营业收入的比重）、创新产出（企业未来一期联合授权专利加 1 的对数）作为被解释变量，在研究机构网络关系对企业创新影响的同时，也通过横截面检验考虑了企业层面、行业层面和市场层面的调节作用。第二，基于机构个体与企业之间是否存在商业关系（独立性）重构了压力抵抗型与压力敏感型机构投资者网络，基于机构投资者持股持续性（稳定性）重构了稳定型机构投资者网络与交易型机构投资者网络，基于投资者持股质量以及持股规模（专注型）重构了专注型机构投资者网络与临时型机构投资者网络，在此基础上考察异质机构投资者网络关系对企业创新行为的影响。第三，借助温忠麟（2005）的中介效应分析方法，从机构投资者网络关系蕴藏的资源效应（缓解企业融资约束）、信息效应（提升企业信息透明度）和治理效应（提升公司治理水平）角度出发，探讨机构投资者网络关系影响企业创新的内部传导机制，并进一步对三条作用机制进行了主次比较。基于三种效应，分别识别出：缓解企业融资约束的具体作用路径为机构投资者网络关系能够通过促进企业商业信用合作和降低股权融资成本而提升企业创新；提高企业信息透明度的具体作用路径为机构投资者网络关系能够通过促进私有信息和行业内创新信息传递而提升企业创新；提升公司治理水平的具体作用路径为机构投资者网络关系能够通过抑制管理层的机会主义自利行为和大股东的隧道挖掘行为而提升企业创新。第四，进一步深入探讨了机构投资者网络关系对企业创新影响的经济后果。主要内容包括机构投资者网络关系是否缓解了创新现金流敏感性而克服企业创新投资不足，是否缓解了企业创新迎合而抑制了企业创新投资过度，机构投资者网络关系能否提升企业创新质量，机构投资者网络关系能否提升企业创新投入产出比、企业创新价值增值并进一步提升企业创新效率，机构投资者网络关系在提升企业创新效率的基础上是否进一步优化了企业资源配置、提升了企业全要素生产率并实现经济高质量发展。

实证分析之后是本书的研究结论、政策启示、现有研究的局限性以及未来展望。

1.3.2 研究方法

（1）规范研究和实证研究相互融合。首先，梳理现有相关研究，阐明本书研究理论，结合社会网络分析在我国企业经济后果研究中的兴起以及我国资本市场的机构化发展，聚焦机构投资者网络这一非正式公司治理机制，深入研究机构投资者网络关系对企业创新的影响。其次，通过收集、整合、处理有效数据，采取多种实证检验方法，验证理论分析所提待检验命题与研究假设。主要包括：OLS 回归、固定效应回归；PSM 倾向得分匹配、工具变量法、二阶段 HECKMAN 检验；中介效应检验、BOOSTRAP 中介效应比较检验等。

（2）对比分析法。首先，本书对实证研究的主效应进行了异质性检验分析。其次，基于我国异质机构投资者基础之上的异质机构投资者网络关系对企业创新行为的影响进行了比较，并分析可能的成因。最后，对比分析机构投资者网络关系中的资源、信息和治理效应在提升我国企业创新方面的主次作用。在我国机构投资者超常规发展的资本市场机构化重要背景下，这样的对比分析能够比较清晰地识别异质企业与异质机构投资者网络关系对企业创新以及企业高质量发展的异质影响，以及识别这些影响的主要作用机制，进而能够高质高效地利用网络关系资源，正确引导机构投资者网络关系构建，提高网络关系的“质”，积极引入机构投资者参与公司经营管理，以推动中国资本市场更加规范、稳健、有效运行。

（3）跨学科交叉研究法。本书融合了多学科理论与方法研究。本书将社会学融入管理学中的公司财务与财务会计、财务会计理论、公司治理等领域，并将这些领域的经验研究成果纳入一个统一的、完整的分析框架体系内，进一步深入研究机构投资者网络关系影响企业创新的客观表现、传导机理以及经济后果。

本书的技术路线如图 1-4 所示。

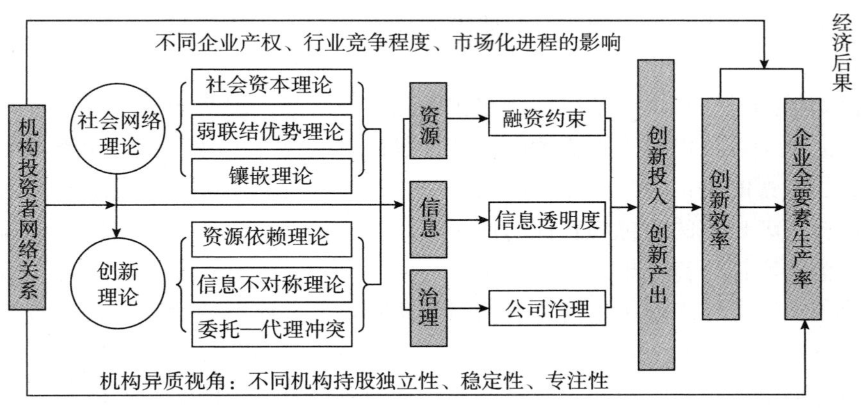

图 1-4　技术路线

1.4　主要创新之处

本书基于我国资本市场机构化的研究背景，在综合梳理社会学理论、公司治理理论、企业创新相关理论后，提出研究内容和研究思路。具体而言，各章在进行深入的相关理论分析之后，提出待检验命题和研究假设，并针对相关命题进行实证检验，诠释经济后果并进行深入拓展，本书研究创新主要体现在以下四个方面：

第一，本书从机构投资者网络关系出发，以社会网络分析研究企业创新的影响因素，为企业创新提供了新的研究视角，是对社会学与公司财务领域相关研究成果的进一步丰富。虽然以往学者针对董事以及 CEO 网络与公司治理的相关关系进行了部分研究，基于连锁董事以及独立董事网络的研究也趋于相对成熟，但是针对上市公司相对重要的外部治理机制的机构投资者治理，鲜有学者从社会网络视角研究其网络关系的重要作用。本书基于社会网络视角探讨机构投资者网络关系对企业创新的影响，为企业创新的影响因素提供了新的研究视域，将社会学的分析方法融入到管理学领域研究，促进了不同学科间的融合研究。本书通过实证研究检验了“社会关系”的重要性。中国作为新兴市场，尚未建立完善的市场机制、产权保护体系和法律规范，良好的“社会关系”在中国这种特殊制度背景下是对非正式制度的有效补充，在某种程度上能够促进企业研发创新，本书的研究结论为中国经济的高质量健康发展提供了基本实证检验。

第二，现有注重机构投资者治理作用的相关研究，往往进行的是单指标分析，比如根据机构投资者整体持股比例所进行的研究，忽略了机构投资者的个体效应。区别于以往以机构投资者的整体持股比例研究，本书对机构投资者网络指标的构建考察的是机构的个体效应联结对企业经济行为的影响，系统而深入地考查机构投资者扮演的角色和发挥的作用及其影响机理，拓展了机构投资者与微观经济行为的实证研究成果。

第三，本书在考察机构投资者网络关系对企业创新影响的同时，还考虑了企业产权属性、行业竞争程度和市场化进程的调节作用，分别考查了压力抵抗型与压力敏感型机构投资者网络、稳定型与交易型机构投资者网络、专注型与临时型机构投资者网络对企业创新的影响，不同情境下机构网络关系对企业创新的影响促使本书研究结论更有益于创新企业进行对照和参考，采取适合自身发展的创新投资行为。

第四，通过对机构投资者网络关系特点的识别和相关研究文献的回顾及梳理，本书归纳识别出机构网络关系对企业创新行为产生影响的三种效应：资源效应、信息效应和治理效应，并构建了中介变量，它们分别是融资约束指数、信息透明度指数、公司治理指数，通过主成分分析等处理方法把多个指标综合在一起考量的指数形式指标，其表征相对于单一中介变量来说更加具有综合性和概括性，使得路径分析更为综合和全面。除此之外，本书还进一步识别了资源、信息、治理效应的具体作用路径，纵深检验使得机构投资者网络关系对企业创新影响的作用机制更加清晰和完整，为政府和企业正确引导机构投资者发挥良好促进作用提供一定的理论借鉴与实证依据。

2 文献综述

2.1 企业创新

2.1.1 企业创新的概念界定及测度

经济学家Schumpeter（1934）首次对“创新”进行了界定：“创新”是指创造“新结合”，将新的生产要素和生产条件引入企业的生产体系。具体包括新的原材料或半成品的引入、新产品的创造、新生产方法的使用、新组织形式的实施、新市场的开拓五种具体形式，分别对应企业的“材料创新”“产品创新”“技术创新”“组织创新”“市场创新”。Schumpeter（1934）对西方资本主义市场经济进行深入剖析后发现，经济增长的内驱力以及经济周期波动的关键影响因素为以上五种形式中的“技术创新”，Walt Whitman Rostow（2010）在《美国生活百科全书》中首次提出了“起飞”理论并将企业“技术创新”提升到新的高度，定义“技术创新”为企业“创新”行为的主要内容。

相关文献在界定企业创新行为类型时较少从“创新”目的和“创新”动机角度出发，普遍认为企业“创新”行为表现为企业投入稀缺资源进行创新研发，进而获得技术进步和创造竞争优势的高质量创新过程（李浩举，2017），体现了创新资源从投入、配置、开发到生成为创新成果和产品以及到创新成果和产品市场化并最终转换为企业价值的整个过程。但根据“创新”目的界定创新行为，企业创新包括以改善技术为目的的创新，以降低成本为目的的创新、以优化组织管理为目的的创新和以提高产品质量为目的的创新（王栋等，2016）。部分关于创新的研究聚焦于“创新动机”，发现企业“创新”的最初动机并非出于实质性提高企业竞争能力，而是一种管理层策略行为，其目的是获取某种经济利益，比如利用专利申请往往衡量的是对政府政策和监管的一种策略性迎合（Hall and Harhoff，2004；Dosi et al.，2006；黎文靖、郑曼妮，2016）。Tong 和 Wei（2014）研究表明，在《中华人民共和国专利法》修订并明确提出“鼓励国有企业申请专利”的政策后，国有企业的“非实质性创新”（黎文靖、郑曼妮，2016）（实用新型和外观设计专利）数量显著增加，而“实质性创新”（发明专利）数量并未显著提升。国有企业为了迎合政府努力提升专利产出达到政策要求，但忽视了企业创新质量而并未显著提升企业实质性创新水平。

基于以上分析，结合本书的研究目的，本书将从创新过程角度研究企业的创新投入、创新产出，也进一步深化了创新动机角度的创新质量和创新效率。本书要研究的是，机构投资者网络能否提高企业创新水平并进一步实现创新质量的优化和创新效率的提升。

2.1.2 企业创新的影响因素

2.1.2.1 微观因素

影响企业创新的微观因素一般指企业创新的内在制约，具体包括人、财、关系（公司治理）和企业特征。首先，企业实施创新需要依赖企业内部各种各样的生产要素，其中稀缺资源的有效投入是影响企业创新的最主要内部因素。其次，企业创新过程中还要面临各类委托代理关系，而为了协调企业技术创新过程中的各类组织关系以提升企业技术创新的质量和效率，企业必须建立科学的组织结构和治理框架以引导和管理各种内部关系（Subramaniam and Youndt，2005），有效的公司治理机制是企业创新质量和创新效率得以保证的重要内部因素。最后，企业是其技术创新的主体，不同企业特征将会影响企业的创新行为和创新过程。

（1）人力资本。创新想法作为企业创新行为的最初起点对企业技术创新影响尤为重要。管理层往往是企业创新想法的提供者以及企业创新想法的决策者，因此，不同的企业家精神以及管理层能力会对企业创新产生不同影响（Gorodnichenko，2013）。创新作为企业家精神和管理层能力的核心要素，引致了企业家精神和管理层能力对企业创新行为影响的广泛研究，企业家精神及管理层能力是创新领域的核心主题之一（王健忠、高明华，2017）。管理层的领导能力和方式可以提升创新企业员工的创新表现，显著提高员工的创新能力，对员工创新行为发挥着重要的激励作用（丁琳等，2010），其技术创新成果在很大程度上受到企业人力资本水平的影响（刘善仕等，2012）。这是因为，相对企业的技术设备和市场定位，拥有企业创新无形知识的人力资本很难被同行业竞争对手所模仿。此外，管理层还可以通过提供稀缺资源、研发设备等路径激发其员工创新热情，缓解创新人员创新失利的消极情绪对企业创新活动的不利影响（彭正龙等，2011），进而有效提升员工的创新能力（Carmeli et al.，2010）。

（2）融资约束。企业创新行为具有较高收益的同时蕴含着高度的内在不确定性，表现为较高的创新失败风险，而且企业创新投资数额较大，回收期长，创新失败往往直接导致企业的生产经营中断，加之技术、市场原因导致这一不确定性可能会带给企业无法挽回的负面影响。为规避企业创新过程的不确定性，创新投资的供给者包括债权人和资本市场投资者往往都会对企业的创新行为保持较高的谨慎态度，引致企业的创新活动面临较为严重的融资约束。当企业的负债率达到某种程度时，研发投资会随着资产负债率的上升而逐渐下降，面临外部的负债融资约束，企业减少研发投入成为普遍现象（Gustave et al.，2018）。资本市场投资者也会在投资契约中增加限制性条款以控制企业风险的增加而保护自身投资利益，这将直接导致企业研发投入的减少，并最终导致前景较好的研发创新项目不能实施（王红领等，2006）。由此而来，企业内部资金或自有资金是其创新投资的主要源泉，企业研发投资与企业现金持有量存在显著的负相关关系时，说明企业面临较为严重的融资约束（唐清泉等，2009；罗绍德、刘春光，2009）。基于创新行为的资源依赖理论，我们认为，制约企业创新行为的重要因素之一便是企业的融资约束（扈文秀等，2009；Amore and Bennedsen，2016），企业面临的外部融资约束程度越大，企业创新投入和创新产出水平越低，这也将进一步限制企业的创新能力。

（3）公司治理。如前所述，企业管理者以及资本拥有者将分别从创新资源以及创新风险角度影响企业的创新行为，而公司治理的基本问题是管理层在利用了资本拥有者提供的资本同时如何能够更好地履行管理者对资本供给者的责任。由此而来，公司治理便成为影响企业创新活动的重要因素。公司治理与企业创新的研究主要集中于代理问题与企业创新、信息不对称与企业创新、股东治理与企业创新、董事会治理与企业创新、机构投资者治理与企业创新、非直接利益相关者治理与企业创新。

第一，代理问题与企业创新。当企业存在股权相对分散的治理结构时，具有所有权的股东和拥有控制权的管理层之间的代理问题便是委托代理关系。所有权和控制权分离导致了股东和管理层之间的利益目标并非一致，进而导致股东和管理层对于企业投资决策的动机和态度存在显著差异。管理层基于机会主义自利动机，更多关心自身的在职消费、个人声誉和职位提升，更寄希望于短视投资以在短期内提高自身经营声誉和谋取私利。企业创新行为的高风险以及高投入因与管理者的短期经营业绩冲突，可能有损于管理者的行业声誉以及现金掏空，进而深受管理者投资策略的制约。管理者倾向于规避风险而选择风险较低的保守性投资策略，降低企业创新水平（Mishra and Bäuerle，2012；钟宇翔等，2017；解维敏，2018），限制了企业未来长期价值增长。综上所述，企业创新行为的重要制约因素便是股东和管理层之间的代理问题。

第二，信息不对称与企业创新。现实经济环境中完美且信息充分的古典投资理论的研究基础并不存在，对创新项目无法用一般的模式进行评估。为适应竞争程度日益加剧的市场环境，为维持企业持续发展的核心竞争能力，企业唯有实施创新，创新研发业已成为企业获取新竞争优势的专属资产。相对于具有成熟公开市场的固定资产以及金融投资，企业的创新活动具有较高的私密性，研发过程和实施路径需要严格保密，无法披露较多的创新信息，这将引致股东拥有的企业创新行为以及投资产出情况的信息相对匮乏（Aboody and Lev，2000）。外部股东拥有的技术能力和知识水平也无法充分掌握技术专有性较强的创新行为方法。创新活动的高投入性、高风险性、长期性以及保密性决定了创新过程存在的信息不对称不容忽视。

第三，股东治理与企业创新。多数研究认为股东治理从股东持股比例以及股东性质两个方面影响企业的创新行为。一方面，随着企业外部股东持股比例的增加，大股东的监督话语权不断得到强化。大股东由于持股比例较高，会有较大主动性通过实施监督有效缓解股东和管理层之间的代理问题，抑制企业创新活动过程中的管理层消极表现，进而提升企业创新水平（Aghion et al.，2013；赵洪江等，2008；胡曲应，2017）。但随着大股东持股比例的提高，其所承担的企业经营风险也在持续增加，可能会倾向于抑制管理层能力的充分发挥，从而对企业创新产生负面影响，因此股权集中度与企业创新水平之间可能存在倒“U”形关系，适度的股权集中才能促进企业的创新活动（冯根福、温军，2008；肖利平，2016；陈岩等，2018）。另一方面，股东类型也在深刻影响着企业的创新动机和创新效率。相对于非国有企业，国有企业虽然拥有丰富的创新资源，但也普遍存在着高度的信息不对称以及缺乏有效的创新激励，进而可能引致更为突出的代理问题，从而抑制其创新行为，导致创新效率低下。非国有企业可能会选择创新研发以应对内部巨大的发展压力以及外部激烈的行业竞争，民营企业的特殊企业文化以及社会资本可能会带来企业的创新效率和创新效果的明显改善，家族企业的股权集中程度与企业创新绩效存在倒“U”形相关关系（陈岩等，2018）。

第四，董事会治理与企业创新。在企业公司治理机制中，董事会占据核心地位，董事会的主要功能在于监督两权分离下的管理层行为，保护所有股东的合法权益。相对于内部董事，有较高独立性的独立董事能够有效履行监督职能，进而成为董事会治理中的主要监督主体。独立董事能够有效提升企业创新投入，加大创新力度，促进更多专利产出（Massis et al.，2016）。也有相关研究发现，独立董事独立性越强，管理层被替换或解聘的风险越高，越不敢尝试有较大不确定性的创新项目（Balsmeier et al.，2018）。在我国，相关研究证明独立董事及监事没有履行监督管理职能，进而也无法促进企业创新活动的有效开展（马光荣等，2014）。从董事会规模来看，肖利平（2016）发现董事会规模越小，创新投资越大，但独立董事对创新水平的影响并不显著。也有研究发现，无论企业处于何种生命周期，董事会规模和独立董事比例对企业创新行为的影响都不显著（张子余、袁澍蕾，2017）。也有文献指出，独立董事比例与企业创新投资呈正相关关系（田元飞，2009；陈岩等，2018）。综上所述，董事会治理对企业创新的影响在国内相关研究中并未得到一致结论。

第五，机构投资者治理与企业创新。国内外学者主要从机构投资者的持股比例和机构投资者的异质性两个方面对机构投资者与企业创新的相关关系进行了研究。一方面，基于机构投资者的持股比例，Bushee（2001）发现，机构投资者持有公司股份能够促使企业进行长期投资，从而有效促进企业的创新投入，机构投资者持有公司股份可以看成外部治理机制在公司内部经营中发挥了有效的治理监督作用（王斌等，2011；范海峰、胡玉明，2012；Aghion et al.，2013），从而能够制约管理层的短视利己行为，有利于能够带给企业长期价值增值的创新活动的开展，并且伴随机构投资者持股规模的增加，其实施“退出”战略的成本在不断提高，致使机构投资者利用自己的权力影响企业长期投资决策的意愿也在不断提升，从而能够进一步强化其治理和监督有效性。另一方面，基于机构投资者的异质性，Guan 和 Chen（2012）通过并购事件检验机构投资者的治理有效性，发现只有独立性较强并且持股比例较高且稳定的机构投资者才能履行有效的外部监督职能，显著提升企业创新水平。封闭式基金和开放式基金等压力抵抗型基金能够显著促进创新水平的提升（赵洪江、夏晖，2009）。也有相关研究证明，由于不同的研发投入偏好属性，基金、社保基金以及券商对企业创新行为产生不同的正面影响，银行和财务公司等机构投资者对企业创新产生不同的负面影响（齐结斌、安同良，2014）。Brav 等（2008）发现，被对冲基金锁定五年后的企业，创新效率明显提高，随着创新投资的减少，其专利申请数量和专利引用数量却明显提升，越是具备创新的多元化的企业，这种表现越是明显。相对于境内机构投资者，境外机构投资者的监督职能更有效，为创新企业管理层提供了保障，提高了来自高创新国家的知识溢出，从而随着境外机构投资者持股比例的增加，企业的创新产出也在增加。

第六，非直接利益相关者治理与企业创新。在资本市场中还存在着一种重要的外部治理监督主体，这便是分析师。相关研究发现，由于存在分析师关注的“压力效应假说”，迫使管理者更注重短期目标，从而降低其对长期性的创新活动项目的研发投入。随着证券分析师对企业关注度的降低以及企业外部机构投资者比例的增加，在资本市场中，企业的股票流动性有所下降，可能有效降低企业的被收购风险，企业盈余管理的问题不再突出，进而有效提升企业创新水平（Bhushan，2006）。Wang 和 Zhan（2019）发现了创新过程中短期业绩反馈的强度和程度在探索性创新中的重要作用，他们利用与美国专利商标局的地理距离来衡量这种反馈机制，发现这种反馈机制对创造性的创新行为影响并不显著。Zyglidopoulos 等（2011）发现媒体关注抑制了企业创新行为，而对慈善捐赠的媒体关注有利于吸引更多的稀缺创新资源并强化企业追求长期价值增值的发展战略导向，通过提升企业创新意愿提升企业创新投资，最终提升了企业创新水平（欧锦文等，2021）。

（4）企业特点。相关研究分别从企业产权性质、行业成长性、不同行业归属等角度探究了企业特征对创新水平的影响。首先，相对于国有企业的创新资源优势，民营企业存在较大的信贷约束（江伟、李斌，2006），致使民营企业面临较大程度的创新投资困境，创新水平更低。其次，从企业成长性角度考虑，成长性高的公司拥有成本优势和规模经济，并且具有进一步提高生产效率以及自身成长的发展空间，有动力提炼新工艺、发明新产品，从而有利于其创新水平的进一步提升（鲁盛潭、方旻，2011），而成长性较低的企业所处行业较为成熟，创新投资机会少，债务的融资约束以及投资效率的低下导致其创新水平普遍受阻。最后，相关文献关注了不同行业归属企业的创新活动异同，发现行业性质会导致企业创新投资需求和创新投资模式存在显著差异，这种差异可能是资本、劳动和技术密集型行业的公司治理机制不同所导致的（鲁桐、党印，2014）。不同行业能力差异导致了相关企业的跨行业套利动机，这种微观企业金融化便成为了实体企业创新水平降低的驱动因素之一（王红建等，2016）。

2.1.2.2 宏观因素

宏观因素对企业创新的影响主要包括法制水平、金融发展水平以及宏观经济环境。

（1）法制水平。法制水平对于资金有效配置以及资本市场稳定具有重要决定作用，有力的法律保护水平以及特定的法律效应也会深刻影响企业的创新活动。法律保护水平可以通过提升企业新成果保护以及投资者利益保护程度提升企业创新倾向。创新成果保护水平的强化有利于抑制企业专利被抄袭、模仿的风险，提升企业创新意愿（魏浩、巫俊，2018），这为长期性、成果难以衡量以及较高外部性的企业创新行为提供了有利的制度基础。对投资者利益保护程度的提升为创新企业进行资本市场股权融资创造了良好的外部环境，从而能够进一步缓解其创新融资约束（Brown et al.，2009）。对于特定法律条款的法律效果而言，

Chemmanur 等（2010）证明反收购法案能迫使管理者关注企业价值创造活动，保障资本市场稳定运转，并在一定程度上促进企业创新。当企业研发创新后，员工保护水平的强化将进一步保障其创新成员免遭解雇。创新成员的智力和知识对企业创新行为具有关键支撑作用，员工保护水平的提高能够提升企业智力资本的创新动力，促进创新效率的进一步提升（Acharya and Xu，2017）。债权人保护水平的提高同样有利于企业创新水平的提升，比如，对于有较大融资需求的企业来说，伴随《中华人民共和国企业破产法》《中华人民共和国物权法》的出台，企业的创新水平显著提升。

（2）金融发展水平。经济增长的一个重要动因在于金融发展能够促进企业创新活动。Tadesse（2006）利用 10 种制造业公司作为研究样本，研究范围包括全球 34 个国家的以银行和市场为主的金融体系，证明银行为主的金融体系能够显著促进信息密集制造行业企业的创新活动，而以市场机制为主的金融体系对所有制造型企业的创新活动均产生了显著正向影响。金融发展水平越高，企业越能快速有效地获得外部融资，进而有效提升企业创新水平。随着金融发展水平的演进，风险投资为企业创新活动提供了更多资金支持（Kerr and Nanda，2010；徐向阳等，2018；温军、冯根福，2018），其高效的治理机制也能有效降低企业代理问题，原因在于相对于其他投资者，风险投资具备较高的失败容忍度和更专业的技能转化力（Chemmanur et al.，2011），其对创新水平的促进作用相对于债务以及股权资金更显著。除风险投资外，外资银行对企业创新的影响也不容忽视。外资银行的进入能够有效提升企业创新水平。相关研究利用时间错列的多元外生冲击事件的多重 DID，检验发现外资银行进入能够显著促进本土企业的创新水平，这种对企业创新水平的积极影响会随着时间推移而不断加强（白俊等，2018）。

（3）宏观经济环境。宏观经济环境对企业创新行为的影响主要体现为金融风险、经济政策、货币政策以及产业政策四个方面，并且宏观经济环境主要通过融资约束来影响企业创新。首先，金融风险方面，Campello 等（2011）证实 2008 年金融危机带来的融资困境令欧洲以及美国企业的研发投资水平下降了 10%。流动性资金可以缓解金融危机对企业创新水平的负面影响，从而在企业遭遇融资困境时，发挥资金支持作用（Brown and Petersen，2015），进而证实宏观经济环境往往通过改善企业融资渠道影响企业创新。其次，政策不确定性对企业创新水平的影响同样不可忽视。创新企业会因经济政策不确定性产生选择效应和激励效应，从而正向影响其创新投资和专利申请（顾夏铭等，2018），而货币政策会强化大股东股权质押对企业创新行为的抑制作用（杨鸣京，2019）。最后，产业政策和税收政策主要通过政府调控、激发企业的创新能动性（谭劲松等，

2017；冯飞鹏，2018）来缓解企业的创新阻隔。政府可以通过直接补助来激励企业创新，政府补贴已经成为企业的重要创新投资来源（Branstetter and Sakakibara，2000；白俊红、李婧，2011；钟凯等，2017；杨亭亭等，2018；苗文龙等，2019），继而能够一定程度上保障企业创新活动的持续开展。对新西兰的研究数据证明，政府补助有助于增加公司申请专利的可能性（Jaffe and Le，2015）。特别是对于企业经营初期的创新行为，政府补贴发挥了较强的支持作用，对于创投基金的亏损予以补偿，在一定程度上提升了创投基金投资创新企业积极性，从而显著提升了创新企业的创新水平（董建卫等，2018）。税收政策作为产业政策实施的重要途径也会深刻影响企业创新行为。如若将企业生产经营转移到税率较低的国家，企业会普遍提高研发投入（Waegenaere and Wielhouwer，2012），降低税率以及抵扣研发费用，从而显著促进企业创新水平（林洲钰等，2013），而战略性新兴产业的税收优惠同样可以显著促进其创新投资（陈洋林等，2018）。

将宏观与微观不同角度企业创新水平影响因素的文献进行简单梳理，不难发现：在发达国家清晰的产权体系、成熟的资本市场和完善的法律规范的市场经济条件下，企业创新行为的影响因素与我国并不完全一致，中国企业的创新活动并不能完全借鉴西方国家的研究成果。中国作为新兴市场，尚未建立完善的市场机制、产权保护体系和法律规范，需要一种特殊的制度予以补充和完善。近年来，作为对正式制度的有效补充，“社会网络”作为社会学的一个分支逐渐融入管理学的研究范畴，社会网络有利于减轻外部资本市场的不完善所导致的资本配置扭曲（潘越等，2015）。社会网络在中国这样一个典型的关系型社会里对经济社会发展起到了重要作用，也在外部市场存在缺陷的情况下逐渐成为企业进行资源配置的重要途径（赵瑞，2013）。

2.2 社会网络

“创新”是生产体系中引入的新生产要素和生产条件的“新结合”。新的生产要素主要指企业的创新资源，包括企业的创新能力和创新技术。从资源获取角度来看，社会网络是重要途径。基于社会网络，企业有利于获取潜在的物质资源、信息资源、技术资源、管理资源和金融资源等稀缺资源的有力支持（Das and Teng，2000）。除此之外，社会网络还有利于企业形成组织间的学习机制，比如能够给企业带来创新活力的试验性学习机会，网络中关键个体可以影响网络中其他个体的行为决策，强化网络内个体间的有效互动进而有效提升企业创新能力（Floyd and Wooldridge，1997）。由此可见，社会网络可以在资源（物质资源和信息资源）和能力两个方面对企业创新活动产生作用，从而影响其技术创新效率。网络个体在企业网络中的位置越关键，企业资源获取能力以及技术学习能力越有效（GEC Plessey Telecommunications Limited，1991），进而一定程度上提高企业创新绩效。企业的资源获取、信息分析和应用以及技术创新能力发挥都将直接影响企业的新产品试验成功率和其他形式的企业创新（Adams et al.，1998）。下文主要针对社会网络的概念及应用、社会网络与微观经济、资本市场的关系进行文献梳理。

2.2.1 社会网络的概念及应用

作为西方社会学的重要研究视域，社会网络于20世纪60年代就已发展成为一门专业学科，随着研究范围的扩大以及研究内容的深化而逐渐融入管理学和经济学领域。社会网络并不强调个体行为特征，作为多个非同质性个体构成的一种社会关系，社会网络更加关注个体因行为互动而构成的整体行为一致性，社会网络可以看成多个点（网络个体）组成的线（社会网络关系）的点线集合（Wasserman and Faust，1994；谢德仁、陈运森，2012）。比如，我们对自身与他人关系的认知，首先来源于亲属之间的认同，伴随认识以及认知的深入，我们会根据自己的功能性需求将这种亲属认同向外逐渐延伸，延伸至地缘关系或者拟亲属关系（老乡关系）（周建国，2010）。随着社会网络的扩张，社会关系也慢慢的演变为更多形式，如同学关系、老乡关系，扩展至经济管理层面会演变为企业网络、董事会网络、高管网络和股东网络等。

2.2.2 社会网络与微观经济行为

在企业战略管理层面，企业网络关系与其创新绩效关系的研究是比较重要的社会网络分析视域。企业合作创新网络中个体网络位置的异同，导致了其在资源获取和信息收集能力方面的差异。通过企业间网络关系的构建，相对于其他企业，处于网络中心位置的个体具有绝对优势，将会给企业创新活动带来不可忽视的重要影响。通过重要网络位置的占据，网络个体能够获取镶嵌于网络中的更多稀缺创新资源、创新信息、创新知识、创新渠道以及创新技能，如若占据网络关键位置的企业个体拥有更多的结构洞，则能获得更多有效控制信息和非冗余重要信息。而有效的企业网络内部同时存在着创新机遇和创新关键知识，有利于进一步提升企业创新效率。基于行为视角，杨俊等（2009）构建了“社会资本—创新资源—创新绩效”的理论逻辑，深入分析和探究了镶嵌于网络中的社会关系对创业企业层面的行为特征以及创新效率的影响。自此以后，社会网络引入企业公司治理研究，董事网络、CEO 网络以及机构投资者网络受到了学者的广泛关注。

关于董事网络的研究起源于西方国家，Barnea 和 Guedj（2006）对董事网络的构建主要基于对公司治理的影响研究，其研究内容主要聚焦于公司治理中的高管薪酬，得到的主要结论是，伴随董事个体在网络中的位置趋于中心，高级管理层的薪酬在不断提高。这是因为，处于网络关键位置的个体更易于获得稀缺的董事席位，高管更倾向于联结更多关键董事个体进入公司，进而导致拥有较高网络中心度的董事更易于同企业高管构建利益互惠关系，引致董事会成员与管理者之间的利益合谋，从而无法制约管理者的自利短视行为，不利于企业公司治理的改善。中国有关董事网络的研究起源于连锁董事（同时担任两家或两家以上公司董事）。对我国 A 股上市公司 1999~2007 年的调查研究发现，年均 72.13%的上市公司中存在连锁董事，因此连锁董事具有较为广泛的实践基础（卢昌崇、陈仕华，2009）。相关研究假设连锁董事网络联结中心度能够通过提供资金支持提升企业盈利能力和偿债能力，并改善企业经营绩效，虽然没有得到实证验证，但是却通过社会网络分析检验了我国企业连锁董事网络的构建条件（段海艳、仲伟周，2008）。我国上市公司 30%的连锁董事网络是基于服务企业需求而并非个人目的联结，并主要通过联结企业间的信息传递和制度协调来实现企业需求层面的功能（卢昌崇、陈仕华，2009）。基于我国 845 个连锁董事网络研究样本对冗余资源与企业多元化战略关系研究发现，连锁董事网络中心度对异质冗余资源发挥着不同的调节作用（刘冰等，2011）。自此以后，有关董事网络的相关研究开始盛行，连锁董事网络研究重点更多聚焦于可以在不同企业同时任职的独立董事网络。陈运森和谢德仁（2012）检验了企业独立董事网络对企业高管咨询服务的影响，发现独立董事越处于网络中心位置，企业的并购可能性越大，并购绩效也有所提升。李敏娜和王铁男（2014）基于董事网络对企业成长性的影响检验了高管薪酬激励的独立董事网络影响因素，认为企业可以通过镶嵌于董事网络中的重要信息与知识而发现高管薪酬激励方式的缺陷，并能促使高管薪酬激励的合理性转变，从而提升高管激励效果并促进企业健康成长。除网络中心度外，相关学者也探究了董事网络结构洞对企业并购的影响（万良勇、郑小玲，2014），伴随董事结构洞的增加，基于董事网络所获取的信息资源和控制能力也在增加，结构洞丰富的网络个体可以获得及时的并购信息，抓住并购时机，提升并购绩效，而且独立董事网络联结更加具备弱联结特征，具有弱联结优势（万良勇、郑小玲，2014）。

通过以上文献梳理，不难发现，基于不同公司所建立的董事网络更具有普遍性。相较于内部董事网络联结，独立董事网络拥有更多的网络弱联结优势，从而有利于网络内非冗余信息和控制能力的获取，进而优化和改善公司治理。

中国证监会自2000年起便将“超常规、创造性地培育和发展机构投资者”提升至国家经济发展战略高度并出台系列相关措施对其进行规范和扶持。截至2020年底，A股市场中境内外机构投资者持股占流通股比重约为23.44%，无论是参与度还是影响力方面，机构投资者都逐渐扮演起“资本市场压舱石”的重要角色。相对于个人来说，机构作为资本市场中成熟理性的投资者拥有强大的资金优势和专业的技术团队，可以进行充分的组合投资来获取投资收益和分散投资风险并进一步强化其知情交易者角色，积极监督管理层以及大股东，从而有效抑制其在职消费（Ajinkya et al.，2005）和内部人隧道行为（Xu et al.，2014）。我国上市公司中，多家机构投资者共同持有一家上市公司股票的情况普遍存在，其持股的众多交集便构成了机构投资者网络。随着机构投资者网络的识别和界定，有关机构投资者网络关系的研究也正在兴起。机构投资者网络关系的研究主要包括机构投资者网络对资本市场行为的影响和机构投资者网络对企业经济行为的影响。

2.2.3 机构投资者网络与资本市场

机构投资者本身具有资源获取和信息收集的先天优势，以往研究多从机构投资者的持股比例以及持股异质性考察其治理能力（Bushee，2001；刘星、吴先聪，2011），而其通过投资于多个公司形成的网络关系中心度更能折射其资源、信息和治理优势。机构投资者网络的经济后果研究发起于资本市场的机构投资者羊群行为（Bikhchandani and Sharma，2000；Jin and Myers，2004），并针对其羊群行为进行了深入区分。相关学者认为，资本市场上的机构投资者是普遍追随其他机构投资者投资偏好而放弃自身私有信息的真羊群行为（许年行等，2013），他们选择盲目跟随的深层次原因可能是基于机构投资者之间的某种内在联系与交流，虽未通过实证检验机构投资者网络影响其行为选择的内在机理，但从一定程度上证明了机构投资者网络的存在。而肖欣荣等（2012）相关学者通过机构投资者重仓持股构建基金网络联结，基于投资者网络视角解释了基金羊群行为产生的原因，基金网络主要通过网络内流通的信息影响基金的投资决策，其网络位置能够显著正向影响基金经理的投资绩效，无论使用网络中心度抑或结构洞对网络位置进行衡量，均得到了一致结论（杨勇，2012）。除此之外，相关学者也对风险投资的网络位置与企业投资绩效进行了相关研究（Hochberg et al.，2005），有较大网络中心度的风险投资，其退出投资的难度也较大（党兴华等，2011）。相关证据表明，风险投资的网络联结可以显著提升投资绩效（Hochberg et al.，2005）。资本市场中机构投资者个体之间主要通过信息交流和互动而影响网络成员的投资偏好和投资决策，并会引致市场波动（Hong et al.，2005；Cohen et al.，2008；Pareek，2012；Blocher，2014），基金之间的信息共享可能会增加股票总体和特质风险，导致股票极端上涨或极端下跌的黑天鹅事件（陈新春等，2017）。基于机构投资者网络，通过 Louvain 算法提取的机构投资者网络团体持股比例与资本市场股价崩盘风险存在正相关关系，并在代理成本较高、投资者保护水平较低以及非国有企业中的正相关关系更加显著（吴晓晖等，2019）。

2.2.4 机构投资者网络与微观经济行为

机构投资者的行为决策并非各自独立，通过共同持股构建的机构投资者网络内部的信息共享与互动合作共同影响其共同持股的公司决策，但机构投资网络的影响延伸至公司层面的研究并不多见。相关研究并未从整体社会网络视角研究机构投资者的治理效应，而仅从基金经理与公司管理者的私人社会角度出发，探讨个体社会关系其对公司治理的影响（Bednar and Westphal，2006；Cohen et al.，2008）。基于社会网络理论，李维安等（2017）相关学者以 A 股上市公司为研究样本，对基金网络的信息传递效应与企业投资效率的相关关系进行了研究，发现随着基金网络中心性的提升，基金网络的资源优势以及信息效应未能明显缓解企业投资不足，但能够有效抑制企业的过度投资，基金网络对企业过度投资的抑制作用进一步促进了公司长期价值的增加，也反过来有利于提升其参与公司治理、改善企业投资效率的经济收益。基于社会网络理论，利用中国境外机构投资者 2012~2017 年的样本作为研究对象，乔琳等（2019）相关学者发现，境外机构投资者网络关系可以有效提升企业价值，相较于短期持股以及地方投资者保护水平弱的公司，境外机构投资者网络关系对机构长期持股以及投资者保护水平较高的公司企业价值的提升作用更加明显，其作用机制为，境外机构投资者网络主要发挥了网络信息效应和治理效应，通过提升会计信息透明度和内部公司治理水平来提升企业价值。经济学与社会学交叉的相关研究证明，高度凝聚的团体有利于个体的有效合作（Marcoux and Lusseau，2013），即便个体投资者持股份额很少，相互合作的团体也可以提高整体“发声”，有效发挥公司治理作用（Crane et al.，2019）。国内学者普遍使用网络中心度衡量机构投资者治理能力，利用社会网络分析方法，揭示其参与公司治理的行为特征。相关研究表明，机构投资者网络中心度与高管的货币薪酬呈现显著的正相关关系，但薪酬业绩敏感度随机构投资者网络中心度的增加而下降，在有效控制公司财务和治理结构相关变量后，这一结论依然成立，从而证明了那些拥有复杂机构投资者网络公司实施高管股权激励的有效性（刘井建等，2018）。

机构投资者共同持股形成的网络因为信息共享、相互观察学习做出的趋同投资决策，可能引发资本市场的波动，引发股票市场的总体和特质风险，机构投资者网络对资本市场的影响研究已经趋于成熟，但对企业经济行为的研究仍乏善可陈。总体来说，机构投资者网络关系是“富有的”“聪明的”“积极的”，机构投资者网络关系享有资源、信息和治理效应，能够通过缓解企业外部融资约束、降低信息不对称、强化内部公司治理抑制代理冲突，提升企业价值和投资效率。机构投资者网络关系对代表企业高质量发展的企业创新行为产生何种影响，是值得广大学者进行讨论和探究的重要课题。

2.3 文献述评

2.3.1 现有研究局限

基于本章的文献回顾及文献梳理可以发现，已有研究更多关注经济转型背景和中国特定关系文化下的上市公司创新水平的内部影响因素，研究切入点较少聚焦于能够对中国现行公司治理机制作出有效补充的非正式制度这一层面。中国目前处于市场化水平有待推进、投资者保护程度尚需加强、法律规范亟待完善的发展阶段，要想优化经济发展战略并提升其增长动力、改善经济发展结构并实现经济体系的良好构建，国内外学者还应该进一步挖掘并深入研究影响企业创新水平的重要因素并付诸实践进行检验，以期深化创新理论指导，促进经济高质量发展。综观现有研究，我们可从以下方面进行理论和实证完善：

（1）社会网络对企业创新行为影响的研究范围有待拓展。关于网络与企业创新关系的相关研究更多聚焦于私人关系构建的小网络，如同学关系、老乡关系等，研究样本也未包括所有的上市企业。基于我国众多非上市公司以及民营企业在其发展过程中受到的诸多创新资源限制，社会网络拓宽了其资本获取渠道并缓解了融资约束，从而使社会网络与企业创新的研究更多集中于民营企业以及高科技企业等特定企业类型。但不同企业间的管理实践存在根本性差异，上市公司的企业创新仍然离不开稀缺的创新资源，其创新能力的提升也更依赖于有效的公司治理机制，上市公司作为我国经济发展的主要源动力，其创新水平以及创新效率的提升有利于引领整个市场经济更好更快向前发展。因此，扩大已有研究样本范围，重构复杂大型社会网络，凝练社会网络所提供的各种创新驱动，有利于提供相对全面且普适的社会网络影响微观经济创新的动因及内在机理。

（2）社会网络影响企业创新的作用机制研究有待深入。基于社会网络对资本市场以及微观经济的影响研究较为薄弱，特别是社会网络影响微观经济创新水平的相关文献并不多见，普遍认为，社会网络主要发挥信息效应而影响微观企业的高管薪酬、投资决策，对于微观经济的创新行为作用路径探究有待深入。社会网络中包含了多维度的稀缺资源和创新信息，而异质资源和异质信息对企业创新水平影响的传导路径和作用机制存在诸多差异，深入挖掘社会网络蕴含的各种创新效应有利于进一步厘清社会网络这一非正式制度影响企业创新的内在作用机理，进而为未来的相关研究提供理论借鉴与政策启示。

（3）社会网络作用发挥的权变效应研究亟待完善。社会网络对企业创新活动的影响受多重情境因素制约，企业的创新实践并非简单孤立，而是伴随企业所处内外部环境的变动而变化。相关研究在考察社会网络对企业创新的影响往往只关注某单一层面的调节作用，未能充分考虑企业多层面、多维度的情境因素，进而没有全面充分地考察具体情境选择的权变效应，也无法识别社会网络影响企业创新的边界条件，致使各因素之间的相关关系与实际情况发生偏离，甚至与客观实践背道而驰，致使研究结论的说服力和预测力显著下降。

（4）相关变量定义及测度的客观性有待加强。基于社会网络的测度，相关文献进行了多维度界定和计量，主要包括基于社会网络结构的测度、设计量表进行的问卷调查以及网络关系的追踪和识别等方式，这些方式普遍存在一定的主观性。例如，在设计量表进行问卷调查的研究过程中，问卷结果与个体研究者的主观判断存在密切关系，进而削弱数据的准确性。此外，对于社会网络结构的测度也存在较大局限性，网络结构并不完全等同于社会网络，尽管网络结构与社会网络之间有密切关联，但是社会网络除了包括网络结构，也包括弱联结社会网络关系。所以，我们应该从更加全面和更加严谨的视域去定义及衡量社会网络。

2.3.2 本书切入点

（1）关于企业创新的研究大多集中于某个宏观或微观经济因素对创新不同阶段的影响，研究内容比较丰富，研究视角也较为全面，但与其他学科的融合研究并不多见。基于社会网络角度对资本市场行为和企业经济后果的研究刚刚起步，大部分的文献也是基于企业的董事会网络和企业网络对公司投资绩效以及公司价值的研究，聚焦于企业创新行为的研究还较少。而且大部分研究成果也是基于网络关系中的强联结，如同学关系、老乡关系等私人关系的研究，较少关注网络中的弱联结。弱联结优势理论明确提出，弱联结关系具备类似“桥”的衔接功能，通过影响企业资源利用、信息获取、风险承担和战略选择等企业活动，一定程度上制约着企业的发展机会。基于社会网络的弱联结关系对企业创新行为的影响研究还有待进一步展开。

（2）随着我国资本市场机构化的持续推进，国内外相关研究者对机构投资者的治理效应进行了全面多元研究，由于蕴含着将所有机构个体视为整体的前提假设，相关实证分析均聚焦于机构投资者的持股比例以及持股类型，而缺乏对机构投资者内部网络关系的个体行为的进一步探究。中国作为新兴市场，尚未建立完善的市场机制、产权保护体系和法律制度规范，“关系”对机构投资者个体的资源获取、信息传递和治理效应的影响不容忽视。网络关系有利于信息、资源的集聚和传递，进而有助于降低机构信息加工成本并对其持股的公司进行更有效的监督。部分学者运用社会网络理论针对机构投资者网络趋同行为进行了部分探讨，但这些研究是站在机构投资者角度上进行的，主要考察对资本市场经济行为的研究，较少延伸至企业层面，没有从整体社会网络结构的视角来研究机构投资者网络资源、信息以及治理效应对企业创新的影响。本书试图将机构投资者在市场层面的网络研究，与公司层面的创新研究联结起来，探讨机构投资者在社会网络环境下的各种网络效应对企业创新行为的影响。

3 理论基础与研究机理

3.1 概念界定

基于机构投资者网络关系对企业创新研究的主要内容，本书需要对创新行为中的企业创新、创新投入、创新产出、创新效率以及网络层面的社会网络、机构投资者网络等概念进行界定。

3.1.1 创新行为

3.1.1.1 企业创新的内涵

1934 年，经济学家 Schumpeter 首次对“创新”进行了界定：创新是指将新生产要素和新生产条件的“新结合”投入新的生产体系，具体包括新原材料或半成品的引入、新产品的创造、新生产方法的使用、新组织形式的实施、新市场的拓展五种具体方式，分别对应企业的“材料创新”“产品创新”“技术创新”“组织创新”“市场创新”。Schumpeter（1934）对资本主义经济进行深入分析后发现，经济增长的内驱力以及经济周期波动的关键影响因素为以上五种形式中的“技术创新”。Walt Whitman Rostow（2010）在《美国生活百科全书》中首次提出了“起飞”理论并将企业“技术创新”提升到新的高度，定义“技术创新”为企业“创新”行为的主要内容。在现有研究中，中西方学者主要基于创新的“结果”“过程”对创新的内涵加以界定（杨菲，2018）。

第一，基于创新的过程观。创新体现为一种通过创新投入实现创新产出的过程，创新产出离不开基本的创新资源以及创新知识投入。具体来说，创新过程包括创新想法、技术研发、创新产品市场化三个阶段（Utterback，1974），好的创新想法从提出到实施，并到最终产出新事物的过程即为创新过程。

第二，基于创新的结果观。有关创新研究的主流就是基于结果观对于创新概念进行界定并进行的深入探究。创新结果一般表现为产品、技术、服务和管理等多种形式，与之对应的相关研究便是“产品创新”“技术创新”“服务创新”“管理创新”（Rhodes and Wield，1994），近年来，“商业模式创新”也逐渐成为国内外学者广泛关注的创新成果形式（Timmers et al.，1998；Amit and Zott，2001）。

综上所述，创新既是一个过程，也是一种结果（Crossan and Apaydin，2010），企业创新是一个改变与突破的过程，这个过程又体现于产品、技术、市场、管理等层面的创新结果。要想深入研究企业的创新行为就必须同时关注企业创新过程以及创新结果，没有合理的过程就得不到完美的结果，同样只追求好的创新结果往往会导致创新过程中的短期行为。

3.1.1.2 企业创新的维度

基于创新行为的维度问题，企业创新可以关注某个维度，也可以同时关注创新的多个维度（杨菲，2018），总体来看，可以根据以下几个层面进行创新维度的划分：

（1）创新强度。基于创新强度，可以将创新划分为渐进式创新和突破式创新（Dewar and Dutton，1986；杨菲，2018）。利用先进创新知识和技术能力，基于现有产品、技术、市场以及服务的改善和优化过程即为渐进式创新，渐进式创新具有渐进性、创新周期长、创新效果缓慢等特点。突破式创新是指突破以往的创新基础和科学原理，创造新产品或较大幅度提升产品性能以突破原有市场，更好满足顾客现有或潜在需求的高投入、高风险、高技术过程。相对于渐进式创新，突破式创新能够带给企业根本性的产品、技术、服务、市场以及管理变革，对相关产业带来深刻变化以及突破。

（2）创新对象。基于创新对象，可以将企业创新划分为产品创新、技术创新、服务创新、管理创新以及商业模式的创新（Antoniades et al.，2006；Casadesus-Masanell and Zhu，2013）。企业产品创新是对新产品的开发或者现有产品改造升级以及外观设计优化的过程；技术创新是发展企业新技术或者对原有技术设备进行更新改造的过程；服务创新是指为满足客户需要提供新服务的应用过程；管理创新是对企业现行管理体系优化升级的过程；商业模式创新是突破或者改变企业原有生产经营模式，为客户以及企业创造更多价值的过程。

（3）创新模式。基于创新模式，可以将创新区分为自主创新、合作创新、集成创新、封闭式创新以及开放式创新。合作创新是强调相互合作的创新活动；集成创新强调企业各方面创新知识以及创新技术的整合利用；开放式创新重点强调创新企业对内外部资源的整合和获取；封闭式创新相对于开放式创新更注重利用自身的资源和技术进行的研发过程；自主式创新主要依靠自身研发创造能力，强调原创性和自主性（张方华，2008）。

本书的企业创新聚焦于企业创新对象中最重要的技术创新，研究内容和研究范围包络所有的创新过程以及创新结果，也就是上述分析所提到的创新投入、创新产出和创新效率。具体来说，以创新实际研发投资占营业收入的比重或实际研发投资来衡量创新投入，以专利授权数或申请数来衡量创新产出，以创新投资产出比、创新价值增值、SFA 随机前沿分析界定企业创新效率。

（1）创新投入。创新投入广义上来讲主要包括企业在创新活动过程中各种人力、资金、知识资源和技术的投入（魏蒙，2017），狭义上主要指企业创新活动中的资金投入，一般使用企业研发支出表征创新投入（杨建君、盛锁，2007；冯根福、温军，2008；胡艳、马连福，2015），本书实证研究中所指的创新投入同样专指资金投入，资金投入是否充足在一定程度上决定了企业创新活动能否顺利开展（王栋等，2016）。

（2）创新产出。企业的创新活动产出主要指企业将创新资源通过创新活动投资而获得的成效和成果（Alegre and Chiva，2013）或者能体现价值的创新绩效（Meeus and Oerlemans，2000）。创新成效和成果一般通过企业创新活动所取得的技术成果进行反映（朱月仙、方曙，2007），是创新投入经过创新过程而转化成的新技术或新专利。鉴于新专利和新技术需要通过市场化转换才能为企业带来经济利润和企业价值，创新产出在一定意义上又指创新成果转化为企业成长机会和经营业绩的过程，即创新绩效。创新绩效在某种层面上反映了企业价值，我们无法严格区分这种价值是来源于企业的创新活动还是其他经营管理或投资活动，因此本书所指的创新产出主要是指创新过程转化成的新技术或新专利，一般用创新企业的授权或申请专利表示。

（3）创新效率。创新效率一般指单位投入所带来的创新产出，是将企业创新投入和创新产出进行对比量化的概念，高效的创新活动是指低投入高产出的研发过程，创新效率可以一定程度上使用创新产出相对创新投入的敏感性、创新价值的增值或技术效率表示。企业的技术效率一般有两种衡量方法。第一种是包络分析法（DEA），属于非参数分析法。这种方法无法通过历史数据预测未来趋势（梁平等，2009），因为这种方法没有提前定义生产前沿函数，也无须设定指标权重。第二种是随机前沿分析（SFA），属于参数分析法。相较于 DEA，SFA 具备较强的经济学理论基础，它设定了生产函数与产出函数之间的特定关系，能够使用计量方法对前沿参数进行估计，虽然更依赖假定的数据条件，应用范围存在一定限制，但是在误差处理和模型干扰方面更具优势，相对于包络分析法（DEA），随机前沿分析（SFA）在模型合理设定前提下的面板数据估计结果中效果更好

（朱有为、徐康宁，2006）。

3.1.2 社会网络及机构投资者网络关系

3.1.2.1 社会网络

“社会网络”概念由人类学家 Barnes 首次提出并进行了概念式讨论，随后 Granovertter 发表了“关系”的重要论述，“社会网络”才吸引了社会学与经济学学者的广泛关注，相关学者也对社会网络特征进行了突破性研究，预示着社会网络研究进入了一个全新阶段。人们的经济行为是嵌入在社会网络结构中的，这一网络结构的“嵌入性”理论由 Granovertter 在 20 世纪 80 年代中期提出，这一理论的提出突破了经济学理论对个体行为的认知，个体经济行为是“嵌入”在现代产业的社会关系中，将社会机构纳入社会经济问题分析框架，以个体所处不同社会网络关系的经济行为进行分析，是对极端约束制度假设框架的补充和完善，并实现了微观个体与宏观经济相互融合的拓展。基于这一“嵌入性”网络结构观，Burt（1995）均进行了深入探讨并由此奠定了社会网络研究的基础。伴随著名的“结构洞”理论的提出，社会网络作为一种工具化得到了重要拓展。当网络个体需要借助其他个体形成间接联系而不存在直接网络联结时，行动的第三者就占据了此网络的一个结构洞，拥有网络结构洞的个体越多，表示其控制的社会网络信息越多，可以为组织或个人带来更多资源和信息优势。社会网络往往被视为一种重要的社会资本，其研究的资源化或者资本化重点论述网络中个体如何通过他们所联结的社会网络关系获取财富、权力和声望等稀缺资源，是对传统网络研究的进一步拓展，逐步演变为重要的社会网络研究范式。

通过梳理社会网络理论的发展研究不难发现，社会网络内涵界定较为丰富，主要包括社会网络关系（Granovetter，1974）、社会网络结构（Burt，2001）、社会网络资本（Lin，2002）。

（1）社会网络关系。社会网络是由个体与他们的亲朋好友、邻居、同事之间的行为互动构成的关系网络，网络内存在节点以及节点所连接的社会关系，这种社会关系有利于网络个体（个人、企业、机构）的信息共享和资源获取。社会网络可以定义为是由个人或者家庭与他们的亲戚、朋友、邻居、同事等之间的互动构成的关系网络，具体可以使用亲密程度、感情力量、互动频次以及网络交换四个方面度量关系的强弱。网络关系的强弱不同，社会网络的作用形式也会有所差异。强关系意味着网络内存在着诸多信息重复性较高的同质性个体，过多的冗余信息可能会增加网络个体收集获取信息的处理和加工成本，降低信息流通速度以及交流扩散范围，无法有效获取网络信息以及无法促进网络信息的共享。弱关系一般在群体活动组织之间发挥信息桥的作用，异质个体之间信息的多样化可以有效扩大个体所拥有的信息资源，成为网络内部资源获取、信息传递的有效渠道。

（2）社会网络结构。区别于社会网络关系所强调的个体特征，社会网络结构运用嵌入性理论中的网络结构特征来界定社会网络（Granovetter，1985）。基于信任，网络个体可以将其行为活动嵌入社会网络，嵌入个体行为的社会网络也会对网络内部行动者形成制约。基于嵌入性理论，社会网络逐渐演变成了结构洞理论（Burt，1995），并由此形成社会网络的两种形式：一种是"无洞"网络，即网络内部不存在关系的间断；另一种是"结构洞"网络，即网络中个体只与部分行为个体联结，与另一部分个体存在关系的间断。由此而来，社会网络中就出现了类似洞穴的"结构洞"，社会网络中的"结构洞"越多，可以支配的网络资源以及网络信息越丰富，并能最大限度地获取网络优势，带给网络个体更多利益。

（3）社会网络资本。区别于社会网络关系中个体间的强弱程度和社会网络结构中特定的位置符号，社会网络中的社会资源或资本是将网络置于一个更加广阔的视角下的概念，其内涵边界得到了又一次的拓展。社会资本层面的社会网络认为网络本身就是一种社会资源，网络中镶嵌着各种社会资源，比如财富、权力和声望，这种社会资源不被个体直接拥有，而是需要通过各种社会关系间接获取，社会网络是一种用来提取资源的关系网络，而并不是一种连接工具。林南（1981）在社会网络结构的个体互动和理性选择行为基础之上提出了社会资本理论，并将社会资本界定为社会网络和社会资源的结合，也就是镶嵌于社会网络中的社会资源（Nahapiet and Ghoshal，1997）和资源配置方式（张其仔，2004）就是社会资本，是一种能够影响个人实现某种既定目标的力量基础（边燕杰，2006）。因此，社会资本蕴含于社会网络关系之中，也可以通过网络关系进行表征。

本书基于社会网络关系来定义社会网络，并强调社会网络中的弱联结关系，一般使用网络中心度表示。社会网络就是结点（个体）与线（个体之间的关系）的有效组合，主要探讨各个结点之间的社会关系以及网络结构，这种社会关系主要是友谊、沟通或建议的集合。网络内异质个体之间信息的多样化可以有效扩大个体所拥有的信息资源，成为网络内部资源获取、信息传递的有效渠道，网络内个体的联动也会强化网络个体行动的一致性，进而对公司治理产生影响。

3.1.2.2 机构投资者网络关系

借鉴社会网络以及谢德仁和陈远森（2012）对董事网络的定义，本书对机构投资者网络的定义为：机构投资者网络是由多家机构共同持有一家上市公司而形成的联结关系，是一种弱联结关系。在机构投资者网络中，结点就是网络中的单个机构投资者；结点之间的线为机构投资者个体之间的联结关系。如果一家上市公司的股份同时由两个及两个以上机构投资者共同持有，那么就会建立这些机构投资者之间的联系，如图 3-1 所示。机构投资者网络有两个重要特征：一是机构投资者作为独立的个体本身（作为图 3-1 中的点）；二是机构投资者之间因至少同时持有一个上市公司而带来相互间的联结关系（作为图 3-1 中的边）。

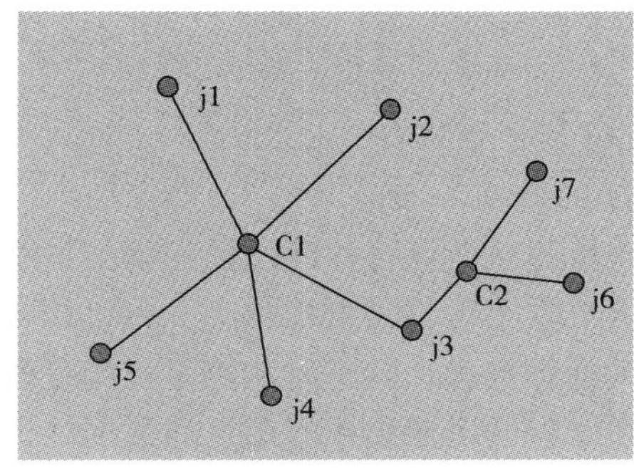

（a）机构—公司二维网络

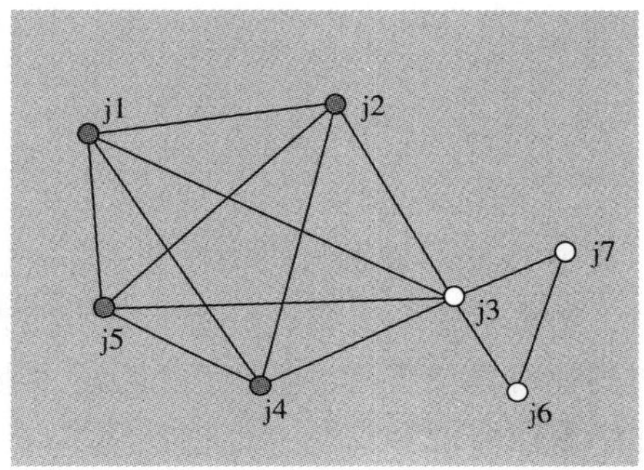

（b）机构—机构一维网络

图 3-1 社会网络

本书采用个体层面（机构投资者）网络输入，组织层面（公司）网络输出的做法，根据 Pajek 软件计算个体层面的网络中心度，按照其均值或中位数匹配到公司层面，进而研究机构投资者网络关系对企业创新的影响。

本书使用图论方法定义机构投资者网络，设定所有持股上市公司的机构投资者以及机构投资者之间的网络是无向的，用 W 表示，$W=$（P，S），W 包含机构投资者个体的点集 P（W），以及不同机构投资者个体联结关系的边集 S（W），边集 S（W）是由于机构投资者 a 和机构投资者 b 同时持有一个上市公司的股权而产生，机构投资者 a 和机构投资者 b 间接联系，而这种联系是邻接的，即 $e_{ab}\in S$（W）。为了对机构投资者网络进行更直观地表述，我们也可以使用双向图的形式把所有网络的信息用一个矩阵 $I\times C$ 表示，I 代表机构投资者数量，C 代表上市公司数量。双向图可以用邻接矩阵表示：$Mai=$ ［0.1］用来表示机构投资者持有某个上市公司的股份，Mai 从公司—机构层面建立的二模矩阵，为了更好地描述机构投资者个体间的联结关系，也可以转换为一模矩阵：$Nai=$ ［0.1］，1 表示机构投资者 a 和 b 同时持有一个上市公司股权。

网络中个体的影响程度可以用网络中心度指标进行衡量。中心度指标可以衡量四个方面：其一为程度中心度，衡量网络个体占据网络中心位置的程度；其二为中介中心度，衡量相互之间没有直接联系的个体通过某行动主体进行联结的程度；其三为接近中心度，衡量网络中某个体能以多短的距离与网络中其他个体进行联结；其四为特征向量中心度，衡量与网络中中心位置个体进行联结的紧密程度（Freeman，1979；Wasserman and Faust，1994）。通过借鉴这四个中心度指标可以计算机构投资者网络中每个个体所代表的中心程度关系。

（1）程度中心度（*Degree*）：与机构投资者 i 形成的直接网络联结数量，代表机构 i 在社会网络中的活跃程度。其计算公式为：

$$Degree = \frac{\sum_{j=1}^{N} x_{ij}}{N-1} \tag{3-1}$$

式中，$\sum x_{ij}$ 表示与机构投资者 i 通过网络关系建立直接联结的网络节点个体数目，N 表示整个机构投资者网络所拥有的节点个数，该指标越大，该机构投资者与其他机构投资者进行资源和信息交换的通道越多，就越能从更多机构投资者个体中获取资源和信息，也越容易将自己所掌握的资源和私有信息通过网络传递给更多个体。

（2）中介中心度（*Between*）：整个机构投资者网络中其他机构个体之间需要通过该机构投资者 i 互相联系的程度，衡量的是机构投资者 i 作为网络中的“桥”，使其他机构投资者产生联系的能力。其计算公式为：

$$Between = \frac{\sum_{j<k} g_{jk(i)}/g_{jk}}{[(g-1)(g-2)]/2} \tag{3-2}$$

式中，g_{jk} 表示机构投资者 j 与机构投资者 k 在某年度联结的最短路径数量。$g_{jk(i)}$ 表示机构投资者 j 与机构投资者 k 在网络最短联结中包含机构投资者 i 的路径数量。$g_{jk(i)}/g_{jk}$ 表示机构投资者 i 控制机构投资者 j 与机构投资者 k 进行信息沟通的能力，$\sum g_{jk(i)}/g_{jk}$ 表示机构投资者 i 对所有通过其联结的两机构投资者的控制能力之和，并用 $[(g-1)(g-2)]/2$ 对其进行标准化处理，运用这一中心度指标来描述网络中某机构投资者作为中间“桥”在任意两个没有建立直接联结的机构投资者之间构建的间接联结的边数情况。该指标越大，机构投资者作为中介在网络中其他任意两个个体之间间接联结的边数越大，越能通过网络向更多个体传递、提取资源和信息。

（3）接近中心度（*Close*）：机构投资者 i 与其他机构投资者联结距离之和的倒数，衡量的是机构投资者 i 能否在较短路径内接触到网络中的其他机构投资者。其计算公式为：

$$Close = \frac{g-1}{\sum_{j=1}^{g} d(i_t, j_t)} \tag{3-3}$$

式中，$d(i_t, j_t)$ 表示机构投资者 i 和机构投资者 j 在网络内联结的最短路径，$\sum_{j=1}^{g} d(i_t, j_t)$ 表示机构投资者 i 和机构投资者 j 在网络内联结的最短路径距离之和，对其取对数并用 $g-1$ 标准化便是接近中心度。接近中心度越高，表明机构投资者与网络中其他机构投资者建立联结的路径长度越短，与他们越亲近，机构投资者个体从网络中其他机构投资者个体提取和传递信息和资源的速度越快。

（4）特征向量中心度（*Eigen*）：将其他机构投资者网络中心度进行考虑而重新计算的一个个体中心度指标。其计算公式为：

$$Eigen = \lambda \sum x_{ij} e_j \tag{3-4}$$

式中，λ 为常量，为机构投资者 i 通过网络邻接矩阵特征值的最大值。其计算方法与程度中心度极为相似，特征向量中心度在计算节点个体联结边数的时候，对每一条边均用周围节点个体的程度中心性进行加权，再求和。该指标越大，机构投资者个体可以通过网络向更多机构投资者提取、传递的资源和信息越多、越丰富。

以上四种网络中心度指标是分别基于不同网络个体的交流心理和网络经济性所建立的网络关系衡量。程度中心度强调网络中个体的活跃程度，认为每个网络节点都是一样的，注重网络个体的直接关联而非间接联系；中介中心度强调对不同机构个体网络联结的控制程度；接近中心度关注到了网络中潜在的接触，具体指每个机构投资者个体到网络中其他所有个体的间接联结，比如超过两次联结以上的联结；特征向量中心度通过递归加权来表征联结数量的“质量”。单个指标的使用不能全面地反映网络结构特征（Freeman，1979；Wasserman and Faust，1994），本章拟将四个指标综合考虑，共同刻画自我中心网络和整体机构投资者网络关系（罗家德，2012；乔琳等，2019）。以下为本书测算机构投资者网络中心度的具体步骤：

第一，本书选取我国 2007~2019 年重仓持股（持股比例大于等于 5%）A 股上市公司股票的机构投资者年度数据，首先对每家机构投资者赋予一个标识码，其次构建机构投资者与其持股的上市公司的“机构投资者—公司”二模矩阵 $A[0, 1]$，如若某机构投资者持股某上市公司，则它们之间的二模矩阵赋值为 1，否则为 0。

第二，运用大型网络运算软件 Pajek 将“机构投资者—公司”的二模矩阵 $A[0, 1]$ 转换为“机构投资者—机构投资者”一模矩阵 B。矩阵 B 中非对角线的参数表示两家机构个体共同持有上市公司的数量。比如，如若两家机构个体共同持股一家上市公司，则它们之间的一模矩阵赋值1。

第三，利用Pajek软件中心度函数，计算标准化后的机构投资者网络中心度的年度数据，包括网络中心度的年度均值和年度中位数。

第四，以机构投资者网络中心度的年度均值作为公司层面机构投资者网络中心度的代理变量，以机构投资者网络中心度的年度中位数作为稳健性检验中公司层面机构投资者网络中心度的替代变量。

3.2 理论基础

本章通过相关文献以及概念梳理，对企业创新投资决策、社会网络研究成果进行了系统回顾，对相关概念之间的关系进行了明确界定。本章还将对研究中所涉及的相关理论进行全面论述，在此基础上，结合本书的研究主题进行理论机理推导，从而为后续实证研究中的假设提出和实证检验奠定理论基础。

3.2.1 竞争优势理论

Porter和Millar于1985年提出了竞争优势的概念。竞争优势主要指企业在一定时期内能够快速向客户提供有价值的商品或服务，并能够超越其竞争对手获取超额或者高于行业平均水平的利润，从而长期占据市场主导地位。我们可以将公司业绩看成企业所处市场环境的一个函数，在特定的行业组织结构中，企业通过选择某一公司发展战略获取企业竞争优势，并以此影响其公司业绩表现。公司战略决策也深受行业吸引力以及企业个体在行业中的相对竞争地位影响。决定企业竞争优势最根本也是最关键的因素是行业吸引力，它是由行业市场结构特征所决定的一种外生力量。行业市场结构特征决定于Poter的“五力模型”，即五种竞争力量（Porter and Millar，1985），包括行业中现有竞争者、新进入者威胁、替代产品威胁、顾客议价能力以及供应商议价能力。共同作用的五种力量在决定行业市场结构的同时也决定了行业吸引力以及行业中企业个体的盈利能力，企业个体可以通过适时选择成本领先战略、目标集中战略以及产品差异化战略以实现获取竞争优势的目的。企业竞争战略的选择以及竞争优势的获取决定于企业在行业个体中的相对竞争地位。行业内个体在不同的市场结构影响下对竞争战略的不同选择，会直接导致企业获取不同的竞争优势。不同竞争战略的选择意味着企业不同的盈利能力的创造，这种盈利能力的差异是源于五种竞争力量对企业产生的不同作用而致，而并非决定于企业战略的执行能力差异（Porter and Millar，1985）。

将企业内部生产、设计、营销以及辅助过程等相互分离的活动视为利用行业吸引力以及企业相对竞争地位获取竞争优势的补充，Porter（1992）进一步探究了如何通过企业内部活动差异性选择拓展竞争优势来源的问题，并对企业获取竞争优势进行了理论逻辑梳理：五种竞争力量—行业市场结构—产品市场竞争—竞争战略选择—竞争优势。面对激烈的产品市场竞争以及动态复杂的市场环境，企业自身的竞争优势会随着竞争对手的模仿和技术发展而消失殆尽，甚至随着外部复杂环境的演变，企业竞争优势可能转变为竞争劣势（Olivera and Argote，1999）而被行业内竞争对手迅速超越并最终被市场淘汰，此时，在复杂多变的竞争环境中保持企业竞争优势的唯一途径便是创新，创新亦是企业采取成本领先战略、目标集中战略及差异化战略等战略行动谋取经济利益和新的竞争优势的有效途径。基于成本领先战略，企业通过创新可以改进产品生产工艺、优化生产要素组合、采取先进生产技术实现相对成本优势、提高企业盈利能力；基于目标集中战略，企业可以通过创新以较低的资源投入和较高的效率产出为某一细分市场和特定战略对象提供产品或服务，提升企业某一特定目标市场的竞争战略主导地位，获取超额收益；基于差异化战略，企业可以通过创新向客户提供更加多样化的产品与服务，为市场提供独特价值从而提升企业竞争优势。

3.2.2 企业创新理论

创新可以划分为企业产品创新、企业技术创新、企业服务创新、企业管理创新以及企业商业模式创新（Antoniades et al.，2006；Casadesus_Masanell and Zhu，2013）。企业产品创新是对新产品的开发或者现有产品改造升级以及外观设计优化的过程；企业技术创新是发展企业新技术或者对原有技术设备进行更新改造的过程；企业服务创新是指为满足客户需要提供新服务的应用过程；企业管理创新是对企业现行管理体系优化升级的过程；企业商业模式创新强调突破传统商业模式，实现客户及企业价值创造的过程。无论对于国家的经济增长还是企业的长远发展，企业技术创新都发挥着至关重要的作用。伴随创新理论的丰富和发展，技术创新的驱动机理受到学术界的广泛重视并从其一元论逐渐演变到多元论。一元论主要从单一视角考量创新驱动力量，包括技术推动说和需求推动说。技术推动说认为企业进行创新的直接动力是科学技术发展的重大突破，是创新推动的内在原因。需求推动说认为创新的起点是市场需求信息，企业根据市场所期望得到的产品和技术进行生产和创新，以占据市场竞争优势获取超额利润，因而创新源于市场需求，市场需求是创新的直接驱动力量。创新驱动多元论认为，企业创新源于技术进步和市场需求的相互平衡，市场需求和技术发展共同推动和决定着企业创新。此外，企业创新的驱动力量还要考虑其创新情境，不同的情境下企业创新会表现出一定的差异性，忽视情境选择对企业创新驱动的影响易于导致研究结论出现偏差，本书横截面调节研究也会进一步基于企业、行业以及市场不同情境深入考量企业创新的驱动力量。

3.2.3 资源依赖理论

资源主要指企业各种有形和无形资产的集合（Barney，1991），其存在的目的主要是满足企业战略行动和战略实施的潜在需求。包括人力资本资源、财务资本资源、物质资本资源和组织资本资源（Becker，1964）。人力资本资源包括企业员工、管理层所具备的经验、技能以及学识；财务资本资源主要指企业的所有收入；物质资本资源具体包括企业的原材料、固定资产以及有形技术；组织资本资源具体指企业文化和企业组织结构等。异质性和不可流动性是资源基础理论暗含的两个基本假定。不同企业之间所拥有的资源以及资源组合存在差异是资源异质性的本质；资源的不可流动性体现为某种企业资源在不同企业之间流动的限制性，这种限制性主要源于企业资源的高模仿成本以及低供给弹性，并最终导致企业间存在持续的资源差异。资源的异质性以及不可流动性将直接导致拥有特殊价值的企业通过采取战略行动以及实施产品市场战略获取持续竞争优势以及超额收益。相对其他资源，具有组织性、稀缺性、不可完全模仿性以及价值性等特性的资源才有可能成为企业保持竞争优势和超额收益的资源来源（Barney，1991，2001）。

一个企业受限于内部资源无法自给自足，往往对外部环境中其他组织所控制的资源有一定的依赖程度，其生存与发展离不开对外界环境的资源获取，通过与外部环境进行互动、联系和交换可以获得关键资源，这就是“资源依赖理论”。该理论主要包括以下三个方面观点：其一，任何一个企业个体都存在于相互联系的社会网络之中，企业个体无法完全通过自给自足满足对所需资源的全部控制，企业会对外部环境中所蕴藏的资源产生依赖，其对外部资源的获取能力也是企业长期生存和持续发展的关键。其二，企业生存发展离不开外部资源获取，通过各种社会联系，比如交易、交换去获取稀缺资源或者企业发展关键资源是企业必须要面对的现实问题，对于有较强依赖的关键资源和稀缺资源，企业甚至可以牺牲自身的控制权进行交换。其三，受制于环境不确定性，企业唯有不断优化自身竞争战略、完善自身组织形式和经营模式才能降低其之于外部资源的依赖程度，以提升自身对外部环境变化的适应性和控制力。

3.2.4 信息不对称理论

信息不对称理论发展初期主要用来解释二手车质量信息在交易中非均匀分布带来的定价问题，即“柠檬市场”问题，伴随信息不对称理论的丰富和演进，其现实中的解释逐渐渗透到整个市场经济的所有现象。正是因为存在着信息不对称，交易双方在进行相互交易时才需要签订契约。信息不对称由此而成为契约经济学的核心概念。如若市场个体拥有其他个体所未拥有的增量信息时，不同个体之间就产生了信息不对称，市场中个体根据对私有信息的拥有程度被划分成拥有私有信息的知情者和未拥有私有信息的非知情者。从时间层面上，信息不对称可以细化为事前信息不对称和事后信息不对称，分别可以导致企业的逆向选择和道德风险。事前信息不对称主要源于市场参与个体不了解企业内部信息，具有信息优势的内部人员出于自利动机倾向于操纵对外提供的会计信息；事后信息不对称源于较高的监督成本导致交易过程中能够认知自己行为及影响的个体不受监督或者所受监督不足带来的对另一交易方的利益损害。在内容层面上，信息不对称包括隐藏行动以及隐藏知识的信息不对称。无论何种形式或层面的信息不对称均会严重影响资本市场的资源配置效率。

如何促使市场个体充分获取信息并利用信息资源配置提高效率已经成为目前学术及实践研究的一大热点。相关对策主要通过企业信息披露以及完善公司治理机制发挥信息中介的信息传递作用来实现。市场所有成员并非对市场整体完全了解，但个体视野足够的重叠性加之中介机构的传递性会促使个体拥有其他个体的私有信息，证券市场分析师、机构投资者等作为私有信息的有效传递者将进一步发挥信息中介以及信息治理效应，促使交易双方实现信息整合与传递并进一步降低市场整体信息不对称，优化信息资源配置进而提升社会资源配置效率。

3.2.5 公司治理理论

公司治理理论以产权理论、代理理论、契约理论和交易成本为基础，并随着资本市场的发展和演进而形成的一种治理理论，是管理学领域的进一步发展。所有权与经营权分离直接导致了管理层与股东之间的委托代理问题，公司治理理论正是为解决此类问题而不断发展和演变成的一种制衡机制，其核心问题在于采取适当的激励监督机制解决代理问题，强调对相关利益主体的权、责、利进行制衡从而合理配置企业控制权和剩余索取，进而确保实现公司长远目标的一种有效制度安排。

公司治理作为公司治理理论和现代企业制度的核心概念，其内涵也得到广大学者的深入探索。基于最大化股东价值的视角，公司治理被认为是企业设计并建立的一套服务于单一股东主体利益的制衡机制，其目的是激励和约束管理层，进而降低因信息不对称导致的管理层自利行为所引发的代理成本，从而确保股东价值最大化终极目标的实现（Berle and Gardner，1934；Jensen and Meckling，1976；Fama and Jensen，1983；Shleifer and Vishny，1986；Stulz，1988）。单一股东利益至上的观点也面临着众多质疑，公司治理应该兼顾和维护多元利益主体的利益，明确股东、管理层、董事会、监事会及其他相关利益主体的权、责、利关系，并形成不同利益主体之间的有效制衡（李维安，2009），公司治理既是保证公司决策能够合理设计并有序执行的治理结构（李维安，2009），也是对相关利益团体决策行为进行约束和激励的制度安排（钱颖一，1999；张维迎，2000）。公司治理作为一种制度安排均围绕“监督制衡”“激励约束”“科学决策”进行界定和研究。

不同国家和地区由于政治经济文化背景、企业发展历程、制度形成和演变存在差异，致使公司治理模式在不同国家和地区存在着异质性。不同国家的治理模式都是基于英美公司的一元制模式和德日公司的二元制模式发展和建立起来的。英美公司的治理模式属于单层制模式，也称一元制治理模式，公司内部仅设置董事会，董事会同时履行监事会职能，英美公司的一元制公司治理模式更加关注自由竞争和股东利益，企业的独立董事行使内部监督职能，外部治理机制发挥外部监督作用。德日公司的治理模式属于二元制模式，也称双层制治理模式，公司内部分别设置董事会和监事会，董事会履行决策职能，监事会履行监事会职能（王世权，2011），主要依靠内部制度安排来实施公司治理机制。我国的公司治理机制分别借鉴了英美模式的独立董事制度和德日模式的双层制治理模式，即内部决策执行职能由董事会履行，董事会中设立独立董事职位并主要履行监督职能，且我国的公司治理不仅依靠内部监督也同时依赖外部公司治理机制的补充和完善。公司治理的目的在于减少代理冲突，协调相关利益主体的剩余控制权和剩余索取权配置并对管理层的科学管理和决策实施激励和施加约束。我国的公司治理机制包括内部公司治理以及外部公司治理两个层面。股东、董事会、监事会和管理层之间的权、责、利制度安排和配置属于内部公司治理；资本提供者（股东和债权人）对公司管理层实施的监督和约束属于外部公司治理，主要包括资本市场、产品市场、经理人市场及并购市场的外部监督和其他外部约束，内部公司治理机制是公司治理的主要体现，而外部公司治理机制的有效性又会决定着内部公司治理的充分发挥。

机构投资者作为企业的资本提供者，是外部治理机制的重要参与主体，其对公司所实施的监督和约束一直被西方发达国家学者视为能够改善公司治理和缓解代理问题的特药良方，在企业外部公司治理方面发挥着不可替代的监督和约束作用。随着我国资本市场机构化的有力推进，机构投资者同时持有两家以上公司股份的现象普遍存在，这种现象直接促进了机构投资者网络这一重要社会网络的联结和形成。机构投资者网络能够提升并强化网络个体的投票行为和监督行动的决策一致性，更倾向于以一种非正式的外部制度安排对企业实施治理和监督。

3.2.6 社会资本理论

社会资本是指可以从中获取确定或潜在资源的持续制度化关系网络，Coleman（1990）定义社会资本为社会网络行动个体所拥有的财产，这一定义基于社会资源特征，一般可以用有效动用的网络规模和资本数量进行衡量，只有网络个体调动社会网络时才能发挥其资本作用，并赋予关系网络中每个成员的特定网络利益，而网络个体未调用社会网络时，他就只能呈现静态网络关系。社会网络的社会资本分析发起于 Bourdieu 和 Wacquant（1992）的研究，在其研究中，社会资本被界定为隶属于文化资本和经济资本而又独立于文化资本和经济资本的一种资本形态，Bourdieu 和 Wacquant（1992）也在社会资本概念的基础上进一步提出其资本增效器的作用。通过塑造网络行动个体价值为社会网络成员运用网络关系获取资源和提供便利，从而在增加个人利益的同时实现整体目标。社会资本应该置于社会网络中进行探索和研究，并可以看作通过占据重要网络或组织结构位置的社会关系而获取的稀缺资源，相对于独立存在的个体，这种资源强调其在社会关系中的嵌入性，主要包括镶嵌在社会关系中的声誉、信息和知识以及战略资源（Lin，2002）。社会资本中的外部社会关系能让企业高管通过个体非正式的社会网络获得非正式的知识转移（私人性质的知识转移），从而有更多渠道获取外部持续不断的信息流，在企业融资时，通过社会交流的方式向资金的提供者（如银行、风险投资家）提供更多非正式制度下的信息以缓解融资约束，如果没有社会关系资本，企业家获得融资的难度会更大（Cable and Shane，1997）。

对于机构投资者个体因为持股上市公司而构建的机构投资者网络来说，如若机构投资者个体位于上市公司机构投资者网络中心，他便更容易获取更多监督和治理企业的信息以及知识，处于网络中心位置的机构个体同时能够发挥示范风向标功能，进一步强化网络决策一致性，进而提升其履行公司治理职能的专家声誉，这便是机构投资者网络带来的声誉资本；社会网络本身具有信号传递功能，网络个体即使不直接使用社会网络中镶嵌的稀缺资源，但居于网络中心位置的个体本身也会表达一种社会声望和地位（Lin，2002），居于社会网络中心位置的个体被称为网络明星，其社会关系可以看成个体社会信用的有力表现，具体可以通过社会网络获取资源的强大能力进行表征。网络社会关系还可以强化身份认同感，为网络个体提供情感支持的同时也能为个体对资源的获取赋予权利资格。处于网络中心位置的机构投资者个体更加重视这种“社会认同”，在面临大股东和管理层的双重压力下也不会轻易屈服，具备更强的“讨价还价”能力，在公司进行相关决策时也会更加独立。网络中心度较高的机构投资者可能处于一种特殊的“精英圈子”，进而更易获得网络关系蕴藏的社会资本。

处于关键网络位置的社会个体能够为其自身提供各种关于机会和选择的决策有用信息，政策相关信息方面，包括宏观经济环境的国家、行业和地区的产业政策，各种法律法规以及监管层面的有用信息；企业财务活动方面，包括各种投资项目、投资机会和兼并收购机会以及融资渠道和融资方式信息；企业战略方面，包括市场条件、行业趋势、先进产业机会甚至核心技术以及核心市场数据等；经营战略方面，包括供应商、消费者甚至竞争对手的战略行动等信息，所有这些信息均可以通过不同机构投资者的个体社会关系进行整合与获取。信息是获取资源的有效通道，私有信息的传递和流通能够进一步拓展企业获取社会资本的来源和方式（Larcker et al.，2013）。

除声誉、信息和知识外，网络个体还能获取镶嵌于网络关系中的公司生产经营和战略发展的直接资源，包括金融和物质资源。基于资源基础理论和资源依赖理论，金融和物质资源的获取能够显著提升公司业绩（Wernerfelt，1984）。网络内不同公司个体的交换行为会因为社会网络关系的存在而变得密切和有效（Mizruchi，1996），社会网络关系可以促进商业合约关系的构建，降低签约过程中的信息不对称，从而降低公司个体的投入成本，提升公司整体经营绩效（Larcker et al.，2010）。在我国市场经济转轨过程中，面临外部制度环境的高度不确定性，公司通过社会网络构建可以获取经济可靠的资源基础，进而促使企业做出正确科学决策，保证经营和投资效率。

3.2.7 弱联结优势理论

社会关系是个体间由于交流和接触而存在的一种连带联结关系，这种社会关系具有强弱联结之分，具体通过网络的互动频率、亲密程度、互惠交换和感情力量四个层面进行衡量（Granovetter，1974）。强联结的社会关系内部个体具有较高的相似性，联结关系较为封闭并具有冗余度较高的大量重复信息；弱联结的社会关系有较广的分布范围，不同个体之间流通和传递的信息的异质性更高，相对于强联结社会网络关系，这种弱联结关系更能发挥弱联结优势进而通过跨越社会界限创造更为广泛和有效的社会流动机会，去获取网络关系中的更多非冗余知识、信息和其他稀缺社会资源。1990 年，Lin 进一步修正和拓展了 Granovetter 所提的弱联结优势理论，不同于 Granovetter 对群体之间关系的注重，Lin 拓展的弱联结优势理论更注重社会资源的获取。他认为社会网络中个体的财富和威望是通过异质关系网络中的弱联结关系进行传递，强联结社会网络中的资源相似性较高，无法有效联结异质成员，其资源的异质性和有效性均低于弱联结社会网络（Lin，1999）。

机构投资者网络是机构投资者共同持股一家及以上公司形成的，机构投资者个体之间的互惠交换程度较低，不同机构投资者拥有更多企业个体的非冗余信息，由于不同机构投资者的职业背景和业务范围存在较大差异，致使他们拥有更大异质性的企业信息，而这些异质性信息又能带给企业相关决策经验、信息、知识以及多样化和多元化的资源，从而易于发挥网络中“桥”的功能（Cai et al.，2009），所以机构投资者之间因为持股而构建的社会网络更趋于一种弱联结关系，享有社会网络的弱联结优势。

3.2.8 镶嵌理论

“嵌入性”的概念由 Polanyi 界定，在此基础上，Granovetter（1985）又提出了网络的“镶嵌理论”。人类的经济活动往往镶嵌于社会经济与非经济制度中，并于制度化过程中与制度环境进行互动，经济发展和社会活动之间相互依存，无法分割。经济行为镶嵌于社会网络，伴随网络的互动和交流，相关决策也予以制定。网络个体的行动虽自主独立，但又无时无刻不是嵌入于网络，并能够对网络其他个体产生影响，而其自身的行为决策又受制于网络的互动和交流（罗家德，2012），网络分析的镶嵌理论就是社会网络中个体如何相互影响于其动态互动过程（Granovetter，1985），进而避免“社会孤立性”。镶嵌理论分别从网络结构、个体认识、文化背景和政治环境四个层面划分为结构嵌入、认知嵌入、文化嵌入和政治嵌入（Zukin and Dimaggio，1990）。由于社会网络的嵌入性，网络内个体往往采取相似或一致行动影响企业财务行为和战略选择。

在我国市场经济转轨过程中，面临外部制度环境的高度不确定性，公司通过机构投资者网络关系构建可以有效发挥社会资本理论优势获取经济可靠的创新资源，因此基于社会网络关系的社会资本理论，机构投资者网络关系有利于企业获取稀缺创新资源，发挥资源优势，提升企业创新能力；机构投资者之间因为持股而构建的社会网络更趋于一种弱联结关系，享有社会网络的弱联结优势，弱联结的社会关系有较广的分布范围，不同个体之间流通和传递的信息的异质性更高，相对于强联结社会网络关系，这种弱联结关系更能发挥弱联结优势进而通过跨越社会界限创造更为广泛和有效的社会流动机会，去获取网络关系中的更多非冗余知识、信息和其他稀缺社会资源。机构投资者网络的弱联结关系本身所拥有信息的异质性和多样性能够给公司相关决策带来更多元化和多样化知识和信息，更容易充当网络之间“桥”的功能，进一步降低信息不对称提升企业创新水平；我们从社会网络观看待机构投资者网络个体的联动行为，认为机构个体的治理偏好以及决策行为往往受到他们所处社会网络的影响。一方面，机构投资者个体保留了其在公司决策中的个体自由意志，比如个体机构投资者会依据自身专业素养和知识经验以及风险偏好进行决策；另一方面，机构投资者个体的相关决策和治理行为又嵌入其互动的人际关系，会通过社会网络的互动交换知识、获取信息，其认知和偏好会受到社会网络互动过程的影响。机构投资者个体行为虽自主，也会因为镶嵌理论而受其所处社会网络的影响，其治理动机和治理能力也会伴随网络的联动有所增强，从而强化公司治理提升企业创新水平。机构投资者网络的社会资本理论、弱联结优势理论以及镶嵌理论赋予并强化其资源、信息和治理效应，进而通过有效发挥资源优势、提升会计信息透明度、强化公司治理提升企业创新能力、充分发挥竞争优势。

图 3-2 为本书的理论基础框架。

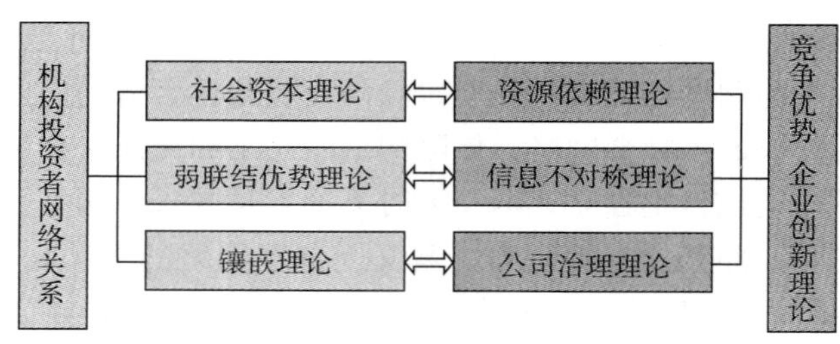

图 3-2　理论基础框架

3.3　机构投资者网络关系影响企业创新的机理分析

企业处于创新的网络化时代，其经营管理的许多行为活动会通过不同方式以及形式嵌入于各种社会网络，网络中存在着大量的创新资源和创新信息，其网络内的互动与交流存在于共同网络创新主体的同时又会强化网络个体的决策一致性。参考 Pareek（2012）、Crane 等（2019）、吴晓晖等（2019）、郭晓冬等（2020）的研究，本书主要采用社会网络关系对机构投资者的网络联结和网络嵌入进行衡量。

社会网络关系能够体现网络个体间的信任程度和行动的一致性能力。相对稳定的社会网络关系有助于网络成员之间一致认可的合作原则和行动规范的有效建立，从而强化个体之间的信任程度和提升网络成员的行动效率。稳定有效的网络关系容易提升成员或者企业之间的亲近程度，对企业获取有效创新资源和信息产生积极正面影响，并强化成员决策一致性。产生于网络主体之间的各种非正式沟通和交流会产生隐性知识、经验和资源的溢出效应，进而提升个体获取网络资源、信息的数量，从而强化网络个体行为决策的一致性。社会网络关系中最重要的研究变量就是节点中心度，能够体现成员个体的联结程度和网络结构嵌入性。根据网络个体在网络汇总的相互连接距离可以得到，处于网络中心的个体到网络其他个体的连接路径之和是最短的，进而也能与网络其他成员进行更为直接和活跃的信息交流、资源互通并强化成员个体间的决策一致性。因此，网络中心度能够提升网络个体获取网络中稀缺资源、信息、知识、经验的数量和能力（张红娟、谭劲松，2014），也同时强化了其决策对其他成员的影响力，网络中心性所带来的这种资源、信息以及由此强化的相对权力能够帮助企业获取竞争优势。

我们构建 i、j 企业的利润函数 π_i、π_j，如式（3-5）、式（3-6）所示：

$$\pi_i = [a-\mu(x_i+x_j)-c+x_i+\beta\theta_i\lambda x_j]\mu\mu_i-\frac{x_i^2}{2} \tag{3-5}$$

$$\pi_j = [a-\mu(x_i+x_j)-c+x_j+\beta\theta_j\lambda x_i]\mu\mu_j-\frac{x_j^2}{2} \tag{3-6}$$

式中，x_i 与 x_j 分别代表企业 i 与企业 j 的研发投入，衡量企业的创新水平；$\Phi(x_i)=\frac{\gamma x_i^2}{2}$，其中 γ 为创新的成本参数，一般可以衡量企业特有的技术或稀缺知识资源的使用效率，该值越小，说明企业的创新能力越强，为方便对各参数关系的分析，令 $\gamma=1$，企业 i 的研发投入成本为$\frac{x_i^2}{2}$，企业 j 的研发投入成本为$\frac{x_j^2}{2}$；企业 i 的网络中心度为 θ_i，θ_i 趋近于 0 时，表明企业 i 处于网络边缘位置，因而较难从网络中获取创新资源，θ_i 趋近于 1 时，表明企业 i 处于网络中心位置，从网络获取创新资源和信息的能力较强，企业 j 的网络中心度 θ_i 含义与企业 i 一致；假设网络内任一个企业的吸收能力为 σ_w，σ_w 越趋近于 1，说明企业学习及转化外部知识的能力越强，$\sum_1^n\sigma_w$ 表示网络内所有企业吸收能力的总和，网络内任一个企业的网络中心度为 θ_w，$\sum_1^n\theta_w$ 表示网络内所有企业中心度的总和，那么 λ $\left[\lambda=\frac{\sum_1^n\sigma_w}{\sum_1^n\theta_w}(w=1,\ 2,\ 3,\ \cdots,\ n)\right]$表示单个网络中心度所具有的平均吸收能力，与单个企业的(σ_w)相似，当λ越趋近于1，表示网络平均吸收能力就越强，基于网络平均吸收能力系数，网络上任意一个企业的吸收能力可以表示为$\lambda\theta_w(w=1, 2, 3, \cdots, n)$；当企业的研发投入为$x_i$时，其技术溢出可以用$\beta x_i$来表达，同质企业具有相同的技术溢出系数，即$\beta_i=\beta_j=\beta[\beta\in(0, 1)]$，技术溢出系数可以反映网络关系，受网络中信息流通渠道、知识传播能力、供应链长度等因素影响；假定网络中创新双方对同类产品单位研发投入所产生的市场平均需求为$\mu(\mu>0)$，产品的市场需求为$q=q_i+q_j=\mu(x_i+x_j)(\mu>1)$，市场的逆需求函数为$p=a-q=a-\mu(x_i+x_j)$；假定实施创新前两个企业单位产品的生产成本相等，即$c_i=c_j=c$，实施创新后，两个企业的单位产品成本分别为C_i、C_j，并且$a>c$，以企业i为例，c_i和C_i关系为$C_i=c_i-x_i-\beta\theta_i\lambda x_i$，其中，$\beta\theta_i\lambda x_i$表示$i$通过吸收能力$\theta_i\lambda$吸收了企业$j$的技术溢出$\beta x_j$，从而使单位产品成本得到降低。假定网络中企业所面临的外部环境以及企业自身的微观条件一致，仅考虑网络对企业创新水平的影响。

将模型(3-5)对x_i求偏导，当导数=0时，企业i的利润最大。因此：

$$\frac{\partial\pi_i}{\partial x_i}=0\Rightarrow x_i=\frac{a\mu-c\mu-2a\mu^2+2c\mu^2+a\mu^3-c\mu^3+a\beta\mu^2\theta_i\lambda-c\beta\mu^2\theta_i\lambda}{1-4\mu+8\mu^2-8\mu^3+3\mu^4+\beta\mu^3\theta_i\lambda+\beta\mu^3\theta_j\lambda-\beta^2\mu^2\theta_i\theta_j\lambda^2} \tag{3-7}$$

将模型（3-7）对θ_i求导，只要证明导数>0，就说明随着网络中心度的增加，企业的研发投入（创新水平）也在增加。

$$\frac{\partial x_i}{\partial\theta_i}=\frac{(a-c)\beta\mu^2(1-2\mu+\mu^2)\lambda+[1+\mu^2+\beta(-2+\beta\theta_j\lambda)]}{(1-4\mu+8\mu^2-8\mu^3+3\mu^4+\beta\mu^3\theta_i\lambda+\beta\mu^3\theta_j\lambda-\beta^2\mu^2\theta_i\theta_j\lambda^2)^2} \tag{3-8}$$

由模型（3-8）可知，等式右方的分母恒>0，（$a-c$）$\beta\mu^2>0$，$1-2\mu+2\mu^2=(1-\mu)^2+\mu^2>0$并且$1+\mu^2+\beta$（$-2+\beta\theta\lambda$）$>1+\mu^2+1\times$（$-2+1$）$=\mu^2>0$，因此导数>0。经过以上分析，本书认为网络中心度有利于企业创新水平的提升，网络中心度可以衡量网络个体处于网络关键位置的程度，网络个体的中心度越高，其对信息的收集渠道和创新资源的整合能力就越高，关键的非冗余信息和稀缺的社会资源为企业创新提供了源泉。核心网络位置的资源获取和知识流通为促进个体创新能力提供了重要实践基础，提升企业增加研发投资的可能性，处于关键网络位置的成员或个体，也有更多机会充分了解其所联系的其他个体并从中挑选优秀成员进行广泛合作并强化决策一致性，进而提升能够带给企业更大价值增值的创新活动。

3.4 本章小结

本章由概念界定、理论基础与机理分析三部分组成。首先，对企业创新、社会网络、机构投资者网络的概念进行了概念界定，依据已有研究梳理出机构投资者网络中心度的计算步骤。其次，对本书所涉及的相关理论进行认真梳理，包括对竞争优势理论、企业创新相关理论、资源依赖理论、信息不对称理论、公司治理相关理论、社会资本理论、弱联结优势理论以及镶嵌理论进行阐述。最后，依据相关理论基础，运用模型推导对机构投资者网络影响企业创新的逻辑机理进行分析。

结合前文的逻辑分析，本书将从以下四个方面对机构投资者网络影响企业创新进行实证探究：

第一，基于社会网络中网络中心度指标的算法处理机构投资者网络数据并使用 Pajek 软件计算公司层面的网络中心度指标作为解释变量，初步确定以创新投入、创新产出（联合授权专利）作为本书的被解释变量，在考察机构投资者网络关系对企业创新影响的同时，也将考虑企业层面产权性质、行业层面行业竞争程度和市场层面市场化进程的横截面调节作用。

第二，基于机构投资者与企业是否具有商业关系（独立性）重构压力抵抗型机构投资者网络与压力敏感型机构投资者网络，基于机构投资者持股稳定性重构稳定型机构投资者网络与交易型机构投资者网络，基于机构投资者专注型重构专注型机构投资者网络与临时型机构投资者网络，在此基础上考察异质机构投资者网络关系影响企业创新行为的异同。

第三，借助温忠麟（2005）的中介效应分析方法，从机构投资者网络关系蕴藏的资源效应（缓解融资约束）、信息效应（提升公司信息透明度）和治理效应（提升企业公司治理水平）角度出发，探讨机构投资者网络关系影响企业创新的内部传导机制，并进一步对三条作用机制进行主次比较。基于三种效应，分别识别出资源效应、信息效应和治理效应的具体作用机制。

第四，基于机构投资者对企业创新影响的经济后果探讨以下问题：机构投资者网络关系是否缓解了企业创新投资不足、抑制了企业创新投资过度、提升了企业创新质量；机构投资者网络关系在缓解创新不足、抑制创新过度、提升创新质量基础上是否进一步提升了企业创新投入产出比、企业创新价值增值而提升企业创新效率；机构投资者网络在提升企业创新效率的基础上是否又进一步优化了企业资源配置，提高企业全要素生产率。

4 机构投资者网络关系与企业创新：基本回归

4.1 问题提出

2008 年全球金融危机之后，机构投资者凭借其出色的专业能力和资金优势已然成为各国平稳市场、提振经济的中坚力量，截至 2020 年底，美英机构投资者市值占比均已超过 90%，机构投资者积极参与公司监督与治理的特殊角色亦得到政策的支持和肯定，“弗兰克法案”以及英国“管理法规”的出台表明英美政府尤其重视机构投资者的治理能力并寄厚望于“机构投资者的有心且有力”。自 2000 年起，中国证监会鼓励并提倡“超常规、创造性地培育和发展机构投资者”，并相继出台系列政策和措施予以扶持和规范。伴随中国 A 股市场开放化程度逐步提高，互联互通机制陆续开放、境外机构持股限制相继取消、社保等资金跑步进场，机构投资者持股市值及贡献份额显著提升，近三年稳定在 20%以上，截至 2020 年底，我国机构投资者持股市值占流通市值比例达到 23.44%，其总额已经超过 7.5 万亿元，并创下近十年最高水平。伴随机构投资者持股比例的持续增加和股东积极主义的逐渐兴起，机构投资者参与公司管理和监督的意愿及动机也越加强烈，机构投资者拥有强大的资金获取优势和专业的信息收集能力，联合其组合投资、风险分散的超凡能力，被发达国家视为能够缓解代理问题及改善公司治理的特药良方。机构投资者无论在参与度还是影响力方面都逐渐向“资本市场压舱石”的角色靠拢（王典、薛宏刚，2018）。

机构投资者快速发展并对微观经济产生重要影响的同时，作为金融市场两大主体的上市公司与机构投资者的关系也在悄然变化，在我国资本市场中，多家机构共同持有一家上市公司股票的现象普遍存在，这种共同持股关系而形成的机构投资者之间的联结就构成了机构投资者网络，机构投资者网络可以有效反映机构投资者个体之间存在的各种社会关系（肖欣荣等，2012；陈新春等，2017；郭晓冬等，2018）。社会关系是社会网络中个体间想法、知识以及稀缺资源和私有信息传播的重要渠道，有助于资源和信息在个体间的有效交换和流通。已有研究更多关注机构投资者网络对资本市场的影响。信息合作广泛存在于机构投资者网络之间，并是网络间个体实现自身利益的理性选择，中心度越高的机构投资者对股价产生的影响越重要（Pareek，2012；刘京军、苏楚林，2016）。机构投资者网络中的信息共享能够显著促进资本市场中的股价同步性（何瑛、马珂，2020），信息联系和传递更容易增加股票总体和特质风险，引发资本市场的黑天鹅事件（陈新春等，2017）。也有相关研究认为机构网络中心性能够显著提高信息融入股价速度和股价信息含量（吴晓晖等，2019），提高市场定价效率，降低股价崩盘风险（郭白滢、李瑾，2019）。现有社会网络研究大都以高管或董事为主体，分析其对公司财务与公司治理的影响（王营、张光利，2018），而以机构投资者为研究对象，检验机构投资者网络对企业投资行为（创新）的文献却乏善可陈。

鉴于中国作为新兴市场，尚未建成完善的市场机制、法律规范以及产权和投资者保护体系，"关系"对企业资源共享、信息交换的影响不容忽视。作为超越企业与市场的一种重要组织形式，社会网络关系是对我国正式制度的有效补充，不仅是各种资源低成本、无阻碍地在企业间交换并实现外部资源内部化的有效载体，更是社会网络中个体信息获取和经验交流的主要通道（Cohen et al.，2008）。社会网络中存在着大量稀缺资源，往往那些居于网络中心或位置较为重要的个体的议价能力更强、社会资本更多，因而能从网络中获取更多更有价值的稀缺资源且能够将其转变为有价值的商业合作渠道或其他各种形式的经济利益来源，从而有效提升企业的整体经营绩效（Larcker et al.，2010）。同时，个体在由各社会关系构建的社会网络中的位置越靠近网络中心，越能通过网络获取丰富的信息和知识，其关键的或者战略性的网络位置所体现的社会关系能够为其他网络个体提供重要信息，以帮助网络个体进行机会选择和行为决策（Lin，2002），这些信息具体包括企业投资活动所需的各种投资机会和投资项目信息乃至战略经营活动的新兴产业研发创新的关键市场数据、核心技术能力等。

基于此，本章要研究的是，机构投资者网络关系能否提升企业创新水平？不同企业产权性质、不同行业竞争程度以及不同市场化进程又是否会影响机构投资者网络与企业创新水平的关系？

4.2 理论分析与研究假设

机构投资者历来凭借其多元的信息获取通道、出色的信息处理能力、较低的信息收集成本以及丰富的投资分析经验、专业的决策判断能力被誉为“理性的知情交易者”（侯宇、叶冬艳，2008）。机构投资者共同持股构成的机构投资者网络更有可能会强化网络个体相互之间的信息共享与传递，促进机构投资者个体相互之间私有信息的传播和交流（Crane et al.，2019）。机构投资者的网络中心度反映了机构投资者个体在网络中的信息控制程度及其对其他网络个体信息获取的影响力，进而可产生网络中机构投资者的“伪羊群行为”使其他机构投资者在选择投资对象和投资方式时会倾向于与领头羊（中心度较高的机构投资者）更加趋同，同时，伴随信息在机构投资者网络中的流通与扩散，必然向资本市场释放企业经营良好的有利信号（企业的机构投资者网络中心度越高，作为理性交易人的机构投资者越多，企业经营越好）。由此而来，企业的机构投资者网络中心度越高，越能有效吸引资本市场上更多理性投资者、债权人以及潜在客户等利益相关者的广泛关注，进而带给企业更多稀缺资源、多元化信息以及更多外部监督，从而有效缓解企业融资约束并相继提高公司信息透明度以及公司治理水平，最终提升企业创新水平。

在我国资源储备和人口红利逐渐下降的新形势下，促使国民经济得以持续增长的关键便是实现市场经济发展从“要素驱动”“投资驱动”向“创新驱动”的快速转变。创新始于技术，成于资本。创新作为企业的重要发展战略，其实施过程离不开企业资源的大量投入，能否及时并持续获取与创新相关的资本和信息是其成功的关键所在；加之企业技术创新所需投资周期长、项目风险高的特点也更容易导致自利高管占用投资资金、推迟创新项目等代理问题，导致企业创新很容易陷入融资约束和代理问题的双重困境。基于共同持股联结而构成的错综复杂的机构投资者网络会依赖网络成员的异质性与网络内资源的多样性汇聚信息及资源等创新要素且将其传递嵌入到企业的创新活动，以尽可能地缓解创新困境。机构个体所处网络的位置越关键，其获取网络关系中的知识、资金等社会资本的能力越强，因而机构投资者网络关系可以有助于企业获取更多社会资源，发挥网络关系的资源效应。机构投资者网络通过促进信息在资本市场中的传递与流通会有效降低信息不对称和发挥信息优势（李维安等，2017；郭白滢、李瑾，2019），从而发挥机构投资者网络的信息治理效应。

如图 4-1 所示，机构投资者网络的资源效应、信息效应和治理效应可能会有效缓解企业面临的融资约束、信息不对称及代理问题的多重困境，进而能够显著提升企业创新水平。据此，提出假设如下：

H4-1：机构投资者网络关系能够显著提升企业创新水平。

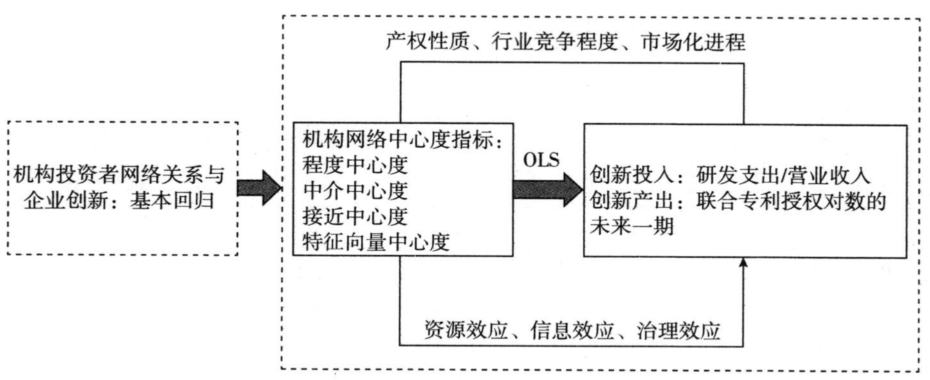

图 4-1 “机构网络→资源效应/信息效应/治理效应→企业创新”理论逻辑

4.3 研究设计

4.3.1 研究样本与数据来源

中国证监会于 2007 年对上市公司创新支出和专利披露做出规范，大多数上市公司从 2007 年开始披露其创新支出和产出情况，因此本章研究的样本区间为 2007~2019 年。并对样本进行相应处理：①剔除金融保险行业公司样本；②剔除被 ST 公司的参股样本；③剔除相关财务或治理数据缺失的样本；④剔除销售收入小于 0 以及资产规模过度增长的上市公司；⑤为保证检验结果的稳健性，消除极端不规范数据对结果的影响，对所有连续变量进行了缩尾处理（1%和 99%水平）。最终，共获得 20826 个年度—公司数据。机构投资者包括基金、社保基金、QFII、券商、保险、信托、财务公司、银行和其他机构投资者。机构投资者持有上市公司股权的明细数据来源于 WIND 数据库中机构投资者重仓持股明细子数据库并使用网络分析软件 Pajek 计算相关网络中心度指标。企业创新数据来自 CS-

MAR 数据库和 CNRDS 数据库的多库合并，基本面数据均来自经过审计的上市公司年报合并报表以保证数据的准确性，上市公司财务与公司治理数据来源于 CSMAR 数据库，使用 STATA16.0 进行实证分析。表 4-1 是研究样本的描述性统计。

表 4-1　研究样本的行业和年度分布

年份 行业	2007	2008	2009	2011	2012	2013	2014	2015	2016	2017	2018	2019	合计
A	11	10	11	21	19	21	23	21	25	25	16	13	216
B	20	25	27	36	40	36	36	40	44	41	44	35	424
C	468	521	544	844	998	1046	1057	1180	1305	1486	1736	1170	12355
D	51	46	49	57	61	60	54	61	66	68	75	40	688
E	18	20	21	33	45	42	42	45	56	63	72	37	494
F	80	80	81	99	105	106	102	107	118	117	120	29	1144
G	51	51	54	69	72	69	67	69	72	71	77	38	760
H	6	7	7	7	6	7	7	7	7	7	7	3	78
I	31	34	40	94	121	134	148	152	168	206	223	135	1486
K	68	72	73	75	78	73	74	74	77	76	76	14	830
L	12	15	14	20	24	26	28	26	33	36	43	18	295
M	1	2	2	5	7	6	7	13	20	22	35	32	152
N	12	15	16	22	27	29	27	31	36	36	43	19	313
O	0	0	0	0	0	0	0	0	0	0	1	1	2
P	1	2	2	2	4	5	6	6	7	7	7	2	51
Q	3	3	3	6	7	7	7	8	8	7	9	5	73
R	8	9	8	14	20	19	19	24	28	32	38	18	237
S	12	11	11	12	12	12	11	11	12	12	11	7	134
合计	853	923	963	1416	1646	1698	1715	1875	2082	2312	2633	1616	19732

注：根据《上市公司行业分类指引（2012 年修订）》划分行业类别。

4.3.2　模型设计

本章的被解释变量为企业创新投入（*Rd*）和企业创新产出（*Patent*），分别采用企业研发投入占营业收入的比重和未来一期联合专利授权+1 的自然对数（上市公司及其子公司未来一期专利授权+1 的自然对数）。机构投资者网络中心度与企业创新采用控制年份和公司的固定效应回归。本章构建式（4-1）以检验机构投资者网络中心度对企业创新的影响。

$$Rd/Patent = \alpha_0 + \alpha_1 Degree/Between/Close/Eigen + \alpha_2 Size + \alpha_3 Lev + \alpha_4 Grow + \alpha_5 Roa + \alpha_6 Cash + \alpha_7 Age + \alpha_8 PPe + \alpha_9 Shr1 + \alpha_{10} Mshare + \alpha_{11} Insratio + \sum Year + Firm + \varepsilon \quad (4-1)$$

4.3.3 变量定义

4.3.3.1 企业创新

借鉴相关研究，本章选取企业研发投入占营业收入的比重衡量创新投入（*Rd*），选取公司未来一期联合授权专利数量+1 的自然对数作为企业创新产出（*Patent*）的代理变量（余明桂等，2016；孔东民等，2017；曹春方、张超，2020）；选取企业研发投入绝对数的对数值（*Rd*1）以及公司未来一期联合专利申请数量+1 的自然对数（*Patent*1）进行机构投资者网络关系与企业创新投入和创新产出相关关系的稳健性检验替代变量。

4.3.3.2 机构投资者网络关系

本章主要选择网络中心度指标衡量机构投资者网络关系，主要反映个体在网络中位置的优劣。参考 Pareek（2012）、Crane 等（2019）、吴晓晖等（2019）、郭晓冬等（2020）的研究，在构建机构投资者网络中心度指标过程中，以任意两家机构投资者各自持有同一上市公司股份占公司流通股的比例是否大于等于 5%的重仓持股为标准，构建机构投资者网络联结。具体来说，对于任意两家机构 i 和 j，若在年末各持有同一公司的股份数量占该公司流通股数量的比例均大于或等于 5%，则机构 i 和机构 j 之间就建立了一个网络联结，网络联结的变量 $X_{ij}=1$，否则 $X_{ij}=0$。以此类推，本章建立了机构投资者网络关系的一模邻接矩阵 A，并参考郭晓冬等（2018）、吴晓晖等（2020）的研究，使用 Pajek 软件计算网络中心度反映机构投资者网络关系，具体包括程度中心度、中介中心度、接近中心度和特征向量中心度，在计算公司层面的机构投资者网络中心度时按照机构投资者层面的网络中心度的平均值和中位数进行匹配，借鉴李维安（2017）的研究，选取公司层面机构投资者网络程度中心度平均值、机构投资者网络中介中心度平均值、机构投资者网络接近中心度平均值、机构投资者网络特征向量中心度平均值（*Degree*，*Between*，*Close*，*Eigen*）作为解释变量，选取机构投资者网络程度中心度中位数、机构投资者网络中介中心度中位数、机构投资者网络接近中心度中位数、机构投资者网络特征向量中心度中位数（*Degree_me*，*Between_me*，*Close_me*，*Eigen_me*）作为稳健性检验的替代变量。具体计算方法如下：

（1）程度中心度（*Degree*）：与机构投资者 i 有直接网络联结的数量，代表机构 i 在网络中的活跃程度。其计算公式为：

$$Degree = \frac{\sum_{j=1}^{N} x_{ij}}{N - 1} \tag{4-2}$$

式中，$\sum x_{ij}$ 表示与机构投资者 i 通过网络关系建立直接联结的网络节点个体数目，N 表示整个机构投资者网络所拥有的节点个数，该指标越大，该机构投资者与其他机构投资者进行资源和信息交换的通道越多，就越能从更多机构投资者个体中获取资源和信息，也越容易将自己所掌握的资源和私有信息通过网络传递给更多个体。

（2）中介中心度（*Between*）：整个机构投资者网络中其他机构个体之间需要通过该机构投资者 i 互相联系的程度，衡量的是机构投资者 i 作为网络中的“桥”，使其他机构投资者产生联系的能力。其计算公式为：

$$Between = \frac{\sum_{j<k} g_{jk(i)}/g_{jk}}{[(g-1)(g-2)]/2} \tag{4-3}$$

式中，g_{jk} 表示机构投资者 j 与机构投资者 k 在某年度联结的最短路径数量。$g_{jk(i)}$ 表示机构投资者 j 与机构投资者 k 在网络最短联结中包含机构投资者 i 的路径数量。$g_{jk(i)}/g_{jk}$ 表示机构投资者 i 控制机构投资者 j 与机构投资者 k 进行信息沟通的能力，$\sum g_{jk(i)}/g_{jk}$ 表示机构投资者 i 对所有通过其联结的两机构投资者的控制能力之和，并用 $[(g-1)(g-2)]/2$ 对其进行标准化处理，运用这一中心度指标来描述网络中某机构投资者作为中间“桥”在任意两个没有建立直接联结的机构投资者之间构建的间接联结的边数情况。该指标越大，机构投资者作为中介在网络中其他任意两个体之间间接联结的边数越大，越能通过网络向更多个体传递、提取资源和信息。

（3）接近中心度（*Close*）：机构投资者 i 与网络其他个体联结距离之和的倒数，衡量的是机构投资者 i 能否在较短路径内接触到网络中的其他机构投资者。其计算公式为：

$$Close = \frac{g-1}{\sum_{j=1}^{g} d(i_t, j_t)} \tag{4-4}$$

式中，$d(i_t, j_t)$ 表示机构投资者 i 和机构投资者 j 在网络内的联结最短路径，$\sum d(i_t, j_t)$ 表示机构投资者 i 和机构投资者 j 网络内的联结最短路径距离之和，对其取对数并用 $g-1$ 标准化便是接近中心度。接近中心度越高，表明机构投资者与网络中其他个体的联结路径长度越短，与他们越亲近，机构投资者个体从网络中其他机构投资者个体提取、传递信息和资源的速度越快。

（4）特征向量中心度（*Eigen*）：将其他机构投资者网络中心度进行考虑而重新计算的一个个体中心度指标。其计算公式为：

$$Eigen = \lambda \sum x_{ij} e_j \tag{4-5}$$

式中，λ 为常量，为机构投资者 i 通过网络邻接矩阵特征值的最大值。其计算方法与程度中心度极为相似，特征向量中心度在计算节点个体联结边数的时候，对每一条边均用周围节点个体的程度中心性进行加权，然后再求和。该指标越大，机构投资者个体可以通过网络向更多机构提取、传递的资源和信息越多、越丰富。

4.3.3.3　控制变量

参考曹春方和张超（2020）的研究，本书选取资产规模（*Size*）、负债比率（*Lev*）、企业成长性（*Grow*）、总资产利润率（*Roa*）、现金持有水平（*Cash*）、公司年龄（*Age*）、资本支出（*PPe*）、第一大股东持股（*Shr*1）、管理层持股比例（*Mshare*）、机构投资者持股比例（*Insratio*）、年份虚拟变量（*Year*）、公司个体效应（*Firm*）作为本书的控制变量，同时考虑行业和公司的影响。具体变量定义及说明如表 4-2 所示。

表 4-2　变量定义及说明

变量类型	变量符号	变量名称	变量定义
被解释变量（创新水平）	*Rd*	创新投入	企业研发投入/营业收入
	Patent	创新产出	企业未来一期联合授权专利+1 的自然对数
解释变量（网络中心度）	*Degree*	机构网络程度中心度	重仓持股 *i* 公司机构网络程度中心度
	Between	机构网络中介中心度	重仓持股 *i* 公司机构网络中介中心度
	Close	机构网络接近中心度	重仓持股 *i* 公司机构网络接近中心度
	Eigen	机构网络特征向量中心度	重仓持股 *i* 公司机构网络特征向量中心度
控制变量	*Size*	资产规模	年末资产总额的对数
	Lev	负债比率	负债总额/年末资产总额
	Grow	企业成长性	营业收入增长率
	Roa	总资产利润率	净利润/总资产
	Cash	现金持有水平	年末现金及等价物/年末总资产
	Age	公司年龄	公司成立年数的自然对数
	PPe	资本支出	经资产调整后的资本性支出
	*Shr*1	第一大股东持股	第一大股东持股/股本

续表

变量类型	变量符号	变量名称	变量定义
控制变量	*Mshare*	管理层持股比例	管理层持股量/流通股数量
	Insratio	机构投资者持股比例	机构持股数量/流通股数量
	Year	年份虚拟变量	控制不同年份经济因素的影响
	Firm	公司个体效应	控制公司个体效应的影响

4.4 实证结果分析

4.4.1 描述性统计

样本变量的描述性统计，有助于我们从整体上初步认识和分析各变量的相关关系。表 4-3 列示了相关变量的描述性统计结果。企业创新投入（*Rd*）的均值为0.0314，最大值为0.2235；企业创新产出（*Patent*）的均值为1.5906，最大值为6.3648，标准差为1.7434，说明企业整体创新水平不高，而不同企业间的创新水平也存在一定差距。机构投资者网络程度中心度（*Degree*）、机构投资者网络中介中心度（*Between*）、机构投资者网络接近中心度（*Close*）、机构投资者网络特征向量中心度（*Eigen*）的最小值均为0.0000，最大值分别为0.1055、0.0068、0.4823、0.0717，说明不同企业间的网络联结程度存在较大差异，机构投资者网络中心度指标的均值与现有文献差异不大，均处在合理范围之内。

表 4-3 描述性统计

变量名称	样本量	均值	标准差	最小值	最大值
Rd	20826	0.0314	0.0410	0.0000	0.2235
Patent	20826	1.5906	1.7434	0.0000	6.3648
Degree	20826	0.0130	0.0229	0.0000	0.1055
Between	20826	0.0004	0.0010	0.0000	0.0068
Close	20826	0.3384	0.0990	0.0000	0.4823
Eigen	20826	0.0053	0.0124	0.0000	0.0717
Size	20826	22.1236	1.2620	19.9713	26.0857
Lev	20826	0.4207	0.1975	0.0532	0.8421

续表

变量名称	样本量	均值	标准差	最小值	最大值
Grow	20826	0. 1909	0. 3612	-0. 4673	2. 1399
Roa	20826	0. 0455	0. 0471	-0. 1326	0. 1922
Cash	20826	0. 1666	0. 1256	0. 0133	0. 6179
Age	20826	1. 8477	0. 9460	0. 0000	3. 3673
PPe	20826	0. 0537	0. 0488	0. 0004	0. 2323
*Shr*1	20826	0. 3522	0. 1475	0. 0903	0. 7486
Mshare	20826	0. 1243	0. 1938	0. 0000	0. 6775
Insratio	20826	0. 0689	0. 0755	0. 0000	0. 3518

4. 4. 2　相关性检验

表 4-4 为变量间相关分析矩阵。其中，Spearman 相关性检验数据列示于矩阵的上三角部分，Pearson 相关性检验数据列示于矩阵的下三角部分。由于表格限制，本书只报告了程度中心度（*Degree*）和相关控制变量与企业创新投入（*Rd*）和创新产出（*Patent*）的相关性检验结果。通过相关性分析可以发现，程度中心度（*Degree*）与创新投入（*Rd*）和创新产出（*Patent*）的相关系数均显著为正，初步证明机构网络关系与企业创新强度的正相关关系。解释变量和本章控制变量之间的相关系数较小且并不显著，说明变量之间不存在严重的多重共线问题。

4. 4. 3　均值检验

表 4-5 报告了机构投资者网络关系与企业创新的单变量检验结果，本章分别报告了按照机构网络程度中心度、机构网络中介中心度、机构网络接近中心度以及机构网络特征向量中心度（*Degree*，*Between*，*Close*，*Eigen*）的均值为界进行的均值检验结果，除 *Between* 的均值检验外，创新投入（*Rd*）均值在机构投资者网络中心度高组均大于机构投资者网络中心度低组，并显著通过了 t 值检验；创新产出（*Patent*）均值在机构投资者网络中心度高组均大于机构投资者网络中心度低组，亦显著通过了 t 值检验。初步检验结果基本认为，机构投资者网络关系能够提升企业创新水平。

4. 4. 4　机构投资者网络关系影响企业创新的回归结果

本章假设 H4-1 提出，机构投资者网络关系能够显著提升企业创新水平，但在这之前有一个基本前提，即机构投资者网络可以提升企业创新水平，因此本章

表 4-4 相关性检验

变量	*Rd*	*Patent*	*Degree*	*Size*	*Lev*	*Grow*	*Roa*	*Cash*	*Age*	*PPe*	*Shr*1	*Mshare*	*Insratio*
Rd	1	0. 3059	0. 0747	−0. 2095	−0. 3612	−0. 0777	0. 1101	0. 1155	−0. 3458	0. 0387	−0. 1464	0. 4868	0. 0177
	0. 0000	0. 0000	0. 0000	0. 0000	0. 0000	0. 0000	0. 0000	0. 0000	0. 0000	0. 0000	0. 0000	0. 0000	0. 0105
Patent	0. 2141	1	0. 1486	0. 2220	0. 0319	0. 0473	0. 0249	−0. 0252	0. 0197	0. 0462	−0. 0057	0. 0727	0. 1629
	0. 0000	0. 0000	0. 0000	0. 0000	0. 0000	0. 0000	0. 0003	0. 0003	00045	0. 0000	0. 4112	0. 0000	0. 0000
Degree	0. 0021	0. 1089	1	0. 0020	0. 0092	0. 0007	0. 0012	0. 0036	0. 0056	0. 0008	0. 0004	−0. 0009	0. 0009
	0. 0000	0. 0000	0. 0000	0. 1000	0. 2102	0. 3104	0. 2200	0. 6010	0. 9106	0. 7012	0. 8071	0. 6070	0. 7105
Size	−0. 2259	0. 3152	0. 0805	1	0. 5200	0. 0282	−0. 0885	−0. 2556	0. 4437	−0. 0576	0. 1437	−0. 2872	0. 2947
	0. 0000	0. 0000	0. 1230	0. 0000	0. 0000	0. 0000	0. 0000	0. 0000	0. 0000	0. 0000	0. 0000	0. 0000	0. 0000
Lev	−0. 3462	0. 0755	0. 0428	0. 5234	1	0. 0332	−0. 4052	−0. 3687	0. 3530	−0. 0750	0. 0587	−0. 3066	0. 0720
	0. 0000	0. 0000	0. 7605	0. 0000	0. 0000	0. 0000	0. 0000	0. 0000	0. 0000	0. 0000	0. 0000	0. 0000	0. 0000
Grow	0. 0604	0. 0157	0. 0967	0. 0366	0. 0489	1	0. 2834	0. 0488	−0. 1556	0. 1010	−0. 0144	0. 1335	0. 1903
	0. 0000	0. 0232	0. 3201	0. 0000	0. 0000	0. 0000	0. 0000	0. 0000	0. 0000	0. 0000	0. 0375	0. 0000	0. 0000
Roa	0. 0653	0. 0186	0. 2277	−0. 0550	−0. 3668	0. 2006	1	0. 3040	−0. 2278	0. 1626	0. 0928	0. 1875	0. 2462
	0. 0000	0. 0073	0. 6060	0. 0000	0. 0000	0. 0000	0. 0000	0. 0000	0. 0000	0. 0000	0. 0000	0. 0000	0. 0000
Cash	0. 1929	−0. 0546	0. 0665	−0. 2611	−0. 4076	0. 0078	0. 2773	1	−0. 1799	−0. 0464	−0. 0047	0. 1102	0. 0803
	0. 0000	0. 0000	0. 5603	0. 0000	0. 0000	0. 2579	0. 0000	0. 0000	0. 0000	0. 4966	0. 0000	0. 0000	0. 0000
Age	−0. 2750	0. 0788	0. 0325	0. 4095	0. 3566	−0. 0798	−0. 1875	−0. 2513	1	−0. 2681	−0. 0744	−0. 5163	0. 0983
	0. 0000	0. 0000	0. 3405	0. 0000	0. 0000	0. 0000	0. 0000	0. 0000	0. 0000	0. 0000	0. 0000	0. 0000	0. 0000
PPe	−0. 0097	−0. 0086	0. 0818	−0. 0519	−0. 0521	0. 0470	0. 1275	−0. 0617	−0. 2592	1	0. 0567	0. 1131	0. 1040
	0. 1621	0. 2158	0. 1020	0. 0002	0. 0000	0. 0000	0. 0000	0. 0000	0. 0000	0. 0000	0. 0000	0. 0000	0. 0000

续表

变量	*Rd*	*Patent*	*Degree*	*Size*	*Lev*	*Grow*	*Roa*	*Cash*	*Age*	*PPe*	*Shr*1	*Mshare*	*Insratio*
*Shr*1	-0. 1646	0. 0278	0. 0184	0. 1957	0. 0633	0. 0017	0. 1011	0. 0073	-0. 0808	0. 0577	1	-0. 2417	-0. 0777
	0. 0000	0. 0001	0. 7678	0. 0000	0. 0000	0. 8080	0. 0000	0. 2914	0. 0000	0. 0000	0. 0000	0. 0000	0. 0000
Mshare	0. 3409	-0. 0185	-0. 0164	-0. 3258	-0. 3201	0. 0796	0. 1400	0. 1611	-0. 5500	0. 0991	-0. 1291	1	0. 0189
	0. 0000	0. 0076	0. 3182	0. 0000	0. 0000	0. 0000	0. 0000	0. 0000	0. 0000	0. 0000	0. 0000	0. 0000	0. 0064
Insratio	0. 0016	0. 1159	0. 5165	0. 1934	0. 0726	0. 1188	0. 2429	0. 0692	0. 1127	0. 0805	-0. 1136	-0. 0638	1
	0. 8174	0. 0000	0. 9002	0. 0000	0. 00320	0. 0032	0. 0000	0. 0000	0. 0000	0. 0000	0. 0000	0. 0000	0. 0000

表 4-5 单变量检验

变量	Degree>均值	Degree<均值	Between>均值	Between<均值	Close>均值	Close<均值	Eigen>均值	Eigen<均值
Rd	0.0342	0.0304	0.0306	0.0316	0.0326	0.0295	0.0349	0.0305
T	5.6521		-1.4403		5.4559		6.3158	
Patent	1.2090	0.8334	1.1067	0.8847	1.1520	0.5812	1.2842	0.8360
T	18.6340		9.9700		32.4451		20.7217	
N	5220	15606	4020	16806	12636	8190	4252	16574

在检验机构投资者网络中心度对企业创新水平影响这一主效应之前，需要检验有无机构投资者网络企业创新水平的差异。具体思路为：首先，根据样本筛选具体步骤得到 2007~2019 年所有上市公司—年度数据为 26585；其次，本章在构建企业层面机构投资者网络时，首先构建机构层面网络并按照机构投资者网络中心度均值或中位数匹配至公司（李维安等，2017），因此主效应中样本（20826 个公司观测值）代表全部具有机构投资者网络的公司，在总样本（26585）中设置虚拟变量 *Ins_dum*（有机构投资者网络取 1，无机构投资者网络取 0）；最后，表 4-6 列（1）和列（6）中以机构投资者网络虚拟变量（*Ins_dum*）作为主要解释变量对企业创新投入（*Rd*）与企业创新产出（*Patent*）进行控制公司固定效应回归，*Ins_dum* 在 1%显著性水平与 *Rd*、*Patent* 呈正相关关系，证明机构投资者网络能够提升企业创新水平。在此基础上，表 4-6 列（2）至列（5）与列（7）至列（10）报告了机构投资者网络关系对企业创新投入（*Rd*）及创新产出（*Patent*）的回归结果。机构投资者网络中心度（*Degree*，*Between*，*Close*，*Eigen*）与创新投入（*Rd*）的回归系数分别为 0.091、0.553、0.029 和 0.119，均处于 1%的显著性水平，即企业越处于机构投资者网络中心的位置，其创新投入越多；机构投资者网络中心度（*Degree*，*Between*，*Close*，*Eigen*）与创新产出（*Patent*）的回归系数分别为 1.524、10.410、0.229 和 2.936，除中介中心度（*Between*）接近 10%的显著性水平外，其余三个中心度指标均处于 1%的显著性水平，可以证明企业越处于机构投资者网络中心，专利产出越多①。因此，企业越接近机构投资者网络中心，其在网络中的资源、信息及治理效应越强，越能显著提升企业创新水平，假设 H4-1 得到检验。

① 同吴晓晖等（2020）的研究，中介中心度这个指标更趋于一种间接联结关系的度量，相对于个体之间的直接联结关系，其影响力度有限，并可导致不稳定的回归结果，此推断可以从描述性统计中 *Between* 的均值趋于 0 得出，在本书后续的回归分析中，我们主要以机构网络程度中心度、接近中心度、特征向量中心度的回归结果进行判断和说明。

表 4-6 机构投资者网络与企业创新

变量	Rd					Patent				
	(1)	(2)	(3)	(4)	(5)	(6)	(7)	(8)	(9)	(10)
Constant	0.091*** (16.79)	0.046*** (9.92)	0.041*** (8.99)	0.047*** (10.22)	0.045*** (9.74)	-10.148*** (-41.29)	-8.651*** (-45.36)	-8.729*** (-46.18)	-8.687*** (-45.39)	-8.627*** (-45.18)
Ins_dum	0.001*** (2.82)					0.085*** (3.28)				
Degree		0.091*** (8.06)					1.524*** (3.71)			
Between			0.553*** (2.65)					10.410 (1.32)		
Close				0.029*** (10.37)					0.229*** (2.84)	
Eigen					0.119*** (6.14)					2.936*** (3.87)
Size	-0.002*** (-8.84)	-0.002*** (-6.74)	-0.001*** (-5.81)	-0.002*** (-8.03)	-0.002*** (-6.58)	0.508*** (50.14)	0.391*** (41.54)	0.394*** (42.27)	0.390*** (40.69)	0.389*** (41.30)
Lev	-0.032*** (-21.53)	-0.035*** (-20.71)	-0.035*** (-20.78)	-0.035*** (-20.47)	-0.035*** (-20.69)	-0.156*** (-2.62)	-0.224*** (-4.29)	-0.226*** (-4.34)	-0.223*** (-4.26)	-0.221*** (-4.24)
Grow	-0.001*** (-4.64)	-0.002*** (-2.61)	-0.002** (-2.48)	-0.002*** (-2.70)	-0.002** (-2.49)	-0.038*** (-5.40)	-0.044** (-2.29)	-0.043** (-2.22)	-0.044** (-2.27)	-0.043** (-2.23)
Roa	-0.048*** (-12.03)	-0.062*** (-8.74)	-0.058*** (-8.22)	-0.063*** (-8.88)	-0.060*** (-8.56)	-0.780*** (-4.69)	0.610*** (3.43)	0.677*** (3.82)	0.640*** (3.61)	0.608*** (3.42)
Cash	0.028*** (12.58)	0.027*** (10.56)	0.027*** (10.58)	0.026*** (10.30)	0.027*** (10.56)	0.177** (2.50)	0.065 (1.02)	0.067 (1.04)	0.060 (0.93)	0.065 (1.02)

续表

变量	Rd					Patent				
	(1)	(2)	(3)	(4)	(5)	(6)	(7)	(8)	(9)	(10)
Age	-0.004*** (-12.56)	-0.004*** (-12.30)	-0.004*** (-12.32)	-0.004*** (-12.90)	-0.004*** (-12.35)	-0.0210 (-1.64)	0.031*** (3.11)	0.031*** (3.09)	0.030*** (2.93)	0.031*** (3.07)
PPe	0.019*** (4.04)	0.025*** (5.00)	0.026*** (5.09)	0.024*** (4.74)	0.026*** (5.06)	-0.932*** (-5.11)	-0.029 (-0.19)	-0.022 (-0.14)	-0.036 (-0.23)	-0.026 (-0.16)
*Shr*1	-0.016*** (-10.75)	-0.014*** (-9.17)	-0.014*** (-8.98)	-0.014*** (-9.14)	-0.014*** (-9.07)	0.0310 (0.49)	0.020 (0.36)	0.025 (0.45)	0.024 (0.43)	0.021 (0.38)
Mshare	0.015*** (10.46)	0.013*** (7.55)	0.013*** (7.86)	0.013*** (7.75)	0.013*** (7.72)	0.445*** (9.22)	0.002 (0.04)	0.011 (0.24)	0.010 (0.21)	0.004 (0.09)
Insratio	0.037*** (12.31)	0.028*** (8.18)	0.039*** (12.25)	0.028*** (8.72)	0.033*** (9.81)	0.937*** (7.32)	0.374*** (3.20)	0.556*** (5.30)	0.487*** (4.44)	0.399*** (3.54)
Year/Firm	Control	Yes	Yes	Yes	Yes	Control	Yes	Yes	Yes	Yes
N	26585	20826	20826	20826	20826	26585	20826	20826	20826	20826
Ajust R^2	0.413	0.446	0.444	0.447	0.445	0.448	0.362	0.362	0.362	0.362

注：括号内数据表示 t 值，***、** 分别表示回归系数在 1%、5%的水平上显著。

4.5 稳健性检验

为获得可靠结论，本章对机构网络关系影响企业创新的基本回归进行稳健性检验。

4.5.1 内生性检验

首先，为了避免机构投资者网络关系影响企业创新可能存在的非随机干扰所导致的内生性问题，本章采用倾向得分匹配（PSM）进行了内生性检验（Fan et al.，2017），鉴于资产规模、负债比率、公司年龄、企业成长性、现金持有水平和资本支出可能影响企业创新水平，因此选取以上协变量并进行较严格的无放回一对一匹配。图 4-2 中的（a）和（b）分别是样本匹配前后实验组与控制组的密度函数图，对比可知，匹配效果较好。

其次，机构投资者网络关系对企业创新水平的影响可能受到其他不可观测的外界因素影响。为保证结果稳健、缓解遗漏变量所引发的内生性，借鉴 Lin 等（2011）的做法，采用同行业同年度其他上市公司机构投资者网络中心度均值（*Degree_m*，*Between_m*，*Close_m*，*Eigen_m*）分别作为四个机构投资者网络中心度的工具变量，对原有模型进行了重新估计。同一行业以及同一年度企业所处行业特征和外部经济环境极为相似，四个工具变量与本章解释变量具有一定的相关性，但未有相关证据表明行业年度内其他公司的机构网络中心度会影响本公司的创新水平，此四个变量较好满足了工具变量相关性和外生性的要求。

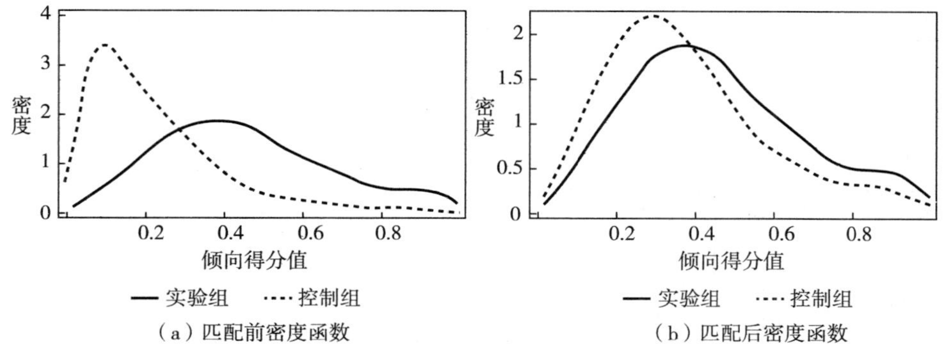

图 4-2 匹配前后实验组与控制组的密度函数

最后，机构投资者在选择上市公司进行投资时，往往选择那些创新水平较高的公司，机构投资者网络关系对企业创新水平的影响也可能存在样本自选择问题，为缓解其内生性，本章用 HECKMAN 两阶段方法控制潜在的选择偏差和遗漏重要控制变量对实证结果的影响（Heckman，1979）。第一阶段为进一步探究影响上市公司机构投资者网络形成的因素，通过 Probit 模型计算机构投资者网络关系构建概率，即逆米尔斯比率（Inverse Mills Ratio），由于网络中心度有四个指标，第一阶段分别得到了四个中心度变量的逆米尔斯比率（*Imr*1，*Imr*2，*Imr*3，*Imr*4），第二阶段将此四个比率作为控制变量加入回归模型。PSM、IV、HECKMAN 三种内生性检验结果如表 4-7、表 4-8、表 4-9 所示，内生性检验结果与主效应保持一致，这一结果验证了机构投资者网络关系提升企业创新的稳健性。

表 4-7　PSM 稳健性检验

变量	*Rd*				*Patent*			
	(1)	(2)	(3)	(4)	(5)	(6)	(7)	(8)
Constant	0. 041*** (6. 17)	0. 039*** (5. 87)	0. 039*** (5. 83)	0. 043*** (6. 35)	-9. 964*** (-36. 22)	-9. 992*** -36. 37)	-9. 994*** (-36. 37)	-9. 921*** (-35. 95)
Degree	0. 080*** (6. 35)				1. 086** (2. 34)			
Between		0. 409* (1. 84)				6. 181 (0. 73)		
Close			0. 038*** (7. 60)				0. 437*** (2. 83)	
Eigen				0. 098*** (4. 72)				2. 094*** (2. 59)
Size	-0. 001*** (-4. 24)	-0. 001*** (-3. 83)	-0. 002*** (-5. 12)	-0. 001*** (-4. 41)	0. 438*** (33. 41)	0. 440*** (33. 65)	0. 435*** (32. 69)	0. 436*** (33. 07)
Lev	-0. 036*** (-14. 20)	-0. 036*** (-14. 17)	-0. 035*** (-14. 14)	-0. 035*** (-14. 13)	-0. 137* (-1. 65)	-0. 137* (-1. 65)	-0. 135 (-1. 63)	-0. 132 (-1. 60)
Grow	-0. 001 (-1. 11)	-0. 001 (-1. 22)	-0. 001 (-1. 02)	-0. 001 (-1. 16)	-0. 103*** (-4. 04)	-0. 104*** (-4. 09)	-0. 102*** (-4. 02)	-0. 103*** (-4. 04)
Roa	-0. 059*** (-5. 72)	-0. 054*** (-5. 26)	-0. 061*** (-5. 91)	-0. 058*** (-5. 57)	0. 881*** (3. 21)	0. 951*** (3. 48)	0. 870*** (3. 17)	0. 872*** (3. 18)
Cash	0. 026*** (7. 52)	0. 025*** (7. 28)	0. 026*** (7. 43)	0. 025*** (7. 35)	-0. 039 (-0. 41)	-0. 050 (-0. 52)	-0. 045 (-0. 48)	-0. 043 (-0. 45)
Age	-0. 005*** (-9. 85)	-0. 005*** (-9. 85)	-0. 005*** (-10. 11)	-0. 005*** (-9. 90)	0. 006 (0. 40)	0. 006 (0. 39)	0. 005 (0. 30)	0. 006 (0. 36)

续表

变量	Rd				Patent			
	(1)	(2)	(3)	(4)	(5)	(6)	(7)	(8)
PPe	0.021*** (3.04)	0.020*** (2.87)	0.020*** (2.94)	0.020*** (2.94)	-0.247 (-1.12)	-0.262 (-1.19)	-0.259 (-1.17)	-0.251 (-1.13)
*Shr*1	-0.017*** (-7.96)	-0.017*** (-7.82)	-0.017*** (-7.98)	-0.017*** (-7.86)	0.014 (0.17)	0.018 (0.22)	0.014 (0.18)	0.015 (0.19)
Mshare	0.014*** (5.38)	0.014*** (5.68)	0.014*** (5.42)	0.014*** (5.54)	-0.051 (-0.75)	-0.041 (-0.60)	-0.049 (-0.71)	-0.049 (-0.71)
Insratio	0.027*** (6.23)	0.038*** (9.37)	0.026*** (6.12)	0.032*** (7.47)	0.495*** (3.31)	0.638*** (4.72)	0.507*** (3.50)	0.508*** (3.51)
Year/Firm	Yes	Yes	Yes	Yes	Yes	Yes	Yes	Yes
N	10440	10440	10440	10440	10440	10440	10440	10440
Ajust R^2	0.458	0.457	0.460	0.458	0.405	0.405	0.405	0.405

注：括号内数据表示 t 值，***、**、*分别表示回归系数在 1%、5%、10%的水平上显著。

表 4-8　IV 稳健性检验

变量	Rd				Patent			
	(1)	(2)	(3)	(4)	(5)	(6)	(7)	(8)
Constant	0.064*** (8.56)	0.058*** (8.36)	0.092*** (6.16)	0.074*** (7.58)	-8.249*** (-31.07)	-8.384*** (-35.18)	-7.680*** (-16.32)	-8.042*** (-24.49)
Degree_m	0.405*** (4.12)				8.291*** (2.60)			
Between_m		13.575*** (3.76)				27.902** (2.53)		
Close_m			0.217*** (3.71)				4.451** (2.45)	
Eigen_m				0.876*** (4.01)				17.924** (2.57)
Size	-0.002*** (-6.62)	-0.002*** (-6.15)	-0.006*** (-4.63)	-0.003*** (-6.07)	0.371*** (28.35)	0.372*** (28.61)	0.302*** (7.74)	0.359*** (21.83)
Lev	-0.034*** (-19.60)	-0.033*** (-17.19)	-0.030*** (-12.62)	-0.033*** (-18.31)	-0.203*** (-3.82)	-0.178*** (-3.13)	-0.117* (-1.65)	-0.185*** (-3.34)
Grow	-0.002*** (-3.04)	-0.002*** (-2.75)	-0.003*** (-3.52)	-0.002*** (-2.61)	-0.052** (-2.57)	-0.050** (-2.45)	-0.066*** (-2.92)	-0.046** (-2.33)

续表

变量	Rd				Patent			
	(1)	(2)	(3)	(4)	(5)	(6)	(7)	(8)
Roa	-0.077*** (-8.96)	-0.065*** (-8.47)	-0.097*** (-7.38)	-0.080*** (-8.73)	0.287 (1.23)	0.525*** (2.73)	-0.135 (-0.35)	0.229 (0.92)
Cash	0.027*** (10.36)	0.028*** (10.24)	0.021*** (6.64)	0.027*** (10.21)	0.061 (0.93)	0.077 (1.16)	-0.056 (-0.66)	0.060 (0.92)
Age	-0.004*** (-11.98)	-0.004*** (-11.16)	-0.005*** (-10.39)	-0.004*** (-12.12)	0.032*** (3.18)	0.034*** (3.21)	0.002 (0.11)	0.030*** (2.95)
PPe	0.024*** (4.54)	0.024*** (4.48)	0.012* (1.77)	0.024*** (4.61)	-0.066 (-0.42)	-0.048 (-0.29)	-0.305 (-1.53)	-0.051 (-0.32)
*Shr*1	-0.016*** (-9.48)	-0.015*** (-8.82)	-0.016*** (-8.80)	-0.015*** (-9.26)	-0.008 (-0.13)	-0.003 (-0.06)	-0.017 (-0.28)	-0.005 (-0.08)
Mshare	0.011*** (5.84)	0.012*** (6.60)	0.011*** (5.82)	0.011*** (6.12)	-0.043 (-0.85)	-0.017 (-0.36)	-0.032 (-0.62)	-0.035 (-0.71)
Insratio	-0.015 (-1.06)	0.010 (1.18)	-0.047** (-1.99)	-0.014 (-0.99)	-0.538 (-1.20)	-0.031 (-0.11)	-1.211 (-1.63)	-0.523 (-1.17)
Year/Firm	Yes	Yes	Yes	Yes	Yes	Yes	Yes	Yes
N	20826	20826	20826	20826	20826	20826	20826	20826
Ajust R^2	0.4260	0.3544	0.3218	0.4062	0.352	0.322	0.296	0.346

注：括号内数据表示 t 值，***、**、*分别表示回归系数在 1%、5%、10%的水平上显著。

表 4-9　HECKMAN 稳健性检验

变量	Rd				Patent			
	(1)	(2)	(3)	(4)	(5)	(6)	(7)	(8)
Constant	0.065*** (12.48)	0.046*** (9.76)	0.081*** (12.76)	0.045*** (9.74)	-8.277*** (-39.52)	-8.657*** -44.49)	-7.591*** (-31.87)	-8.627*** (-45.18)
Degree	0.125*** (5.16)				0.928** (2.14)			
Between		0.205 (0.94)				5.706 (0.68)		
Close			0.019*** (6.44)				0.085*** (2.99)	
Eigen				0.119*** (6.14)				2.936*** (3.87)

续表

变量	*Rd*				*Patent*			
	(1)	(2)	(3)	(4)	(5)	(6)	(7)	(8)
*Imr*1	-0.003*** (-8.02)				-0.052*** (-4.61)			
*Imr*2		-0.001*** (-4.60)				-0.019* (-1.87)		
*Imr*3			-0.003*** (-7.94)				-0.088*** (-7.72)	
*Imr*4			0.056 (2.60)					0.078 (3.12)
Size	-0.002*** (-9.37)	-0.002*** (-6.58)	-0.003*** (-11.02)	-0.002*** (-6.58)	0.375*** (37.23)	0.391*** (41.16)	0.346*** (30.87)	0.389*** (41.30)
Lev	-0.035*** (-20.67)	-0.036*** (-20.83)	-0.033*** (-19.45)	-0.035*** (-20.69)	-0.222*** (-4.26)	-0.228*** (-4.37)	-0.169*** (-3.21)	-0.221*** (-4.24)
Grow	-0.002*** (-3.08)	-0.002*** (-2.74)	-0.002*** (-2.72)	-0.002** (-2.49)	-0.050** (-2.57)	-0.045** (-2.33)	-0.044** (-2.29)	-0.043** (-2.23)
Roa	-0.079*** (-10.59)	-0.063*** (-8.79)	-0.078*** (-10.60)	-0.060*** (-8.56)	0.270 (1.42)	0.605*** (3.34)	0.143 (0.76)	0.608*** (3.42)
Cash	0.027*** (10.44)	0.027*** (10.54)	0.026*** (10.23)	0.027*** (10.56)	0.059 (0.92)	0.065 (1.02)	0.053 (0.82)	0.065 (1.02)
Age	-0.004*** (-12.35)	-0.004*** (-12.34)	-0.004*** (-13.06)	-0.004*** (-12.35)	0.031*** (3.10)	0.031*** (3.09)	0.028*** (2.79)	0.031*** (3.07)
PPe	0.024*** (4.79)	0.025*** (5.01)	0.023*** (4.62)	0.026*** (5.06)	-0.051 (-0.33)	-0.027 (-0.17)	-0.056 (-0.36)	-0.026 (-0.16)
*Shr*1	-0.014*** (-9.32)	-0.014*** (-9.02)	-0.015*** (-9.48)	-0.014*** (-9.07)	0.015 (0.28)	0.024 (0.44)	0.005 (0.10)	0.021 (0.38)
Mshare	0.012*** (7.41)	0.013*** (7.80)	0.013*** (7.52)	0.013*** (7.72)	-0.003 (-0.07)	0.009 (0.21)	-0.003 (-0.07)	0.004 (0.09)
Insratio	0.020*** (5.91)	0.035*** (10.98)	0.021*** (6.26)	0.033*** (9.81)	0.231* (1.91)	0.509*** (4.71)	0.253** (2.20)	0.399*** (3.54)
Year/Firm	Yes	Yes	Yes	Yes	Yes	Yes	Yes	Yes
N	20826	20826	20826	20826	20826	20826	20826	20826
Ajust R^2	0.447	0.445	0.449	0.445	0.363	0.362	0.364	0.362

注：括号内数据表示 t 值，***、**、*分别表示回归系数在 1%、5%、10%的水平上显著。

4.5.2 其他稳健性检验

除内生性检验外，本章还进行了机构投资者网络关系影响企业创新的其他稳健性检验。首先，在构造公司层面网络中心度指标时，用机构投资者网络中心度指标的中位数替换机构投资者网络中心度的均值重新进行检验；其次，将被解释变量创新投入（*Rd*）和创新产出（*Patent*）分别替换为企业研发投入绝对数的对数（*Rd*1）以及公司未来一期的专利申请数量加 1 的自然对数（*Apply*）重新进行检验；最后，随机删除总样本的 10%重新进行检验。其他稳健性检验均得到与前文一致的结论，结果如表 4-10、表 4-11、表 4-12 所示。

表 4-10　其他稳健性检验：替换解释变量

变量	*Rd*				*Patent*			
	(1)	(2)	(3)	(4)	(5)	(6)	(7)	(8)
Constant	0.045 *** (9.88)	0.041 *** (8.97)	0.047 *** (10.25)	0.045 *** (9.68)	-8.661 *** (-45.43)	-8.731 *** (-46.20)	-8.685 *** (-45.38)	-8.644 *** (-45.31)
Degree_me	0.079 *** (7.93)				1.217 *** (3.39)			
Between_me		0.416 * (2.42)				7.037 (1.07)		
Close_me			0.028 *** (10.51)				0.231 *** (2.93)	
Eigen_me				0.099 *** (5.93)				2.239 *** (3.44)
Size	-0.002 *** (-6.70)	-0.001 *** (-5.78)	-0.002 *** (-8.03)	-0.001 *** (-6.52)	0.391 *** (41.61)	0.394 *** (42.30)	0.390 *** (40.72)	0.390 *** (41.43)
Lev	-0.035 *** (-20.72)	-0.035 *** (-20.78)	-0.035 *** (-20.50)	-0.035 *** (-20.71)	-0.225 *** (-4.30)	-0.227 *** (-4.35)	-0.223 *** (-4.26)	-0.222 *** (-4.26)
Grow	-0.002 *** (-2.63)	-0.002 ** (-2.47)	-0.002 *** (-2.69)	-0.002 ** (-2.50)	-0.044 ** (-2.29)	-0.043 ** (-2.22)	-0.044 ** (-2.27)	-0.043 ** (-2.24)
Roa	-0.062 *** (-8.73)	-0.058 *** (-8.22)	-0.063 *** (-8.91)	-0.060 *** (-8.54)	0.617 *** (3.48)	0.678 *** (3.82)	0.638 *** (3.59)	0.619 *** (3.49)
Cash	0.027 *** (10.55)	0.027 *** (10.58)	0.026 *** (10.30)	0.027 *** (10.56)	0.065 (1.01)	0.067 (1.04)	0.060 (0.93)	0.065 (1.02)
Age	-0.004 *** (-12.28)	-0.004 *** (-12.32)	-0.004 *** (-12.89)	-0.004 *** (-12.34)	0.032 *** (3.12)	0.031 *** (3.09)	0.030 *** (2.93)	0.031 *** (3.08)

续表

变量	Rd				Patent			
	(1)	(2)	(3)	(4)	(5)	(6)	(7)	(8)
PPe	0.025*** (5.00)	0.026*** (5.08)	0.024*** (4.75)	0.026*** (5.05)	-0.029 (-0.19)	-0.022 (-0.14)	-0.036 (-0.23)	-0.027 (-0.17)
*Shr*1	-0.014*** (-9.16)	-0.014*** (-8.98)	-0.014*** (-9.16)	-0.014*** (-9.06)	0.021 (0.38)	0.025 (0.45)	0.023 (0.43)	0.021 (0.39)
Mshare	0.013*** (7.59)	0.013*** (7.86)	0.013*** (7.72)	0.013*** (7.74)	0.004 (0.08)	0.011 (0.25)	0.009 (0.20)	0.006 (0.13)
Insratio	0.028*** (8.30)	0.039*** (12.31)	0.028*** (8.61)	0.033*** (9.95)	0.395*** (3.38)	0.562*** (5.36)	0.482*** (4.38)	0.423*** (3.76)
Year/Firm	Yes	Yes	Yes	Yes	Yes	Yes	Yes	Yes
N	20826	20826	20826	20826	20826	20826	20826	20826
Ajust R^2	0.446	0.444	0.447	0.445	0.362	0.362	0.362	0.362

注：括号内数据表示 t 值，***、**、*分别表示回归系数在 1%、5%、10%的水平上显著。

表 4-11　其他稳健性检验：替换被解释变量

变量	Rd1				Apply			
	(1)	(2)	(3)	(4)	(5)	(6)	(7)	(8)
Constant	-14.851*** (-15.03)	-15.040*** (-15.20)	-14.632*** (-14.70)	-14.818*** (-14.96)	-5.892*** (-26.22)	-5.982*** (-26.80)	-5.911*** (-26.14)	-5.866*** (-26.06)
Degree	3.775* (1.89)				1.867*** (3.85)			
Between		27.71 (0.69)				16.651* (1.75)		
Close			1.861*** (4.41)				0.389*** (4.06)	
Eigen				6.592* (1.81)				3.519*** (3.97)
Size	0.956*** (21.07)	0.964*** (21.25)	0.928*** (20.04)	0.954*** (20.95)	0.274*** (24.57)	0.278*** (25.09)	0.271*** (23.84)	0.272*** (24.38)
Lev	-1.015*** (-3.59)	-1.021*** (-3.61)	-0.980*** (-3.46)	-1.010*** (-3.57)	0.0370 (0.60)	0.0340 (0.56)	0.0410 (0.67)	0.0400 (0.65)
Grow	0.135 (1.18)	0.138 (1.21)	0.129 (1.13)	0.138 (1.21)	-0.088*** (-3.90)	-0.087*** (-3.82)	-0.088*** (-3.89)	-0.087*** (-3.84)

续表

变量	Rd1				Apply			
	(1)	(2)	(3)	(4)	(5)	(6)	(7)	(8)
Roa	1.168 (1.32)	1.333 (1.52)	1.007 (1.14)	1.182 (1.34)	1.605*** (7.51)	1.685*** (7.89)	1.623*** (7.58)	1.605*** (7.51)
Cash	-0.103 (-0.31)	-0.0990 (-0.30)	-0.151 (-0.46)	-0.103 (-0.31)	0.254*** (3.31)	0.256*** (3.33)	0.245*** (3.18)	0.254*** (3.31)
Age	-0.851*** (-16.04)	-0.852*** (-16.04)	-0.864*** (-16.25)	-0.852*** (-16.05)	-0.068*** (-5.62)	-0.068*** (-5.64)	-0.071*** (-5.85)	-0.068*** (-5.66)
PPe	-0.501 (-0.59)	-0.483 (-0.57)	-0.599 (-0.71)	-0.491 (-0.58)	0.477** (2.55)	0.486*** (2.60)	0.463** (2.47)	0.482** (2.57)
Shr1	0.036 (0.13)	0.048 (0.18)	0.033 (0.12)	0.040 (0.15)	0.060 (0.95)	0.065 (1.04)	0.063 (1.01)	0.061 (0.97)
Mshare	1.343*** (7.48)	1.365*** (7.63)	1.350*** (7.54)	1.351*** (7.54)	0.089 (1.62)	0.100* (1.81)	0.098* (1.78)	0.092* (1.68)
Insratio	2.253*** (3.53)	2.702*** (4.60)	2.014*** (3.28)	2.357*** (3.83)	0.623*** (4.46)	0.839*** (6.62)	0.719*** (5.48)	0.659*** (4.88)
Year/Firm	Yes	Yes	Yes	Yes	Yes	Yes	Yes	Yes
N	20826	20826	20826	20826	20826	20826	20826	20826
Ajust R^2	0.534	0.534	0.535	0.534	0.249	0.248	0.249	0.249

注：括号内数据表示 t 值，***、**、*分别表示回归系数在 1%、5%、10%的水平上显著。

表 4-12 其他稳健性检验：随机删除 10%样本

变量	Rd				Patent			
	(1)	(2)	(3)	(4)	(5)	(6)	(7)	(8)
Constant	0.046*** (9.40)	0.041*** (8.54)	0.047*** (9.68)	0.045*** (9.24)	-8.580*** (-42.72)	-8.661*** (-43.51)	-8.619*** (-42.77)	-8.553*** (-42.53)
Degree	0.092*** (7.62)				1.699*** (3.93)			
Between		0.553** (2.50)				14.155* (1.69)		
Close			0.029*** (9.78)				0.255*** (2.99)	
Eigen				0.119*** (5.75)				3.244*** (4.04)

续表

变量	Rd				Patent			
	(1)	(2)	(3)	(4)	(5)	(6)	(7)	(8)
Size	-0.002 *** (-6.51)	-0.001 *** (-5.66)	-0.002 *** (-7.71)	-0.002 *** (-6.37)	0.388 *** (39.18)	0.392 *** (39.89)	0.387 *** (38.40)	0.386 *** (38.94)
Lev	-0.036 *** (-19.72)	-0.036 *** (-19.77)	-0.035 *** (-19.51)	-0.036 *** (-19.70)	-0.241 *** (-4.37)	-0.244 *** (-4.41)	-0.240 *** (-4.35)	-0.238 *** (-4.31)
Grow	-0.001 ** (-2.06)	-0.001 * (-1.95)	-0.001 ** (-2.16)	-0.001 ** (-1.96)	-0.043 ** (-2.10)	-0.042 ** (-2.04)	-0.043 ** (-2.09)	-0.042 ** (-2.05)
Roa	-0.065 *** (-8.61)	-0.061 *** (-8.12)	-0.066 *** (-8.77)	-0.063 *** (-8.43)	0.611 *** (3.27)	0.684 *** (3.67)	0.644 *** (3.45)	0.611 *** (3.27)
Cash	0.028 *** (10.27)	0.028 *** (10.30)	0.027 *** (10.00)	0.028 *** (10.27)	0.052 (0.76)	0.054 (0.80)	0.046 (0.67)	0.0520 (0.76)
Age	-0.004 *** (-11.26)	-0.004 *** (-11.26)	-0.004 *** (-11.81)	-0.004 *** (-11.30)	0.031 *** (2.92)	0.031 *** (2.91)	0.029 *** (2.74)	0.031 *** (2.88)
PPe	0.024 *** (4.48)	0.024 *** (4.57)	0.022 *** (4.23)	0.024 *** (4.55)	0.021 (0.13)	0.030 (0.18)	0.015 (0.09)	0.026 (0.16)
*Shr*1	-0.014 *** (-8.33)	-0.013 *** (-8.14)	-0.014 *** (-8.29)	-0.013 *** (-8.21)	0.002 (0.03)	0.007 (0.12)	0.006 (0.11)	0.003 (0.06)
Mshare	0.012 *** (6.98)	0.013 *** (7.28)	0.013 *** (7.16)	0.013 *** (7.15)	-0.020 (-0.42)	-0.010 (-0.22)	-0.012 (-0.24)	-0.017 (-0.36)
Insratio	0.028 *** (7.66)	0.039 *** (11.55)	0.028 *** (8.26)	0.033 *** (9.23)	0.380 *** (3.09)	0.577 *** (5.22)	0.507 *** (4.39)	0.411 *** (3.46)
Year/Firm	Yes	Yes	Yes	Yes	Yes	Yes	Yes	Yes
N	18743	18743	18743	18743	18743	18743	18743	18743
Ajust R^2	0.443	0.442	0.445	0.443	0.361	0.360	0.361	0.361

注：括号内数据表示 t 值，***、**、*分别表示回归系数在 1%、5%、10%的水平上显著。

4.6 进一步检验

企业创新水平还会受到企业内外部客观因素和环境的影响，本章将针对不同情境下机构投资者网络关系对企业创新水平的影响是否存在差异进行横截面分析，从企业产权性质、行业竞争和市场化进程三个层面探讨机构投资者网络关系影响下的企业创新水平的调节作用。

4.6.1 产权性质

本章将从产权性质的企业层面考察机构投资者网络关系对企业创新的调节作用。企业的资源配置方式以及治理结构等重要制度安排往往决定于其产权性质。产权性质是导致企业技术创新能力产生差异的主要原因，这主要体现在不同产权性质的企业在获取创新资源能力上的差异，具体表现在如下两个方面：一是国有企业与政府的天然联系有助于企业获得创新活动的基本资源，相较于民营企业，国有企业可以以较低成本获得金融贷款和政府补贴（Musacchio et al.，2015）；二是政府赋予国有企业特殊权力，国有企业较容易获取相关重要资源。政府研发补贴往往可以通过建设国家基础设施、改进生产技术和完善国防创新体系的名义注入国有企业（Sun and Liu，2014），为国有企业获得更多政府政策支持提供了重要途径。相对于民营企业，国有企业面临的创新融资约束程度更低，机构投资者网络关系对于民营企业创新融资约束的缓解作用更大。

在企业层面，本章主要使用式（4-6）来检验企业产权性质的调节作用，其中式（4-6）中 $D/B/C/E\times State$ 分别代表机构投资者网络程度中心度、机构投资者网络中介中心度、机构投资者网络接近中心度、机构投资者网络特征向量中心度（*Degree*，*Between*，*Close*，*Eigen*）与产权性质（*State*）的交乘项，当上市公司产权性质为国有时，$State=1$，非国有时，$State=0$。

$$Rd/Patent = \alpha_0 + \alpha_1 Degree/Between/Close/Eigen + \alpha_2 State + \alpha_3 D/B/C/E \times State + \alpha_4 Size + \alpha_5 Lev + \alpha_6 Grow + \alpha_7 Roa + \alpha_8 Cash + \alpha_9 Age + \alpha_{10} PPe + \alpha_{11} Shr1 + \alpha_{12} Mshare + \alpha_{13} Insratio + \sum Year + \sum Firm + \varepsilon \quad (4-6)$$

表 4-13 是企业层面产权性质的调节作用，从回归结果可以看出，产权性质（国有为 $State=1$，民营为 $State=0$）同程度中心度、中介中心度、接近中心度、特征向量中心度（*Degree*，*Between*，*Close*，*Eigen*）的交乘项 $D\times State$，$B\times State$，$C\times State$，$E\times State$ 与创新投入（*Rd*）至少在 5%的显著性水平上呈负相关关系，与创新产出（*Patent*）至少在 10%的显著性水平上呈负相关关系，产权性质弱化了机构投资者网络关系对企业创新的正向作用。

表 4-13 横截面分析：产权性质

变量	*Rd*				*Patent*			
	(1)	(2)	(3)	(4)	(5)	(6)	(7)	(8)
Constant	0.043*** (9.37)	0.040*** (8.67)	0.042*** (8.83)	0.043*** (9.25)	-8.629*** (-45.18)	-8.679*** (-45.90)	-8.629*** (-44.13)	-8.598*** (-45.00)

续表

变量	Rd				Patent			
	(1)	(2)	(3)	(4)	(5)	(6)	(7)	(8)
State	-0.001 (-0.91)	-0.001** (-2.57)	0.004*** (2.66)	-0.001 (-1.31)	0.115*** (5.75)	0.092*** (4.75)	0.068 (1.35)	0.109*** (5.59)
Degree	0.132*** (8.11)				2.680*** (5.32)			
D×State	-0.089*** (-4.90)				-2.523*** (-3.69)			
Between		0.985*** (2.95)				23.978** (2.26)		
B×State		-0.859** (-2.12)				-28.668* (-1.85)		
Close			0.033*** (10.54)				0.203** (2.31)	
C×State			-0.017*** (-4.11)				-0.033** (-2.22)	
Eigen				0.205*** (6.66)				5.303*** (5.29)
E×State				-0.172*** (-5.12)				-4.713*** (-3.56)
Size	-0.001*** (-6.23)	-0.001*** (-5.45)	-0.002*** (-7.29)	-0.001*** (-6.11)	0.388*** (41.27)	0.391*** (41.91)	0.387*** (40.10)	0.387*** (41.04)
Lev	-0.035*** (-20.70)	-0.035*** (-20.68)	-0.035*** (-20.36)	-0.035*** (-20.70)	-0.242*** (-4.63)	-0.241*** (-4.61)	-0.235*** (-4.49)	-0.240*** (-4.60)
Grow	-0.002*** (-2.82)	-0.002*** (-2.65)	-0.002*** (-2.98)	-0.002*** (-2.70)	-0.041** (-2.13)	-0.039** (-2.03)	-0.040** (-2.04)	-0.040** (-2.07)
Roa	-0.063*** (-8.92)	-0.058*** (-8.29)	-0.063*** (-8.97)	-0.062*** (-8.78)	0.602*** (3.38)	0.692*** (3.90)	0.664*** (3.74)	0.593*** (3.33)
Cash	0.027*** (10.67)	0.027*** (10.70)	0.027*** (10.50)	0.027*** (10.68)	0.037 (0.57)	0.039 (0.60)	0.036 (0.56)	0.038 (0.59)
Age	-0.004*** (-11.34)	-0.004*** (-11.19)	-0.004*** (-11.80)	-0.004*** (-11.41)	0.018* (1.77)	0.020* (1.91)	0.019* (1.86)	0.018* (1.72)
PPe	0.025*** (4.92)	0.025*** (5.03)	0.024*** (4.69)	0.025*** (4.97)	-0.032 (-0.20)	-0.022 (-0.14)	-0.028 (-0.18)	-0.029 (-0.19)

续表

变量	Rd				Patent			
	(1)	(2)	(3)	(4)	(5)	(6)	(7)	(8)
Shr1	-0.013*** (-8.53)	-0.013*** (-8.40)	-0.013*** (-8.43)	-0.013*** (-8.40)	-0.012 (-0.21)	-0.009 (-0.17)	-0.011 (-0.21)	-0.009 (-0.17)
Mshare	0.011*** (6.70)	0.012*** (7.06)	0.012*** (6.81)	0.012*** (6.93)	0.049 (1.05)	0.060 (1.30)	0.059 (1.27)	0.054 (1.17)
Insratio	0.028*** (8.10)	0.039*** (12.16)	0.029*** (8.83)	0.033*** (9.72)	0.392*** (3.35)	0.575*** (5.47)	0.507*** (4.60)	0.415*** (3.68)
Year/Firm	Yes	Yes	Yes	Yes	Yes	Yes	Yes	Yes
N	20826	20826	20826	20826	20826	20826	20826	20826
Ajust R^2	0.447	0.444	0.448	0.446	0.363	0.362	0.362	0.363

注：括号内数据表示t值，***、**、*分别表示回归系数在1%、5%、10%的水平上显著。

4.6.2 行业竞争

本章将从行业竞争程度层面考察机构投资者网络关系对企业创新的调节作用。创新尤其是突破性创新是应对市场竞争的有效方式，创新需要竞争，而竞争反过来又是创新的内在驱动，因此行业竞争程度是影响企业技术创新的关键驱动器，不同行业竞争程度水平，将深刻影响企业的技术创新动力、能力以及类型。本章预期，企业所处的行业竞争程度越低，由于较高的垄断利润，其从事高风险创新投资的意愿也越低，其创新水平相应较低，因而在垄断行业中，机构投资者网络关系对企业创新的正向作用更为显著，或者说，行业竞争程度（反指标）将会强化机构投资者网络关系对企业创新的正向作用。

在行业层面，本章主要使用式（4-7）来检验行业竞争程度的调节作用，市场竞争程度用赫芬达尔指数（*Hhi*）来衡量①（*Hhi* 为反指标，*Hhi* 越大，市场竞争程度越低）。式中，*D/B/C/E×Hhi* 分别代表机构投资者网络程度中心度、机构投资者网络中介中心度、机构投资者网络接近中心度、机构投资者网络特征向量中心度（*Degree*，*Between*，*Close*，*Eigen*）与行业竞争程度（*Hhi*）的交乘项。

$$Rd/Patent = \alpha_0 + \alpha_1 Degree/Between/Close/Eigen + \alpha_2 Hhi + \alpha_3 D/B/C/E \times Hhi + \alpha_4 Size + \alpha_5 Lev + \alpha_6 Grow + \alpha_7 Roa + \alpha_8 Cash + \alpha_9 Age + \alpha_{10} PPe +$$

① 参考杨兴全等（2016）的研究，用行业内每家上市公司的市场销售份额占行业内市场销售份额比例的平方和进行衡量。

$$\alpha_{11} Shr1 + \alpha_{12} Mshare + \alpha_{13} Insratio + \sum Year + \sum Firm + \varepsilon \tag{4-7}$$

表 4-14 是行业竞争调节作用的回归结果，除中介中心度（*Between*）外，市场竞争程度（*Hhi*）同程度中心度、接近中心度、特征向量中心度（*Degree*, *Close*, *Eigen*）的交乘项 *D×Hhi*，*C×Hhi* 和 *E×Hhi* 与创新水平至少在 1%的显著性水平上呈负相关关系，市场竞争程度（反指标）强化了机构投资者网络关系对企业创新水平的正向作用。

表 4-14 横截面分析：市场竞争程度

变量	*Rd*				*Patent*			
	(1)	(2)	(3)	(4)	(5)	(6)	(7)	(8)
Constant	0.055*** (11.90)	0.051*** (11.22)	0.049*** (10.50)	0.054*** (11.76)	-8.559*** (-44.33)	-8.603*** (-45.00)	-8.737*** (-44.82)	-8.532*** (-44.11)
Hhi	-0.040*** (-17.13)	-0.045*** (-19.30)	0.012** (2.06)	-0.042*** (-18.06)	-0.392*** (-5.01)	-0.534*** (-7.07)	0.667*** (3.86)	-0.420*** (-5.59)
Degree	0.125*** (7.70)				2.581*** (4.82)			
D×Hhi	-0.343*** (-3.58)				-10.182*** (-3.13)			
Between		0.631** (2.01)				8.562 (0.76)		
B×Hhi		-0.474 (-0.24)				18.67 (0.24)		
Close			0.045*** (12.93)				0.587*** (5.94)	
C×Hhi			-0.170*** (-9.70)				-3.598*** (-6.70)	
Eigen				0.176*** (6.48)				4.938*** (4.78)
E×Hhi				-0.574*** (-4.08)				-19.186*** (-2.90)
Size	-0.001*** (-5.87)	-0.001*** (-5.05)	-0.002*** (-6.87)	-0.001*** (-5.72)	0.394*** (41.74)	0.396*** (42.41)	0.395*** (40.98)	0.392*** (41.51)
Lev	-0.036*** (-21.00)	-0.036*** (-20.99)	-0.035*** (-20.88)	-0.035*** (-20.98)	-0.229*** (-4.39)	-0.227*** (-4.36)	-0.230*** (-4.40)	-0.226*** (-4.34)

续表

变量	Rd				Patent			
	(1)	(2)	(3)	(4)	(5)	(6)	(7)	(8)
Grow	-0.002*** (-2.99)	-0.002*** (-2.83)	-0.002*** (-3.15)	-0.002*** (-2.85)	-0.047** (-2.44)	-0.045** (-2.34)	-0.048** (-2.46)	-0.046** (-2.36)
Roa	-0.064*** (-9.10)	-0.059*** (-8.52)	-0.065*** (-9.32)	-0.063*** (-8.92)	0.575*** (3.24)	0.658*** (3.72)	0.598*** (3.38)	0.570*** (3.22)
Cash	0.026*** (10.41)	0.026*** (10.44)	0.026*** (10.18)	0.026*** (10.42)	0.058 (0.90)	0.060 (0.94)	0.053 (0.83)	0.058 (0.90)
Age	-0.004*** (-12.70)	-0.004*** (-12.69)	-0.004*** (-13.40)	-0.004*** (-12.76)	0.030*** (3.01)	0.030*** (3.02)	0.028*** (2.77)	0.030*** (2.96)
PPe	0.030*** (5.93)	0.029*** (5.91)	0.029*** (5.78)	0.030*** (5.98)	0.030 (0.19)	0.021 (0.14)	0.029 (0.18)	0.034 (0.22)
Shr1	-0.014*** (-8.84)	-0.013*** (-8.75)	-0.013*** (-8.67)	-0.013*** (-8.73)	0.031 (0.56)	0.030 (0.56)	0.038 (0.70)	0.033 (0.60)
Mshare	0.011*** (6.86)	0.012*** (7.18)	0.012*** (7.05)	0.012*** (7.04)	-0.013 (-0.29)	-0.003 (-0.06)	-0.006 (-0.12)	-0.01 (-0.22)
Insratio	0.026*** (7.73)	0.037*** (11.85)	0.027*** (8.46)	0.031*** (9.37)	0.341*** (2.93)	0.538*** (5.14)	0.471*** (4.31)	0.365*** (3.25)
Year/Firm	Yes	Yes	Yes	Yes	Yes	Yes	Yes	Yes
N	20826	20826	20826	20826	20826	20826	20826	20826
Ajust R^2	0.457	0.455	0.460	0.456	0.364	0.363	0.364	0.364

注：括号内数据表示 t 值，***、**、*分别表示回归系数在 1%、5%、10%的水平上显著。

4.6.3 市场化进程

本章将从市场化进程角度考查机构投资者网络关系对企业创新水平的调节作用。市场化进程，代表一个地区的资本市场要素发展水平以及金融化水平。在市场化进程较高的地区，企业经营活动面临较完备的法制监管环境和较少的政府干预，较高的投资者保护程度使机构投资者监督公司的积极性较强，网络内的机构投资者会更加频繁地交换公司资源和信息，并通过资本市场进行传递，更有利于机构投资者网络的资源、信息和治理效应的发挥，强化机构投资者网络关系对企业创新的正向影响。

本章主要使用式（4-8）考察市场化进程的调节作用，*D/B/C/E×Mar* 分别代表程度中心度、中介中心度、接近中心度、特征向量中心度（*Degree*，*Be-*

tween，*Close*，Eigen）与市场化进程（*Mar*）的交乘项。市场化进程（*Mar*）借鉴王小鲁等（2021）《中国分省份市场化指数报告（2021）》2007~2019年我国各省、自治区和直辖市市场化改革的总体进展情况中的各地区的市场化相对进程指数。

$$Rd/Patent = \alpha_0 + \alpha_1 Degree/Between/Close/Eigen + \alpha_2 Mar + \alpha_3 D/B/C/E \times Mar + \alpha_4 Size + \alpha_5 Lev + \alpha_6 Grow + \alpha_7 Roa + \alpha_8 Cash + \alpha_9 Age + \alpha_{10} PPe + \alpha_{11} Shr1 + \alpha_{12} Mshare + \alpha_{13} Insratio + \sum Year + \sum Firm + \varepsilon \quad (4-8)$$

表4-15是市场层面市场化进程调节作用的回归结果，除中介中心度（*Between*）外，市场化进程（*Mar*）同程度中心度、接近中心度、特征向量中心度（*Degree*，*Close*，*Eigen*）的交叉项 $D\times Mar$，$C\times Mar$ 和 $E\times Mar$ 与企业创新投入（*Rd*）至少在5%的显著性水平上呈正相关关系，与企业创新水平（*Patent*）至少在1%的显著性水平上呈正相关关系，市场化进程强化了机构投资者网络关系对企业创新水平的正向作用。

表4-15　横截面分析：市场化进程的调节

变量	*Rd*				*Patent*			
	(1)	(2)	(3)	(4)	(5)	(6)	(7)	(8)
Constant	0.047*** (10.19)	0.042*** (9.22)	0.049*** (10.61)	0.046*** (10.05)	-8.579*** (-45.26)	-8.658*** (-46.04)	-8.542*** (-44.87)	-8.538*** (-44.95)
Mar	0.002*** (2.97)	0.002*** (4.71)	-0.001 (-0.67)	0.002*** (3.88)	0.151*** (8.57)	0.171*** (10.15)	-0.050 (-1.08)	0.154*** (9.11)
Degree	0.058*** (4.66)				0.606 (1.23)			
D×Mar	0.076*** (3.80)				2.104*** (3.04)			
Between		0.350 (1.48)				2.734 (0.27)		
B×Mar		0.501 (1.15)				19.09 (1.22)		
Close			0.023*** (7.21)				-0.120 (-1.17)	
C×Mar			0.010** (2.35)				0.656*** (4.91)	
Eigen				0.075*** (3.57)				1.140 (1.28)

续表

变量	Rd				Patent			
	(1)	(2)	(3)	(4)	(5)	(6)	(7)	(8)
E×Mar				0. 113 *** (3. 04)				4. 618 *** (3. 35)
Size	-0. 002 *** (-6. 73)	-0. 001 *** (-5. 85)	-0. 002 *** (-8. 05)	-0. 002 *** (-6. 67)	0. 390 *** (41. 76)	0. 394 *** (42. 45)	0. 390 *** (40. 93)	0. 388 *** (41. 43)
Lev	-0. 035 *** (-20. 65)	-0. 035 *** (-20. 68)	-0. 035 *** (-20. 35)	-0. 035 *** (-20. 60)	-0. 213 *** (-4. 10)	-0. 215 *** (-4. 12)	-0. 208 *** (-3. 99)	-0. 209 *** (-4. 02)
Grow	-0. 002 *** (-2. 64)	-0. 001 ** (-2. 45)	-0. 002 *** (-2. 69)	-0. 002 ** (-2. 50)	-0. 044 ** (-2. 26)	-0. 042 ** (-2. 15)	-0. 044 ** (-2. 25)	-0. 043 ** (-2. 21)
Roa	-0. 063 *** (-8. 94)	-0. 059 *** (-8. 37)	-0. 064 *** (-9. 03)	-0. 062 *** (-8. 75)	0. 528 *** (2. 98)	0. 604 *** (3. 42)	0. 567 *** (3. 20)	0. 522 *** (2. 95)
Cash	0. 027 *** (10. 59)	0. 027 *** (10. 58)	0. 026 *** (10. 32)	0. 027 *** (10. 57)	0. 0670 (1. 05)	0. 0670 (1. 05)	0. 0630 (0. 99)	0. 0670 (1. 04)
Age	-0. 004 *** (-12. 13)	-0. 004 *** (-12. 10)	-0. 004 *** (-12. 73)	-0. 004 *** (-12. 16)	0. 036 *** (3. 59)	0. 036 *** (3. 60)	0. 033 *** (3. 27)	0. 036 *** (3. 54)
PPe	0. 026 *** (5. 09)	0. 026 *** (5. 11)	0. 024 *** (4. 77)	0. 026 *** (5. 12)	-0. 015 (-0. 10)	-0. 017 (-0. 11)	-0. 027 (-0. 17)	-0. 014 (-0. 09)
*Shr*1	-0. 015 *** (-9. 39)	-0. 014 *** (-9. 24)	-0. 015 *** (-9. 39)	-0. 014 *** (-9. 30)	-0. 006 (-0. 12)	-0. 003 (-0. 06)	-0. 004 (-0. 07)	-0. 005 (-0. 10)
Mshare	0. 012 *** (7. 21)	0. 013 *** (7. 53)	0. 012 *** (7. 43)	0. 012 *** (7. 39)	-0. 034 (-0. 76)	-0. 025 (-0. 55)	-0. 025 (-0. 56)	-0. 031 (-0. 70)
Insratio	0. 029 *** (8. 39)	0. 039 *** (12. 35)	0. 029 *** (8. 94)	0. 033 *** (9. 97)	0. 411 *** (3. 52)	0. 581 *** (5. 54)	0. 543 *** (4. 94)	0. 433 *** (3. 85)
Year/Firm	Yes	Yes	Yes	Yes	Yes	Yes	Yes	Yes
N	20826	20826	20826	20826	20826	20826	20826	20826
Ajust R^2	0. 447	0. 445	0. 448	0. 446	0. 366	0. 365	0. 366	0. 366

注：括号内数据表示 t 值，***、**、* 分别表示回归系数在 1%、5%、10%的水平上显著。

4.7 本章小结

机构投资者网络关系的信息共享可以通过促进信息在网络以及资本市场中的

传递与流通提升被投资企业获取社会资源的能力，强化利益相关者监督公司管理层的积极性，可有效缓解企业融资约束、提升公司信息透明度、强化公司治理水平，进而提升企业创新水平。本章基于我国沪深两市 A 股 2007~2019 年上市公司面板数据样本，分别从创新投入以及创新产出角度对企业机构投资者网络关系与企业创新水平的相关关系进行了实证检验。在此基础上，从企业层面、行业层面、市场层面探讨了产权性质、行业竞争程度、市场化进程的横截面影响。研究结论如下：

第一，机构投资者网络关系能够显著提升企业创新水平。机构投资者所处机构投资者网络的位置越关键，获取网络中的知识、资金等社会资本的能力越强，因而机构投资者网络关系可以有助于企业获取更多社会资源，发挥网络信息的资源效应；机构投资者网络关系通过促进信息在资本市场中的传递与流通会有效降低信息不对称和发挥信息优势；企业的机构投资者网络中心度越高，越能有效吸引资本市场上更多理性投资者、债权人以及潜在客户等利益相关者的广泛关注，进而带给企业更多外部监督。机构投资者网络中心度越高，越能有效缓解企业内部融资约束并相继提高公司信息透明度以及公司治理水平，提升企业创新投资和创新产出。本章进一步采用倾向得分匹配（PSM）、工具变量（IV）以及两阶段赫克曼（HECKMAN）检验控制非随机干扰、遗漏变量以及自选择问题所产生的内生性，结果依然稳健；本章也使用替换被解释变量、替换解释变量、随机删除10%样本的其他稳健性检验方法进行了稳健性测试，结果依然稳健。

第二，产权性质弱化了机构投资者网络关系对于企业创新影响的正向作用。产权性质是导致企业技术创新能力产生差异的主要原因，这主要体现在不同产权性质的企业在获取创新资源能力上的差异，国有企业与政府的天然联系有助于企业获得创新活动的基本资源，相对于民营企业，国有企业可以以较低成本获得金融贷款和政府补贴；政府赋予国有企业特殊权力，国有企业较容易获取相关重要资源。政府研发补贴往往可以通过建设国家基础设施、改进生产技术和完善国防创新体系的名义注入国有企业。相较于民营公司，国有企业面临的创新融资约束程度更低，机构投资者网络关系对于民营企业创新融资约束的缓解作用更大。

第三，行业竞争程度将会强化机构投资者网络关系对企业创新的正向作用。创新尤其是突破性创新是应对市场竞争的有效方式，创新需要竞争，而竞争反过来又是创新的内在驱动，因此行业竞争程度是影响企业技术创新的关键驱动器，不同行业竞争程度水平，将深刻影响企业的技术创新动力、能力以及类型。企业所处的行业竞争程度越低，其从事高风险创新投资的意愿也越低，其创新水平相应较低；行业竞争程度越高，企业在获取核心竞争能力的动机驱使下，其技术创新意愿越强，机构投资者网络提升企业创新水平程度越高。

第四，市场化进程强化了机构投资者网络关系对企业创新的正向影响。在市场化进程较高的地区，企业经营活动面临较完备的法制监管环境和较少的政府干预，较高的投资者保护程度使机构投资者监督公司的积极性较强，网络内的机构投资者会更加频繁地交换公司资源和信息，并通过资本市场进行传递，更有利于机构投资者网络的资源效应、信息效应及治理效应的发挥，强化机构投资者网络关系对企业创新的正向影响。

5　机构投资者网络关系与企业创新：网络关系异质性

5.1　问题提出

国内学者在对机构投资者的治理行为进行研究时，往往容易忽视机构投资者在类型、角色和偏好行为等方面存在的异质性进而导致机构对企业内部人的监督治理作用或者稳定市场的有效性备受争议。随着中国资本市场深化改革的推进，机构的异质性发展特征已经充分表现。机构投资者普遍存在资产性质、行为方式、目标偏好、持股周期等方面的多元化差异（杨海燕，2013），此类差异会显著影响机构投资者个体对企业经营管理的参与意愿、监督能力和治理效果。本章按照机构投资者类型进行界定，可以将机构投资者划分为证券投资基金、社保基金、QFII、券商、保险、信托公司、银行、财务公司、非金融类上市公司以及其他机构投资者十类。

基于异质机构投资者的异质网络关系会影响网络的资源获取、信息传递及网络的治理水平。如若忽视这种异质差异性而将机构投资者网络关系作为同质群体进行相应研究，将会导致研究结论出现有偏估计。本章在考虑机构投资者网络关系对企业创新的影响时，考虑了异质机构投资者的异质网络问题。有关董事网络的大量现有研究并未考虑董事类型以及董事职业背景，而这种忽视董事异质性的简单同质化处理显然并不能得到准确稳健的研究结果。刘善仕等（2020）在探究企业信任氛围对异地投资影响时，将人力资本社会网络区别为管理型网络和社会型网络的异质性网络关系进行了深入研究。本章研究的网络为机构投资者网络关系，由于不同机构投资者的作用并非一致。本章尝试进一步区分机构投资者网络异质性进而拓展现有社会网络研究。本章将根据机构投资者独立性、机构投资者稳定性以及机构投资者专注型重构机构投资者网络关系，以进一步考察异质机构投资者网络关系对企业创新的影响。

5.2 理论分析与研究假设

5.2.1 网络关系异质性：压力抵抗型机构投资者网络和压力敏感型机构投资者网络关系

Brickley 等（1988）根据机构个体的独立性，即按照机构个体与持股公司之间是否存在商业联系，将机构投资者划分为压力抵抗型和压力敏感型两类。压力抵抗型机构投资者与被投资企业只存在投资与被投资关系，机构个体无须维护其自身与上市公司的商业关系，追求的是个体投资回报，由于存在较大的业绩考核压力，较为重视和关注股票价格（温军、冯根福，2012）。压力抵抗型机构投资者在进行投资时，一般使用现金认购股份，随着持股比例的增加，他们对上市公司的资金投入也在增加，进而强化了其对被投资企业的制衡动机和风险控制，能够坚持自身投资理念并通过“手脚投票”的方式有效监督企业经营管理。受压力抵抗型机构投资者的外部监督，被投资企业更倾向于选择能够带来长期价值增值的创新型投资项目，以获取长期收益吸引新的投资者和维持原有投资者。除了与被投资企业存在投资关系以外的关系，压力敏感型机构投资者与上市公司还同时存在其他商业联系，比如某些机构投资者作为财务公司会附属于他们所投资的上市集团，某些机构也会和他们所投资的上市公司存在供应与合作。为了维护这种关系，压力敏感型机构投资者经常会采取中庸的参与态度或选择妥协于被投资企业的重要经营管理决策，从而未能对被投资企业的创新行为施加压力和进行监督，缺乏制衡积极性，甚至与大股东合谋而支持其自利行为，但压力敏感型机构投资者因为与企业存在较为紧密的商业联系，虽缺乏制衡动机，但往往能够向企业提供稀缺资源和促进信息传递从而助力企业发展。

沿用 Brickley 相关理论对机构类型的划分，结合资本市场有关我国机构发展的政策导向，依据机构投资者独立性，将我国机构投资者划分为压力抵抗型机构投资者和压力敏感型机构投资者两类（Brickley et al.，1988；赵洪江、夏辉，2009），具体分类如表 5-1 所示。目前，在我国的机构投资者中，独立性的压力抵抗型机构投资者主要包括证券投资基金、社保基金和 QFII（杨海燕等，2012），非独立性的压力敏感型机构投资者主要包括保险公司、信托公司等。证券投资基金时刻受到资本市场的多重监督，一般会避免与上市公司存在特定联系，能够独立于上市公司进行投资决策，可归为压力抵抗型机构投资者；社保基金由于受到社会全方位监督，虽然资金基数大，也较难与上市公司产生商业关系，一般也可以归为独立性较强的压力抵抗型机构投资者；QFII 由于需要通过专有账户进行管理，且引入时间短、门槛高，与上市公司存在商业联系的可能性较小，同样被视为压力抵抗型机构投资者。对于其他机构投资者来说，他们通常与上市公司或者大型集团之间存在一定商业联系（保险公司、银行），或与被投资公司产生合作，存在业务上的利益关系（券商、信托）或附属于大型集团而不单独存在（财务公司），可能更多考虑短期利益，进而弱化了其公司治理职能（王新红等，2018），但压力敏感型机构投资者通过与上市公司的联系和合作能够为上市公司提供稀缺资源并有效促进信息传递。

表 5-1 机构投资者：独立性

独立性划分	具体类型	与上市公司商业联系程度
压力抵抗型机构投资者	证券投资基金	较低
	社保基金	较低
	QFII	低
压力敏感型机构投资者	券商	较高
	保险公司	高
	信托公司	高
	银行持股	高
	财务公司	一般
	非金融类上市公司	一般
	其他机构持股	一般

本章从机构投资者独立性出发，借鉴 Brickley（1988）的分类方法，结合我国证券市场的情况，按照机构投资者独立性（与被投资企业是否存在商业联系）作为分类标准重构机构投资者网络关系，即分别计算压力抵抗型机构投资者网络中心度指标以及压力敏感型机构投资者网络中心度指标并进一步考察异质机构投资者网络关系对企业创新影响的差异及差异背后的根本原因。这样分类一方面可以避免因将机构投资者作为一个研究整体而掩盖了机构投资者网络异质性对被投资公司经营管理的影响差异性，促使研究结果可靠稳健，进而确保相关政策建议的提出更具有针对性；另一方面也是机构投资者网络影响企业创新活动相关

问题研究的有益拓展和深化（张济建等，2017）。压力抵抗型机构投资者网络内个体的联动效应可以有效提升其参与公司治理的意愿以及能力，压力敏感型机构投资者网络能够进一步促进稀缺资源的有效整合并将创新资源投放于与他们关系紧密的上市公司，同时也能够有效促进信息在网络内的流通和传递，发挥信息效应。压力抵抗型机构投资者网络关系的公司治理强化效应以及压力敏感型机构投资者网络关系对资源的整合效应以及信息的传递效应都可能进一步提升企业创新水平。基于以上分析，本书提出假设如下：

H5-1：压力抵抗型以及压力敏感型机构投资者网络关系均能有效提升企业创新水平。

5.2.2 网络关系异质性：稳定型机构投资者网络和交易型机构投资者网络关系

国内外有关机构投资者对公司以及公司治理行为的影响普遍存在三种竞争性假说。一是积极监督假说，他们认为机构个体为了追逐稳定的长期收益，会倾向于“用手投票”来积极参与企业经营管理（张涤新、李忠海，2017）；二是负面监督假说，他们认为机构个体并不倾向于采取有效监督制衡大股东的自利行为，反而有可能合谋于大股东而侵害中小股东权益，实施“利益攫取”（Brown et al.，2009）；三是无效监督假说，即机构投资者缺乏动力与积极性履行公司治理职能（李争光等，2015）。机构投资者持股稳定性的异质性是导致机构投资者监督制衡机制备受争议的主要原因。根据机构投资者的稳定性可以按照持股周期的长短将机构投资者进一步划分为稳定型机构投资者和交易型机构投资者。相对于交易型机构个体，稳定型机构投资者持股稳定且持股周期长，重视公司的长期价值，有动机和能力对公司进行监督，稳定型机构投资者有充足的时间收集和获取被投资企业财务以及非财务信息，从而强化其监督以及参与企业管理积极性，通过实施有效的公司治理职能，稳定型机构个体会及时发现并抑制管理层的机会主义行为和控股股东的掏空行为，其监督成本能够在较长的持股期间进行分摊，稳定型机构投资者会积极关注并监督被投资公司经营管理以获取长期稳定投资收益或资本增值，企业长期成长的红利与价值反过来又会促使其延长持股周期，降低公司代理成本，拓宽企业融资渠道，提升稳定型机构投资者对企业的长期监督，改善企业资本市场声誉，从而能够帮助上市公司制定并做出富有远见以及能够带给企业长期价值的投资决策，推动企业的高质量创新（谭克诚，2013；伊志宏、李艳丽，2013）；交易型机构投资者选择频繁更换投资对象且持股周期短，出于成本—收益原则不会选择付出较高监督成本对上市公司的重要决策进行有效监督和制衡，短期内对股票高抛低吸的投资风格，致使其投资目标倾向于获得股票价格波动带来的二级市场资本利得，较少关注企业公司经营管理，有可能引致企业管理层以及控股股东机会主义行为的加剧，交易型机构个体还可能以操纵资本市场上市公司股票价格为目的而支持管理层的盈余管理行为，交易型机构投资者往往附和于公司管理层基于短期利益的投资决策，有可能导致企业的投资不足或投资过度，进而牺牲企业核心竞争能力，抑制其创新行为（温军、冯根福，2012），导致公司价值的降低（李仲泽，2020）。

机构个体的不同稳定性投资倾向可以体现其自身的信息优势和治理动机，稳定型机构个体自身的“信息优势”决定了其参与公司治理的必然性，交易型机构投资者不具备“信息优势”从而不利于企业信息透明度的提升，也不具备监督治理企业的能力。因此参考信恒占（2017）的研究，本章依据机构投资者的稳定性，将机构个体按照持股周期区分为稳定型和交易型并在此基础上重构稳定型机构投资者网络以及交易型机构投资者网络，并认为：第一，稳定型机构投资者网络由于网络中个体都是持股持续周期较长的机构投资者，相对于交易型机构投资者网络具有更多资源优势并有动机收集网络内外相关稀缺资源倾注于被投资企业，进一步帮助企业整合稀缺资源、拓宽融资渠道、削减融资成本从而缓解被投资企业融资约束，帮助被投资企业创造良好研发条件进行创新活动。第二，稳定型机构投资者网络个体由于持股相对稳定，网络本身具备更为强大的信息优势以及信息搜索与收集动力并促进信息在网络内部进行快速流通与传递，进而能够有效提升企业信息透明度，发挥网络的信息效应，网络内集聚的信息能够帮助企业在解决复杂技术问题时具备更多应对策略，提升企业实现高质量创新的潜能。第三，稳定型机构投资者网络更加重视企业的长期价值增值与持续业绩增长，其投资目的在于分享企业的成长红利，进而能够采取长期监督提高企业资本市场声誉，帮助上市公司做出富有远见的科学合理的投资决策，推动企业的高质量创新。基于以上分析，本章提出假设如下：

H5-2：相较于交易型机构投资者网络，稳定型机构投资者网络关系对企业创新水平的影响更显著。

5.2.3 网络关系异质性：专注型机构投资者网络和临时型机构投资者网络关系

参考 Bushee（2001）的研究，根据机构投资者专注型，进一步按照机构投资者的持股质量和持股规模两个维度对其进行划分，持股质量高、持股规模大的机构个体可以归类为专注型机构投资者，持股质量低、持股规模小的机构个体可以归类为临时型机构投资者。相对于具有较强投机性倾向、监督话语权低的临时型机构投资者，专注型机构个体具备较强的意愿和能力参与企业公司治理，其投资理念与投资方式的选择更加倾向于注重企业长远发展的“价值投资”。第一，相较于临时型机构投资者，专注型机构投资者持股质量高且持股规模大，他们有动力花费更多的时间和精力搜索获取以及处理整合企业的各种经营管理信息，并能在股东大会上提供有价值有力度的意见和建议（吴先聪等，2016），通过各种网络联结也能整合各种资源，对企业内部经营状况实施监督从而影响企业重大战略决策，专注型机构投资者的资金优势以及专业特长能够帮助企业实施具有长期资本增值的创新项目，并能为企业提供更多项目实施的技术参考。第二，具备股东积极主义特征的专注型机构投资者，往往愿意作为中小股东代表履行其监督职能，有动力且有能力确保中小股东利益不受大股东关联交易的侵占，进而能够及时发现并抑制大股东的掏空行为。大股东会在企业经营良好、市值较高时进行控制权争夺，控制权争夺会导致企业未来价值的缩水和损失（夏宁、陈露，2016，张伟华等，2016），持股质量以及持股规模较大的专注型机构个体会选择站在中小股东利益角度监督大股东隧道挖掘并抑制其控制权私有收益的侵占行为，同时会倾向于抵制相关资产剥离活动以抑制大股东关联交易。

鉴于持股质量和持股规模的差异可能会影响机构投资者的资源优势、信息效应和治理动机，本章将根据机构个体的专注型按照其持股质量以及持股规模两个维度重构机构投资者网络并分别界定其为专注型机构投资者网络和临时型机构投资者网络。首先，专注型机构投资者网络的机构个体由于持股质量较高且持股规模较大，网络个体能够整合网络内优势资源投入经营不良的企业中，其网络联结具有更多信息获取通道，能够有效并快速感知企业的“经营困难”，并利用自身信息和专业优势为上市公司建言献策，以帮助上市公司克服困境，重回正常经营轨道。其次，专注型机构投资者网络个体的资源和信息优势能够赋予并强化其治理动机和能力，对管理层的机会主义自利行为（在职消费和超额薪酬）不再“视而不见”，会利用其较强的治理能力和公司治理话语权有效抑制管理层因寻租所引发的第一类代理问题，提高管理层做出具备更大资本增值的长远决策。由于较高话语权，专注型机构投资者网络通常会借助决策一致性通过影响企业战略支持更具长期价值的创新活动。基于以上分析，本书提出假设如下：

H5-3：相对于临时型机构投资者网络关系，专注型机构投资者网络关系对企业创新水平的影响更显著。

本章将根据机构投资者独立性、机构投资者稳定性以及机构投资者专注型重构机构投资者网络关系，以进一步考察异质机构投资者网络关系对企业创新的影响。研究框架如图 5-1 所示。

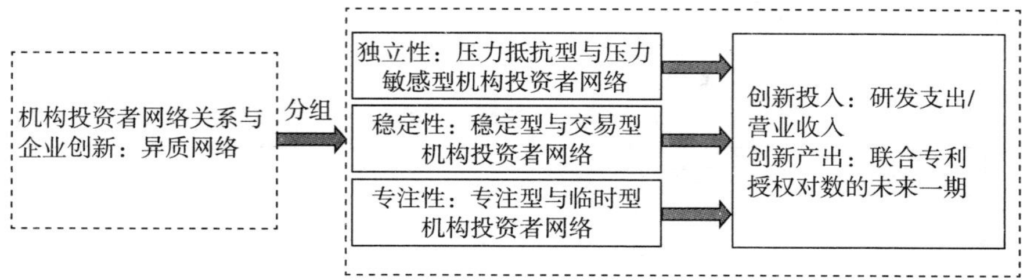

图 5-1　异质机构投资者网络关系发挥的资源、信息、治理效应不同

5.3　研究设计

5.3.1　研究样本与数据来源

中国证监会于 2007 年对上市公司创新支出和专利披露做出规范，大多数上市企业从 2007 年开始披露其创新支出和产出的情况。因此本章研究的样本区间为 2007~2019 年，并对样本进行如下处理：①剔除金融保险行业公司样本；②剔除被 ST 公司的参股样本；③剔除有关财务或治理数据缺失的样本；④为消除极端数据对结果的影响，对所有连续变量进行了 1%和 99%水平上的缩尾处理。机构投资者包括基金、社保基金、QFII、券商、信托、保险、银行、非金融类上市公司、财务公司及其他机构投资者。机构投资者持有上市公司股权的明细数据来源于 Wind 数据库中机构投资者重仓持股明细子数据库，并使用网络分析软件 Pajek 计算相关网络中心度指标。基本面数据均来自经过审计的上市公司年报合并，企业创新数据来自 CSMAR 数据库和 CNRDS 数据库的多库合并，上市公司财务与公司治理数据来源于 CSMAR 数据库。最终，根据机构个体的独立性划分的压力抵抗型以及压力敏感型机构投资者网络与企业创新的研究样本数量分别为 6988 个和 7052 个；按照机构个体的稳定性划分的稳定型以及交易型机构投资者网络与企业创新的研究样本数量分别为 8106 个和 7742 个；按照机构个体的专注型划分的专注型以及临时型机构投资者网络与企业创新的研究样本数量分别为 4316 个和 3740 个，本书在按照不同标准划分样本时，删掉了不同标准划分样本后重复的公司，以避免由于机构投资者的交叉持股并按照不同标准划分的机构投资者网络所对应的样本交叉重叠。本章使用 STATA16.0 进行统计分析。表 5-2 是本章不同机构投资者网络研究样本的描述性统计。

表 5-2 样本描述性统计

年度	压力抵抗型	压力敏感型	稳定型	交易型	专注型	临时型
2007	275	237	397	373	225	172
2008	298	303	396	378	210	165
2009	340	339	424	406	232	185
2010	351	436	465	431	257	201
2011	477	454	504	461	277	213
2012	454	474	580	529	325	273
2013	498	526	657	642	355	319
2014	536	525	706	697	368	342
2015	558	655	753	746	391	354
2016	766	712	804	763	417	372
2017	790	752	851	798	442	393
2018	891	881	961	917	493	447
2019	754	758	608	601	324	304
合计	6988	7052	8106	7742	4316	3740

5.3.2 模型设计

本章的被解释变量为企业创新投入（*Rd*）和创新产出（*Patent*），分别采用企业研发投入占营业收入的比重和企业联合授权专利加 1 的自然对数进行衡量。机构投资者网络中心度与企业创新采用控制年份和公司的固定效应回归。本章仍然采用第 4 章模型（4-1）检验异质性机构投资者网络中心度对企业创新的影响。

$$Rd/Patent = \alpha_0 + \alpha_1 Degree/Between/Close/Eigen + \alpha_2 Size + \alpha_3 Lev + \alpha_4 Grow + \alpha_5 Roa + \alpha_6 Cash + \alpha_7 Age + \alpha_8 PPe + \alpha_9 Shr1 + \alpha_{10} Mshare + \alpha_{11} Insratio + \sum Industry + \sum Year + \varepsilon \quad (4-1)$$

5.3.3 变量定义

5.3.3.1 企业创新

本章借鉴余明桂等（2016）、孔东民等（2017）、曹春方和张超（2020）的研究，选取企业研发投入占营业收入的比重作为创新投入（*Rd*）的代理变量，通过对公司未来一期的联合授权专利数量取对数衡量企业创新产出（*Patent*）；选取企业研发投入绝对数的对数（*Rd*1）以及公司未来一期联合申请专利数量加1的自然对数（*Apply*）作为机构投资者网络关系影响企业创新投入和创新产出的稳健性检验替代变量。

5.3.3.2 机构投资者网络关系

（1）压力抵抗型与压力敏感型机构网络。本章借鉴 Brickley 等（1988）、张济建等（2017）的研究，界定压力抵抗型机构投资者包括证券投资基金、社保基金、QFII 投资基金，界定压力敏感型机构投资者包括券商、保险、信托、银行、非金融类上市公司、财务公司以及其他机构投资者，并在此分类基础上重构压力抵抗型以及压力敏感型机构投资者网络，按照各类机构网络中心度的均值匹配到公司，分别计算出压力抵抗型机构投资者网络公司层面网络中心度和压力敏感型机构投资者网络公司层面网络中心度。

（2）稳定型与交易型机构网络。本章认为，机构持续持股有利于其提供稀缺资源、多元信息以及参与公司治理，借鉴信恒占（2017）的研究，定义机构投资者持股持续期为年末连续持股的季度数总和，如若机构持股持续期大于行业年度持股持续期均值，则定义其为稳定型机构投资者，否则为交易型机构投资者。其具体计算应该注意，上市公司第一次出现机构持股时，以此季度作为机构持续期计算的起点，截至每年的第四季度末为终点计算机构投资者持续持有的季度个数，机构投资者如果在某季度中断持股，则把机构投资者持股的下一个出现点视为新起点，重新计算①，最终比较持续期与其行业年度均值来界定机构投资者的稳定性。基于此，本书根据机构个体的稳定性重构了稳定型以及交易型机构网络，根据第 4 章有关网络中心度计算方法分别计算了稳定型机构投资者网络中心度以及交易型机构投资者网络中心度，并按照机构网络中心度均值匹配至公司，分别计算出稳定型机构网络公司层面网络中心度和交易型机构投资者网络公司层面中心度。

（3）专注型与临时型机构网络。考虑到异质机构个体的持股质量和持股规模差异性最终会影响其资源、信息的获取和传递以及其治理效应的有效发挥，本书参考 Bushee（2001）对机构个体的异质性界定，将机构个体按照其持股质量和持股规模两个维度进一步区分为专注型和临时型机构投资者。首先，参考李争

① 2008 年末，某公司被某机构投资者持续持股的季度数为 15，而 2009 年第一个季度机构投资者持股中断，第二、第三、第四个季度机构投资者又连续持股，则 2009 年机构投资者对该公司的持股持续期为 3。2010 年机构投资者持股后两个季度，2011 年机构投资者持股整年，则 2011 年机构投资者持股的持续期为 6。

光等（2015）、史永和李思昊（2018）的研究成果，同时使用年份和行业两个因素来定义机构持股质量。本章采用公司机构个体持股比例除以其前三年持股比例的标准差衡量持股动机，进而从机构的异质性时间维度进行衡量。从理论上说，当机构持股比例不变时，若该公司机构过去三年持股的标准差（$Inssd_{i,t-3}$，$Inssd_{i,t-2}$，$Inssd_{i,t-1}$）越小，则意味着机构投资者的持股波动越小，其更倾向于关注公司的长期绩效；反之，若此标准差越大，则意味着该公司机构投资者的持股波动越大，较倾向于依赖公司股价波动选择时机进行决策和交易，而并不会特别关注公司的长期绩效。其次，从行业维度度量，本章计算了公司所在行业机构持股比例与其过去三年持股比例标准差的比值并取其中位数作为比较基准，机构持股比例与其过去三年持股比例标准差的比值大于行业中位数时将被识别为高持股质量机构投资者；反之，则界定为低持股质量机构投资者（朱信凯、徐星美，2016）。用式（5-1）和式（5-2）表述如下：

$$Sd_{i,t}=\frac{Inssd_{i,t}}{\sigma\left(Inssd_{i,t-3},\ Inssd_{i,t-2},\ Inssd_{i,t-1}\right)} \tag{5-1}$$

$$Sd_{t,j}=\frac{Inssd_{t,j}}{\sigma\left(Inssd_{t-3,j},\ Inssd_{t-2,j},\ Inssd_{t-1,j}\right)} \tag{5-2}$$

式中，$Inssd_{i,t}$ 表示公司 i 在第 t 年的机构个体持股比例，σ（$Inssd_{i,t-3}$，$Inssd_{i,t-2}$，$Inssd_{i,t-1}$）表示公司 i 在第 $t-3$、$t-2$ 以及 $t-1$ 年各机构持股比例联合标准差，$Sd_{i,t}$ 表示公司 i 第 t 年的机构持股与过去三年其持股标准差的比值，$Median$（$Sd_{t,j}$）表示 t 年行业 j 此比值的中位数，如果 $Sd_{i,t} \geq Median$（$Sd_{i,j}$），为高质量持股机构投资者；如果 $Sd_{i,t} < Median$（$Sd_{i,j}$），为低质量持股机构投资者。其次按行业、年度中位数来确定机构大股东（持股比例≥5%的重仓持股）总体持股比例高低，如若机构大股东持股比例大于等于其行业、年度中位数，则识别为高规模持股型机构投资者，最后将高质量持股、高规模持股机构个体进一步识别为专注型机构投资者，其余机构投资者识别为临时型机构投资者。基于此，本章根据第4章有关网络中心度计算方法分别计算专注型机构投资者网络以及临时型机构投资者网络的网络中心度，并根据网络中心度的均值匹配到公司，分别计算出专注型机构投资者网络公司层面网络中心度和临时型机构投资者网络公司层面中心度。

5.3.3.3 控制变量

参考曹春方和张超（2020）的研究，本章选取资产规模（*Size*）、负债比率（*Lev*）、企业成长性（*Grow*）、总资产利润率（*Roa*）、现金持有水平（*Cash*）、公司年龄（*Age*）、资本支出（*PPe*）、第一大股东持股（*Shr*1）、管理层持股比例（*Mshare*）、机构投资者持股比例（*Insratio*）作为控制变量，同时考虑行业和公司的影响。具体如表 5-3 所示。

表 5-3 变量定义及说明：网络关系异质性

变量类型	变量符号	变量名称	变量定义
被解释变量	*Rd*	创新投入	研发投入/营业收入
	Patent	创新产出	企业未来一期联合授权专利+1 自然对数
解释变量	*Degree*	机构网络程度中心度	重仓持股 *i* 公司机构网络程度中心度
	Between	机构网络中介中心度	重仓持股 *i* 公司机构网络中介中心度
	Close	机构网络接近中心度	重仓持股 *i* 公司机构网络接近中心度
	Eigen	机构网络特征向量中心度	重仓持股 *i* 公司机构网络特征向量中心度
控制变量	*Size*	资产规模	年末资产总额的对数
	Lev	负债比率	负债总额/年末资产总额
	Grow	企业成长性	营业收入增长率
	Roa	总资产利润率	净利润/总资产
	Cash	现金持有水平	年末现金及等价物余额/年末总资产
	Age	公司年龄	公司成立年数的自然对数
	PPe	资本支出	经资产调整后的资本性支出
	*Shr*1	第一大股东持股	第一大股东持股/股本
	Mshare	管理层持股比例	管理层持股量/流通股数量
	Insratio	机构投资者持股比例	机构持股数量/流通股数量
	Ind	行业虚拟变量	控制不同行业的影响
	Firm	公司个体效应	控制公司个体效应的影响

5.4 实证结果分析

5.4.1 描述性统计

表 5-4 主要列示了变量的描述性统计结果。企业创新投入（*Rd*）在压力抵抗型以及压力敏感型机构投资者网络中的样本均值分别为 0.0336 和 0.0330，相差不大；稳定型及专注型机构投资者网络样本中的均值分别为 0.0278 和 0.2229，分别大于交易型及临时型机构投资者网络样本中的均值 0.0237 和 0.0293。企业

创新产出（*Patent*）在压力抵抗型以及压力敏感型机构投资者网络中的样本均值分别为 1.0785 和 1.0779，相差不大；稳定型及专注型机构投资者网络样本中的均值分别为 1.0521 和 1.2350，分别大于交易型及临时型机构投资者网络样本中的均值 0.8835 和 0.8320。这在一定程度上初步验证了本章三个假设。

表 5-4　变量描述性统计

网络类型	压力抵抗型	压力敏感型	稳定型	交易型	专注型	临时型
			均值			
Rd	0.0336	0.0330	0.0278	0.0237	0.2229	0.0293
Patent	1.0785	1.0779	1.0521	0.8835	1.2350	0.8320
Degree	0.1021	0.0010	0.0234	0.0169	0.0422	0.0185
Between	0.0007	0.0003	0.0008	0.0007	0.0011	0.0011
Close	0.4468	0.1795	0.3589	0.3436	0.3933	0.3043
Eigen	0.0123	0.0022	0.0092	0.0086	0.0416	0.0131
Size	22.3391	22.1353	22.4956	22.2067	22.8245	22.0028
Lev	0.4220	0.4237	0.4601	0.4483	0.4640	0.4324
Grow	0.2263	0.1901	0.1801	0.1874	0.2164	0.1751
Roa	0.0567	0.0447	0.0445	0.0378	0.0523	0.0329
Cash	0.1725	0.1651	0.1537	0.1446	0.1611	0.1418
Age	1.8542	1.8628	2.2878	2.1824	2.2124	2.1063
PPe	0.0579	0.0535	0.0480	0.0492	0.0518	0.0466
*Shr*1	0.3518	0.3532	0.3923	0.3115	0.4493	0.2798
Mshare	0.1330	0.1243	0.0346	0.0956	0.0160	0.1526
Insratio	0.1048	0.1155	0.0721	0.0723	0.0905	0.0539
N	6988	7052	8106	7742	4316	3740

5.4.2　压力抵抗型与压力敏感型机构投资者网络关系与企业创新

表 5-5 报告了不同独立性机构投资者网络关系与企业创新的回归结果，其中 PartA 为压力抵抗型机构投资者网络关系对企业创新行为的影响，PartB 为压力敏感型机构投资者网络关系对企业创新行为的影响。PartA 中机构网络中心度（*Degree*，*Between*，*Close*，*Eigen*）与创新投入（*Rd*）的回归系数分别为 0.023、0.805、0.031、0.114，且均在 1%的显著性水平上呈正相关关系，PartB 中机构网络中心度（*Degree*，*Between*，*Close*，*Eigen*）与创新投入（*Rd*）的回归系数分

别为 0.173、0.911、0.104、0.331，并至少在 10%的显著性水平上呈正相关关系，由此可知，压力抵抗型机构网络关系与压力敏感型机构网络关系均能显著提升企业创新投入。PartA 中 *Degree*、*Between*、*Close*、*Eigen* 与创新产出（*Patent*）的回归系数分别为 0.393、12.300、0.307 和 2.460，除中介中心度（*Between*）外，其余三个中心度指标均在 1%的显著性水平上与 *Patent* 呈正相关关系，PartB 中 *Degree*、*Between*、*Close*、*Eigen* 与 *Patent* 均至少在 5%的显著性水平上呈正相关关系。压力抵抗型机构投资者网络关系与压力敏感型机构投资者网络关系均能显著提升企业创新产出。压力抵抗型机构投资者网络关系对公司治理效应的强化以及压力敏感型机构投资者网络对稀缺资源的获取与整合及多元信息的交流与传递可能是企业创新水平得以提升的主要原因。假设 5-1 得到验证。

表 5-5 不同独立性机构投资者网络关系与企业创新

PartA：压力抵抗型机构投资者网络关系与企业创新								
变量	(1)	(2)	(3)	(4)	(5)	(6)	(7)	(8)
	Rd				*Patent*			
Constant	0.055*** (7.56)	0.049*** (6.77)	0.050*** (6.91)	0.057*** (7.78)	-9.793*** (-33.91)	-9.895*** (-34.58)	-9.890*** (-34.49)	-9.718*** (-33.36)
Degree	0.023*** (7.18)				0.393*** (3.40)			
Between		0.805*** (3.60)				12.300 (1.45)		
Close			0.031*** (8.55)				0.307*** (2.89)	
Eigen				0.114*** (6.33)				2.460*** (3.73)
Year/Firm	Yes	Yes	Yes	Yes	Yes	Yes	Yes	Yes
N	6988	6988	6988	6988	6988	6988	6988	6988
Ajust R^2	0.247	0.245	0.249	0.246	0.379	0.379	0.379	0.380
PartB：压力敏感型机构投资者网络关系与企业创新								
变量	(1)	(2)	(3)	(4)	(5)	(6)	(7)	(8)
	Rd				*Patent*			
Constant	-0.012 (-0.68)	-0.013 (-0.71)	-0.012 (-0.64)	-0.013 (-0.71)	-6.086*** (-9.45)	-6.097*** (-9.48)	-6.112*** (-9.48)	-6.096*** (-9.48)
Degree	0.173* (1.70)				2.445*** (2.58)			

续表

PartB：压力敏感型机构投资者网络关系与企业创新								
变量	(1)	(2)	(3)	(4)	(5)	(6)	(7)	(8)
	Rd				*Patent*			
Between		0.911 * (1.75)				20.661 ** (2.15)		
Close			0.104 ** (2.02)				0.440 ** (2.53)	
Eigen				0.331 ** (2.15)				2.888 *** (3.17)
Year/Firm	Yes	Yes	Yes	Yes	Yes	Yes	Yes	Yes
N	7052	7052	7052	7052	7052	7052	7052	7052
Ajust R^2	0.179	0.179	0.179	0.179	0.314	0.314	0.314	0.314

注：省略控制变量，括号内数据表示 t 值，***、**、* 分别表示回归系数在 1%、5%、10%的水平上显著。

5.4.3 稳定型与交易型机构投资者网络关系与企业创新

表 5-6 报告了不同稳定性机构投资者网络关系与企业创新的回归结果，其中 PartA 为稳定型机构投资者网络关系对企业创新的影响，PartB 为交易型机构投资者网络关系对企业创新的影响。PartA 中机构网络中心度（*Degree*，*Between*，*Close*，*Eigen*）与创新投入（*Rd*）的回归系数分别为 0.031、0.098、0.019、0.040，除 *Between* 外均至少在 5%的显著性水平上与创新投入（*Rd*）呈正相关关系，而 PartB 中机构网络中心度（*Degree*，*Between*，*Close*，*Eigen*）与创新投入（*Rd*）的回归系数分别为 0.000、0.067、0.006、0.011，系数均有所下降，*Degree*、*Between* 和 *Eigen* 均不显著，*Close* 显著性也有所下降。由此可知，相对于交易型机构投资者网络，稳定型机构投资者网络关系对企业创新投入的影响更大。PartA 中机构网络中心度（*Degree*，*Between*，*Close*，*Eigen*）与创新产出（*Patent*）的回归系数分别为 0.804、5.379、0.239 和 1.818，除中介中心度（*Between*）外，其余三个中心度指标均至少在 10%的显著性水平上与创新产出（*Patent*）呈正相关关系，而 PartB 中机构网络中心度（*Degree*，*Between*，*Close*，*Eigen*）与企业创新产出（*Patent*）的回归系数分别为-0.001、-0.715、-0.142、0.661，并呈负显著相关、不显著的负相关、不显著的负相关以及不显著的正相关关系。因此，相对于交易型机构投资者网络，持股持续期较长的稳定型机构投资者网络关系对企业创新水平的提升作用更为显著。假设 5-2 得到验证。

表 5-6 不同稳定性机构投资者网络关系与企业创新

变量	(1)	(2)	(3)	(4)	(5)	(6)	(7)	(8)
PartA：稳定型机构投资者网络关系与企业创新								
	Rd				*Patent*			
Constant	0.051*** (8.56)	0.047*** (8.13)	0.053*** (9.15)	0.050*** (8.38)	-9.932*** (-33.59)	-10.009*** (-34.31)	-9.950*** (-33.36)	-9.898*** (-33.44)
Degree	0.031*** (3.16)				0.804* (1.72)			
Between		0.098 (0.71)				5.379 (0.79)		
Close			0.019*** (5.17)				0.239* (1.87)	
Eigen				0.040** (2.11)				1.818** (1.96)
Year/Firm	Yes	Yes	Yes	Yes	Yes	Yes	Yes	Yes
N	8106	8106	8106	8106	8106	8106	8106	8106
Ajust R^2	0.247	0.247	0.249	0.247	0.236	0.236	0.236	0.236
PartB：交易型机构投资者网络关系与企业创新								
变量	(1)	(2)	(3)	(4)	(5)	(6)	(7)	(8)
	Rd				*Patent*			
Constant	-0.039* (-1.69)	-0.040* (-1.72)	-0.038* (-1.65)	-0.040* (-1.72)	-5.433*** (-5.77)	-5.350*** (-5.69)	-5.394*** (-5.73)	-5.321*** (-5.66)
Degree	0.000 (1.15)				-0.001** (-2.30)			
Between		0.067 (0.64)				-0.715 (-0.15)		
Close			0.006* (1.91)				-0.142 (-1.15)	
Eigen				0.011 (0.83)				0.661 (1.12)
Year/Firm	Yes	Yes	Yes	Yes	Yes	Yes	Yes	Yes
N	7742	7742	7742	7742	7742	7742	7742	7742
Ajust R^2	0.200	0.200	0.200	0.200	0.294	0.293	0.293	0.293

注：省略控制变量，括号内数据表示 t 值，***、**、*分别表示回归系数在 1%、5%、10%的水平上显著。

5.4.4 专注型与临时型机构投资者网络关系与企业创新

表5-7报告了不同专注型机构投资者网络关系与企业创新的回归结果，其中PartA为持股规模较大、持股质量较高的专注型机构投资者网络关系对企业创新的影响，PartB为持股规模小、持股质量较低的临时型机构投资者网络关系对企业创新的影响。PartA中机构网络中心度（*Degree*，*Between*，*Close*，*Eigen*）与创新投入（*Rd*）的回归系数分别为0.022、0.219、0.020、0.025，除*Between*外均至少在5%的显著性水平上与创新投入（*Rd*）呈正相关关系，而PartB中机构网络中心度（*Degree*，*Between*，*Close*，*Eigen*）与创新投入（*Rd*）的回归系数分别为-0.017、0.085、0.009、0.012，并且均不显著。由此可知，相对于临时型机构投资者网络，专注型机构投资者网络关系对企业创新投入的影响更大。PartA中机构网络中心度（*Degree*，*Between*，*Close*，*Eigen*）与创新产出（*Patent*）的回归系数分别为0.710、14.675、0.517和1.572，四个中心度指标均至少在10%的显著性水平上与创新产出（*Patent*）呈正相关关系，而PartB中机构网络中心度（*Degree*，*Between*，*Close*，*Eigen*）与企业创新产出（*Patent*）的相关关系均不显著。因此，相对于临时型机构投资者网络，持股质量和持股规模较高的专注型机构投资者网络关系对企业创新水平的提升作用更强。假设5-3得到验证。

表5-7 不同持股数量和质量机构投资者网络与企业创新

PartA：专注型机构投资者网络关系与企业创新								
变量	(1)	(2)	(3)	(4)	(5)	(6)	(7)	(8)
	Rd				*Patent*			
Constant	0.062*** (8.76)	0.059*** (8.49)	0.063*** (9.03)	0.061*** (8.53)	-11.024*** (-28.21)	-11.094*** (-28.94)	-11.015*** (-28.22)	-10.995*** (-27.83)
Degree	0.022*** (2.77)				0.710* (1.65)			
Between		0.219 (1.31)				14.675* (1.77)		
Close			0.020*** (4.36)				0.517*** (2.70)	
Eigen				0.025** (2.46)				1.572* (1.65)
Year/Firm	Yes	Yes	Yes	Yes	Yes	Yes	Yes	Yes
N	4316	4316	4316	4316	4316	4316	4316	4316
Ajust R^2	0.140	0.139	0.141	0.139	0.278	0.278	0.279	0.278

续表

变量	(1)	(2)	(3)	(4)	(5)	(6)	(7)	(8)
PartB：临时型机构投资者网络关系与企业创新								
	Rd				*Patent*			
Constant	0.038 (1.06)	0.050*** (3.90)	0.055*** (4.18)	0.052*** (4.01)	-3.844*** (-3.27)	-7.250*** (-15.35)	-7.263*** (-15.00)	-7.180*** (-15.07)
Degree	-0.017 (-1.19)				0.034 (0.05)			
Between		0.085 (0.55)				-3.049 (-0.57)		
Close			0.009 (1.59)				-0.057 (-0.35)	
Eigen				0.012 (0.71)				0.275 (0.56)
Year/Firm	Yes	Yes	Yes	Yes	Yes	Yes	Yes	Yes
N	3740	3740	3740	3740	3740	3740	3740	3740
Ajust R^2	0.167	0.175	0.175	0.175	0.265	0.225	0.225	0.225

注：省略控制变量，括号内数据表示 t 值，***、**、*分别表示回归系数在 1%、5%、10%的水平上显著。

5.5 稳健性检验

5.5.1 稳健性检验：压力抵抗型与压力敏感型机构投资者网络关系与企业创新

表 5-8 是不同独立性机构投资者网络关系与企业创新的稳健性检验，其中 PartA 为压力抵抗型机构投资者网络关系与企业创新，PartB 是压力敏感型机构投资者网络关系与企业创新。PartA 与 PartB 中的列（1）至列（4）均为将被解释变量创新产出（*Patent*）替换为未来一期联合申请专利数量加 1 的自然对数（*Apply*）的稳健性检验，PartA 与 PartB 中的列（5）至列（8）列均为将解释变量机构投资者网络中心度均值（*Degree*，*Between*，*Close*，*Eigen*）替换为机构投资者网络中心度中位数（*Degree_me*，*Between_me*，*Close_me*，*Eigen_me*）的稳健性

检验结果。PartA 中无论替换被解释变量还是解释变量，除 *Between*（*Between_me*）外，其余中心度指标（*Degree/Degree_me*，*Close/Close_me*，*Eigen/Eigen_me*）均与企业创新水平（*Apply/Patent*）呈显著的正相关关系；PartB 中无论替换被解释变量还是解释变量，除 *Between_me* 外，*Degree/Degree_me*、*Between*、*Close/Close_me*、*Eigen/Eigen_me* 均与企业创新水平（*Apply/Patent*）至少在 10%的显著性水平上呈正相关关系，这与假设 5-1 的检验结果一致，压力抵抗型机构投资者网络与压力敏感型机构投资者网络均能显著提升企业创新水平，结果稳健。

表 5-8　稳健性检验：压力抵抗型与压力敏感型机构投资者网络关系与企业创新

PartA：压力抵抗型机构投资者网络关系与企业创新								
变量	(1)	(2)	(3)	(4)	(5)	(6)	(7)	(8)
	被解释变量替换为联合专利申请 *Apply*				解释变量替换为网络中心度中位数 *Patent*			
Constant	-11.270*** (-33.86)	-11.363*** (-34.42)	-11.352*** (-34.35)	-11.198*** (-33.33)	-9.799*** (-33.95)	-9.895*** (-34.58)	-9.891*** (-34.50)	-9.726*** (-33.43)
Degree（_*me*）	0.335** (2.46)				0.359*** (3.34)			
Between（_*me*）		5.519 (0.56)				11.41 (1.48)		
Close（_*me*）			0.280** (2.18)				0.294** (2.81)	
Eigen（_*me*）				2.203*** (2.92)				2.198*** (3.67)
Year/Firm	Yes	Yes	Yes	Yes	Yes	Yes	Yes	Yes
N	9988	9988	9988	9988	9988	9988	9988	9988
Ajust R^2	0.132	0.131	0.132	0.132	0.279	0.279	0.279	0.280
PartB：压力敏感型机构投资者网络关系与企业创新								
变量	(1)	(2)	(3)	(4)	(5)	(6)	(7)	(8)
	被解释变量替换为联合专利申请 *Apply*				解释变量替换为网络中心度中位数 *Patent*			
Constant	-7.482*** (-10.50)	-7.480*** (-10.51)	-7.559*** (-10.60)	-7.481*** (-10.50)	-6.093*** (-9.46)	-6.098*** (-9.48)	-6.111*** (-9.48)	-6.097*** (-9.48)
Degree（_*me*）	0.570** (2.13)				1.092** (2.32)			
Between（_*me*）		3.465* (1.67)				0.144 (1.04)		

续表

PartB：压力敏感型机构投资者网络关系与企业创新								
变量	(1)	(2)	(3)	(4)	(5)	(6)	(7)	(8)
	被解释变量替换为联合专利申请 *Apply*				解释变量替换为网络中心度中位数 *Patent*			
Close（_*me*）			0.208** (2.41)				0.038** (2.50)	
Eigen（_*me*）				0.419** (2.34)				0.049*** (3.05)
Year/Firm	Yes	Yes	Yes	Yes	Yes	Yes	Yes	Yes
N	10052	10052	10052	10052	10052	10052	10052	10052
Ajust R^2	0.147	0.147	0.148	0.147	0.214	0.214	0.214	0.214

注：省略控制变量，括号内数据表示 t 值，***、**、*分别表示回归系数在 1%、5%、10%的水平上显著。

5.5.2 稳健性检验：稳定型与交易型机构投资者网络关系与企业创新

表 5-9 是不同稳定型机构投资者网络关系与企业创新的稳健性检验，其中 PartA 为稳定型机构投资者网络关系与企业创新的回归结果，PartB 是交易型机构投资者网络关系与企业创新的回归结果。PartA 与 PartB 中的列（1）至列（4）均为将被解释变量创新产出（*Patent*）替换为未来一期联合申请专利数量加 1 的自然对数（*Apply*）的稳健性检验，PartA 与 PartB 中的列（5）至列（8）均为将解释变量机构投资者网络中心度均值（*Degree*，*Between*，*Close*，*Eigen*）替换为机构投资者网络中心度中位数（*Degree*_*me*，*Between*_*me*，*Close*_*me*，*Eigen*_*me*）的稳健性检验结果。PartA 中替换被解释变量后，除中介中心度（*Between*）外，其余三个中心度指标（*Degree*，*Close*，*Eigen*）均与企业创新（*Apply*）呈显著的正相关关系，PartA 中替换解释变量后，四个中心度指标中位数（*Degree*_*me*，*Between*_*me*，*Close*_*me*，*Eigen*_*me*）均与企业创新（*Patent*）呈显著的正相关关系；PartB 中无论是替换被解释变量还是替换解释变量，中心度指标（*Degree*/*Degree*_*me*，*Between*/*Between*_*me*，*Close*/*Close*_*me*，*Eigen*/*Eigen*_*me*）均与企业创新（*Apply*/*Patent*）呈不显著的正相关关系和显著的或者不显著的负相关关系，这与假设 5-2 的检验结果一致，相较于交易型机构投资者网络，稳定型机构投资者网络关系对企业创新水平的提升作用更强，检验结果稳健。

表 5-9 稳健性检验：稳定型与交易型机构投资者网络关系与企业创新

PartA：稳定型机构投资者网络关系与企业创新

变量	(1)	(2)	(3)	(4)	(5)	(6)	(7)	(8)
	被解释变量替换为联合专利申请 *Apply*				解释变量替换为网络中心度中位数 *Patent*			
Constant	-11.033*** (-33.26)	-11.089*** (-33.85)	-11.020*** (-32.86)	-10.999*** (-33.09)	-9.963*** (-33.76)	-10.012*** (-34.34)	-9.956*** (-33.40)	-9.945*** (-33.64)
Degree (_*me*)	0.601** (2.13)				0.467** (2.23)			
Between (_*me*)		4.600 (0.62)				3.608* (1.66)		
Close (_*me*)			0.266* (1.66)				0.213* (1.72)	
Eigen (_*me*)				1.489** (2.45)				0.996** (2.32)
Year/Firm	Yes	Yes	Yes	Yes	Yes	Yes	Yes	Yes
N	8106	8106	8106	8106	8106	8106	8106	8106
Ajust R^2	0.170	0.170	0.170	0.170	0.236	0.236	0.236	0.236

PartB：交易型机构投资者网络关系与企业创新

变量	(1)	(2)	(3)	(4)	(5)	(6)	(7)	(8)
	被解释变量替换为联合专利申请 *Apply*				解释变量替换为网络中心度中位数 *Patent*			
Constant	-6.201*** (-5.55)	-6.074*** (-5.45)	-6.182*** (-5.55)	-6.057*** (-5.44)	-5.397*** (-5.73)	-5.353*** (-5.69)	-5.394*** (-5.73)	-5.327*** (-5.67)
Degree (_*me*)	-0.002*** (-2.83)				-0.001* (-1.83)			
Between (_*me*)		-0.687 (-0.12)				-1.188 (-0.30)		
Close (_*me*)			-0.339** (-2.16)				-0.139 (-1.17)	
Eigen (_*me*)				0.354 (0.51)				0.383 (0.80)
Year/Firm	Yes	Yes	Yes	Yes	Yes	Yes	Yes	Yes
N	7742	7742	7742	7742	7742	7742	7742	7742
Ajust R^2	0.207	0.206	0.206	0.206	0.293	0.293	0.293	0.293

注：省略控制变量，括号内数据表示 t 值，***、**、*分别表示回归系数在 1%、5%、10%的水平上显著。

5.5.3 稳健性检验：专注型与临时型机构投资者网络关系与企业创新

表 5-10 是不同专注型机构投资者网络关系与企业创新的稳健性检验，其中 PartA 为专注型机构投资者网络关系与企业创新的回归结果，PartB 是临时型机构投资者网络关系与企业创新的回归结果。PartA 与 PartB 中的列（1）至列（4）均为将被解释变量创新产出（*Patent*）替换为未来一期联合申请专利数量加 1 的自然对数（*Apply*）的稳健性检验，PartA 与 PartB 中的列（5）至列（8）均为将解释变量机构投资者网络中心度均值（*Degree*，*Between*，*Close*，*Eigen*）替换为机构投资者网络中心度中位数（*Degree_me*，*Between_me*，*Close_me*，*Eigen_me*）的稳健性检验结果。PartA 中无论是替换被解释变量还是替换解释变量，中心度指标（*Degree/Degree_me*，*Between/Between_me*，*Close/Close_me*，*Eigen/Eigen_me*）均与企业创新（*Apply/Patent*）至少在 10%显著性水平上呈正相关关系；PartB 中无论是替换被解释变量还是替换解释变量，中心度指标（*Degree/Degree_me*，*Between/Between_me*，*Close/Close_me*，*Eigen/Eigen_me*）均与企业创新产出（*Apply/Patent*）呈不显著的正相关关系和显著的或者不显著的负相关关系，这与假设 5-3 的检验结果一致，相对于临时型机构投资者网络，持股质量和持股规模更高的专注型机构投资者网络关系对企业创新水平的提升作用更强。

表 5-10 稳健性检验：专注型与临时型机构投资者网络关系与企业创新

PartA：专注型机构投资者网络关系与企业创新								
变量	(1)	(2)	(3)	(4)	(5)	(6)	(7)	(8)
	被解释变量替换为联合专利申请 *Apply*				解释变量替换为网络中心度中位数 *Patent*			
Constant	-12.019** (-27.30)	-12.081** (-27.85)	-11.989** (-27.18)	-12.017** (-27.09)	-11.028** (-28.33)	-11.100** (-28.96)	-11.006** (-28.22)	-11.002** (-28.01)
Degree（*_me*）	0.508** (2.00)				0.601* (1.78)			
Between（*_me*）		6.396*** (2.68)				10.664* (1.72)		
*Close_*（*me*）			0.476** (2.07)				0.530*** (2.89)	
Eigen（*_me*）				0.920*** (2.80)				1.290*** (2.64)
Year/Firm	Yes	Yes	Yes	Yes	Yes	Yes	Yes	Yes
N	4316	4316	4316	4316	4316	4316	4316	4316
Ajust R^2	0.110	0.110	0.110	0.110	0.178	0.178	0.179	0.178

续表

PartB：临时型机构网络关系与企业创新								
变量	(1)	(2)	(3)	(4)	(5)	(6)	(7)	(8)
	被解释变量替换为联合专利申请 *Apply*				解释变量替换为网络中心度中位数 *Patent*			
Constant	-7.911*** (-4.86)	-7.936*** (-4.88)	-8.035*** (-4.91)	-7.948*** (-4.89)	-3.861*** (-3.30)	-3.858*** (-3.30)	-4.051*** (-3.45)	-3.870*** (-3.32)
Degree (_*me*)	0.574 (0.72)				-0.120 (-0.25)			
Between (_*me*)		4.000 (0.82)				-1.075 (-0.31)		
Close (_*me*)			-0.068 (-0.34)				-0.270* (-1.70)	
Eigen (_*me*)				0.485 (0.98)				-0.350 (-1.09)
Year/Firm	Yes	Yes	Yes	Yes	Yes	Yes	Yes	Yes
N	3740	3740	3740	3740	3740	3740	3740	3740
Ajust R^2	0.273	0.273	0.273	0.273	0.265	0.265	0.266	0.266

注：省略控制变量，括号内数据表示 t 值，***、**、*分别表示回归系数在 1%、5%、10%的水平上显著。

5.6 本章小结

本章基于我国沪深两市 A 股 2007~2019 年上市公司面板数据样本，分别从创新投入以及创新产出角度对企业异质机构投资者网络关系与企业创新水平的相关关系进行了实证检验。本章根据机构投资者独立性按照是否与企业存在商业关系重构了压力抵抗型机构投资者网络关系与压力敏感型机构投资者网络关系；根据机构投资者稳定性按照持股持续性重构了稳定型机构投资者网络关系与交易型机构投资者网络关系；根据机构投资者专注型按照持股质量以及持股规模重构了专注型机构投资者网络关系与临时型机构投资者网络关系，在此基础上进一步研究了异质机构投资者网络关系对企业创新的影响。研究结论如下：

第一，压力抵抗型机构投资者网络关系与压力敏感型机构投资者网络关系均能提升企业创新水平。压力抵抗型机构投资者与被投资企业只存在投资关系，他们更关注企业的投资回报，并且不需要考虑维系双方商业上的联系，因此能够坚持自己的投资理念，也更有动力监督企业管理，企业在投资者的压力下会加大研发投入增强自身竞争力，以获取长期收益并吸引更多投资，压力抵抗型机构投资者网络关系主要通过强化网络治理效应提升企业创新水平；压力敏感型机构投资者为了维系与被投资者的商业联系，通常采取比较中庸的治理态度，妥协于被投资企业管理层的相关决策，缺乏制衡动力，但因为能够强化网络内的资源整合与信息传递，缓解融资约束和提高信息透明度，从而能够强化网络的资源与信息效应提升企业创新水平。

第二，相较交易型机构投资者网络关系，稳定型机构投资者网络关系对企业创新水平的影响更显著。稳定型机构投资者网络由于网络中个体都是持股稳定和持股周期较长的机构投资者，相对于交易型机构投资者网络具有更多资源优势并有动机收集网络内外相关稀缺资源倾注于被投资企业，相对于交易型机构投资者网络他们具备更为强大的信息优势以及信息搜索与收集动力并促进信息在网络内部进行快速流通与传递，进而能够有效提升企业信息透明度，发挥网络的信息效应；稳定型机构投资者网络更加关注企业的长期价值与持续增长，期望分享企业的成长红利，稳定型机构投资者网络更倾向于对企业实施长期监督。相对于交易型机构投资者网络，稳定型机构投资者网络关系有利于改善企业资本市场声誉，帮助上市公司做出更有远见的投资决策，推动企业的高质量创新。

第三，相较临时型机构投资者网络关系，专注型机构投资者网络关系对企业创新水平的影响更显著。专注型机构投资者网络个体由于持股质量高且持股规模较大，其网络构建具备较大的信息获取优势并能积极为上市公司建言献策，专注型机构投资者网络个体的资源和信息优势能够赋予并强化其治理动机和能力，会利用其较强的治理能力和公司治理话语权有效抑制管理层因寻租所引发的第一类代理问题，提高管理层做出具备更大资本增值的长远决策。由于较高话语权，专注型机构投资者网络通常会借助决策一致性通过影响企业战略支持更具有长期价值的创新活动。

6 机构投资者网络关系与企业创新：作用机制

6.1 问题提出

在我国资源和人口红利逐渐下降的新形势下，实现市场经济发展从一般意义的“要素驱动”“投资驱动”向内驱力更强的“创新驱动”的快速跨越是国民经济得以持续健康增长的重中之重。创新始于技术，成于资本。技术创新作为企业的重要发展战略，其实施过程需要投入大量稀缺资源，创新的成功与否取决于企业是否能够及时获取与创新相关的资本和信息（创新资源）以及对这些资源的合理运用。首先，机构投资者在机构投资者网络越处于中心位置，其获取网络中资金、经验、知识和信息等社会资本的能力越强，机构投资者网络关系可以正向影响企业获取社会资源的能力，网络成员的异质性以及网络内资源的多样性会对镶嵌企业的创新水平与创新能力产生重要影响，本章称之为机构投资者网络关系的资源效应。其次，机构投资者网络通过促进信息在资本市场中的传递与流通会带来一定的信息优势（李维安等，2017），比如降低信息不对称（郭白滢、李瑾，2019）、传播创新模式（Haunschild and Beckman，1998）。网络联结数量的增长通过丰富企业获取的技术信息使企业在解决复杂问题时拥有更多的应对策略，提高企业实现更高创新新颖性的潜能（Becker and Dietz，2004），本章称之为机构投资者网络关系的信息效应。最后，机构投资者通过共同持股联结而成的机构投资者网络更容易形成一种紧密的相互影响关系，作为一种非正式公司治理机制，通过一致决策、信息传递、合作监督，获得单个机构个体难以具备的治理影响力，进而对管理层的机会主义以及大股东的掏空行为形成强有力的监督与制约，从而抑制管理层的过度投资、在职消费以及大股东的隧道行为，参与并提升公司治理，减少代理冲突，提升公司未来价值和企业投资效率，本章称之为机构投资者网络关系的治理效应。总体来说，机构投资者网络关系是“富有的”“聪明的”“积极的”，通过资源、信息和治理优势的充分发挥能够有效提升企业创新水平。

本章借助温忠麟（2005）的中介效应分析方法，从机构投资者网络关系蕴藏的资源效应、信息效应和治理效应角度出发，探讨机构投资者网络关系影响企业创新的内部传导机制，并进一步识别三条作用路径的主次顺序。本章基于三条作用路径也进一步检验了机构投资者网络资源效应、信息效应以及治理效应的具体作用机制，纵深检验可以使机构投资者网络关系对企业创新影响的作用机制更加清晰和完整，为政府和企业正确引导机构投资者发挥良好促进作用提供一定的理论借鉴与实证依据。

6.2 理论分析与研究假设

6.2.1 机构投资者网络关系与企业创新：资源效应

技术创新作为风险最高的企业内部活动的一种，其实施以及开展过程需要投入企业大量资源。社会资本理论指出，社会网络关系可以促使网络内个体的稀缺资源得到快速整合与归集，任何网络关系中的个体成员都能够通过网络开发和使用这些稀缺社会资源，从而提升企业绩效水平（Lin，1999）。社会网络间企业的资源传递和交换会促使企业产品表现出更多差异化，从而促使企业多元化并有效地降低运营成本。社会网络越紧密，资源越能有效地在网络中进行交换。董事会个体的网络联结可以促使网络内成员充分利用镶嵌于网络中的各种社会资本获取对公司发展以及相关决策有利的各种关键资源，比如银企间的董事网络以及业缘或校缘网络显著降低了企业贷款成本（Engelberg et al.，2013），董事网络越丰富，嵌入其中的企业商业信用和债务融资的规模越大（许楠、曹春方，2016），并能够显著降低债券利差（Chuluun et al.，2014），促进企业间并购（Stuart and Yim，2010），提升企业投资绩效（谢德仁、陈运森，2012），并且提高民营企业创新水平（王营、张光利，2018）；对那些志趣相投或者同一行业的校友关系构建的社会网络，有助于实现“资本”和“智本”等资源的合理搭配（Lerner and Malmendier，2003）；PE 管理人和高管的校友关系通过缓解被投资企业的融资约束而促进被投资企业的创新投入（王会娟等，2020）。综合国内外有关社会网络分析应用的研究可知，随着个体的社会网络位置趋于中心，其对社会网络资源的获取能力也会趋于增强，网络中心地位较高的企业将有更多的优势及机会获得社会资源，能够有效提高企业创新绩效（钱锡红等，2010）。

从资源依赖理论来看，企业的创新活动受其所能获得的资源约束影响巨大，企业创新具有较大的风险和成本，需要有效率的外部资源支持（许强等，2019）。作为知情交易者的机构个体，本身具有雄厚的资金实力和专业的人力资本，通过共同持股形成网络联结后，可以通过彼此间资源交换提升资源优势，强化其对企业投资行为的监督进而抑制企业非效率投资（Crane et al.，2019）。机构投资者网络资源的多样性以及成员的异质性会对嵌入企业的创新行为产生重要影响。机构投资者的网络中心度能够反映个体在网络中的信息控制程度及其对其他机构投资者决策影响力且可诱发网络中机构投资者的“伪羊群行为”，其他机构投资者在选择投资对象和投资方式时会倾向于与中心度较高的机构趋同。并且伴随相关信息在机构网络中的传递与扩散，必然向资本市场释放企业经营良好的有利信号（企业的机构投资者网络中心度越高，作为理性交易人的机构投资者越多，企业经营越好）。由此而来，企业的机构投资者网络中心度越高，越能吸引更多投资者以及潜在客户的关注，进而带给企业更多稀缺资源的注入，从而有效缓解企业融资约束，提升企业创新水平。

基于以上分析，本章探究“机构投资者网络关系—缓解融资约束—提升企业创新”路径以检验机构投资者网络关系通过发挥资源效应提升企业创新水平的作用机制，并提出如下研究假设：

H6-1a：在其他条件不变的情况下，机构投资者网络关系能够缓解企业融资约束；

H6-1b：在其他条件不变的情况下，机构投资者网络关系可以通过缓解企业融资约束而提升企业创新水平。

6.2.2 机构投资者网络关系与企业创新：信息效应

企业技术创新因存在严重信息不对称极易诱发代理问题进而导致创新效率较低，社会网络通过促进信息在网络内部与资本市场中的流通与传递将帮助企业实现关键信息优势（李维安等，2017）、减少信息不对称（郭白滢、李瑾，2019）、实现更多经济利益交换（Nicholson et al.，2004）以及传播创新模式（Haunschild and Beckman，1998）。信息效应在各类网络中得到广泛检验与确认。例如，董事联结构成的网络经常被视为组织间管理制度、企业发展战略等“软信息”的有效沟通形式，由连锁董事构成社会网络的公司也往往具有相似的投融资决策和并购行为（陈仕华、卢昌崇，2013），也可能形成有价值增值的创业创新知识传递的重要机制（谢德仁、陈运森，2012），企业可以通过联结董事网络学习先进的公司治理经验、有效的技术创新手段和高效的薪酬管理结构；作为一种极富有增值价值的隐性资产，董事网络不仅能够帮助公司识别和获取企业关键信息，而且还具备跨越个体限制壁垒获取技术创新数据的能力，进而有效提升企业创新水平（Larcker et al.，2013）。除董事网络外，相关学者也从CEO网络角度印证了信息效应：社会关系越丰富的CEO网络，对新知识和信息的识别与评估能力越强，继而能够提升其所任职公司的研发投入和研发产出（张敏等，2015）。由此可知，社会网络是各种企业信息传播的重要途径，其位置对信息传播效果具有决定性作用（Han and Yang，2016），也可对公司财务行为产生重要影响。

相对于董事网络和CEO网络等社会网络关系，由知情交易者构成的机构投资者网络是极具价值的私有信息共享和传递的有效渠道，机构个体会将这些有用的私有信息传递给网络内其他个体，其他机构个体也倾向于提供丰富有价值的信息作为回报。机构投资者个体在进行投资决策时通常都会努力通过网络的联结关系来获取私有信息。基金经理倾向于与重仓持有相同股票的其他基金经理建立网络联结并进行积极的沟通交流，相关决策更容易受到同一城市其他基金经理的影响（Hall and Harhoff，2004）。网络中传递的私有信息对于机构投资者的投资决策起着至关重要的作用（Cohen et al.，2008）。第一，机构投资者网络中广泛传递与流通的私有信息强化了信息全面性，网络中的信息传递能够全面填补信息缺失并有效拓宽信息渠道。第二，机构个体间私有信息的传递和流通能够提高网络中信息的准确性。机构网络个体之间可以通过相互社会学习纠正自身认知偏差，弥补自身认知缺陷，还可以通过直接或间接的信息沟通和交流对于已获取信息的准确性进行检验。第三，机构投资者个体间私有信息的快速传播提高了信息及时性。私有信息的传递与共享将促使机构投资者网络内个体所掌握信息的相关性和相似性得以提升，进而提高个体交易决策的一致性，并引致理性"伪羊群效应"的产生和传播，促使相关信息快速传递至网络外部乃至整个资本市场。因此，机构投资者网络关系提高了网络以及网络个体所处市场信息的全面性、准确性和及时性，降低了信息不对称（郭白滢、李瑾，2019），可以通过提高公司信息透明度发挥正向增加研发投资的信息治理效应（刘柏和徐小欢，2020），进而显著提升企业创新水平。

基于以上分析，本章探究"机构投资者网络关系—提高信息透明度—提升企业创新"路径以检验机构投资者网络关系通过提高信息透明度提升企业创新的作用机制，并提出如下研究假设：

H6-2a：在其他条件不变的情况下，机构投资者网络关系提高了信息透明度；

H6-2b：在其他条件不变的情况下，机构投资者网络关系通过提高企业信息透明度而提升企业创新水平。

6.2.3 机构投资者网络关系与企业创新：治理效应

随着资本市场的快速发展以及金融脱媒化的不断推进，机构投资者参与公司治理的呼声日渐高涨。然而，相较于企业董事会和市场监管机构，机构投资者短期利己主义备受诟病，究竟是病因抑或是解药也成为亟待检验的重要命题。而我国作为新兴的世界上最大的资本市场，其中小投资者法律保护水平仍然较低，上市公司信息透明度也有待进一步提升、市场监管水平离发达国家还有较大差距（Zou et al.，2008），这些现状导致上市公司信息收集成本较高，其信息披露质量较低。尚需完善的信息披露制度导致机构不愿意花费过多的精力和成本去收集公司信息进行加工和处理进而导致机构投资者并未具备明显的信息优势（侯宇、叶冬艳，2008），加之我国上市公司较高集中程度的股权结构和相对较低的单个机构个体持股份额，致使机构个体往往更易于成为被动的短线买卖的投机者（Jiang and Kim，2015），也很难通过"发声"的治理模式发挥有效的公司治理作用，也并未有较大动机和能力直接参与公司的经营管理（Jiang and Kim，2015；Firth et al.，2016；Lin and Fu，2017）。而社会网络理论与经济学交叉研究的相关文献表明，高度聚集的网络团体可以有效促进企业的经营合作（Marcoux and Lusseau，2013）。Crane 等（2019）构建了美国资本市场上的机构共同持股的网络联结，并进一步识别其机构网络中的网络团体后发现，机构网络团体成员之间存在大量合作，可以通过网络联结抱团提高其整体"发声"的治理效应，有效监督管理层和大股东的自利行为和隧道挖掘行为。

机构投资者通过共同持股形成网络联结后，整体决策一致性能够进一步强化其对企业投资行为的监督（Crane et al.，2019）。企业的机构投资者网络中心度越高，越能吸引更多投资者以及潜在客户的广泛关注，一是网络信息共享能够强化加深机构个体对公司现状的了解，提高其监督公司管理层和控股股东的积极性并形成有效的外部监督；二是网络关系还是机构个体实施一致行动和做出一致决策的纽带，会强化机构交易行为或投票行为的一致性（肖欣荣等，2012），网络内多家机构个体更容易达成一致联名提交股东议案，影响公司管理和决策（王珏、祝继高，2015）。一致行动和一致决策会强化机构个体参与公司治理的话语权和有效性，抑制管理层和大股东的机会主义隧道行为。

基于以上分析，本章探究"机构投资者网络关系—提高公司治理水平—提升企业创新"路径以检验机构投资者网络关系通过提高公司治理水平提升企业创新的作用机制，并提出如下研究假设：

H6-3a：在其他条件不变的情况下，机构投资者网络关系提高了公司治理水平；

H6-3b：在其他条件不变的情况下，机构投资者网络关系通过提高公司治理水平而提升企业创新水平。

本章借助温忠麟（2005）的中介效应分析方法，从机构投资者网络关系蕴藏的资源效应、信息效应和治理效应角度出发，探讨机构投资者网络关系影响企业创新的内部传导机制，研究理论逻辑如图 6-1 所示。

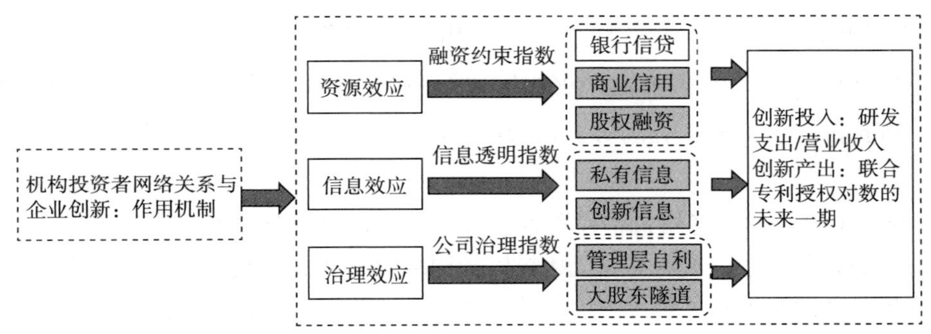

图 6-1 “机构投资者网络→缓解融资约束/提高信息透明度/强化公司治理→企业创新”理论逻辑

6.3 研究设计

6.3.1 研究样本与数据来源

中国证监会于 2007 年对上市公司创新支出和专利披露做出规范，大多数上市企业从 2007 年开始披露其创新支出和产出的情况，因此本章研究的样本区间为 2007~2019 年，并对样本进行如下处理：①剔除金融保险类公司样本；②剔除被 ST 类公司的参股样本；③剔除有关财务或治理数据缺失的样本；④为消除极端数据对结果的影响，对所有连续变量进行了 1%和 99%水平上的缩尾处理。机构投资者包括基金、社保基金、QFII、券商、信托、保险、银行、非金融上市公司、财务公司和其他机构投资者。机构投资者持有上市公司股权的明细数据来源于 Wind 数据库中机构投资者重仓持股明细子数据库，并使用网络分析软件 Pajek 计算相关网络中心度指标。本章所采用的基本面数据均来自经过审计的上市公司年报合并报表。企业创新数据来自 CSMAR 和 CNRDS 数据库的多库合并，上市公司财务与公司治理数据来源于 CSMAR 数据库。本章使用 STATA16. 0 进行统计分析。样本行业和年度分布详见第 4 章表 4-1。

6. 3. 2　模型设计

借鉴温忠麟等（2005）的中介效应检验方法，本书构建式（6-1）和式（6-2）检验机构投资者网络关系影响企业创新的中介效应：

$$Kz/Gov/Info = \alpha_0 + \alpha_1 Degree/Between/Close/Eigen + \sum Controls + \varepsilon \quad (6-1)$$

$$Patent = \beta_0 + \beta_1 Kz/Info/Gov + \beta_2 Degree/Between/Close/Eigen + \sum Controls + \varepsilon \quad (6-2)$$

式（6-1）用于考察机构投资者网络关系与企业融资约束、信息透明度、公司治理的相关关系，重点关注机构投资者网络中心度的系数 α_1。式（6-2）反映机构投资者网络关系及融资约束、信息透明度、公司治理对企业创新产出的相关关系，需要关注系数 β_1 和 β_2。其中，*Kz* 为融资约束，*Info* 为信息透明度，*Gov* 为公司治理，机构投资者网络中心度指标包括程度中心度、中介中心度、接近中心度、特征向量中心度（*Degree*，*Between*，*Close*，*Eigen*）用于衡量机构投资者网络关系，*Patent* 为企业创新产出，控制变量与前文一致。参考中介效应检验程序，根据第 4 章式（4-1）、本章式（6-1）以及式（6-2）检验融资约束、信息透明度以及公司治理在机构投资者网络关系与企业创新之间的中介效应是否存在。前文已述，机构投资者网络关系显著促进了企业技术创新，欲判定中介效应是否存在，继续依据式（6-1）验证机构投资者网络关系对企业融资约束、信息透明度、公司治理的影响系数 α_1 以及式（6-2）中机构投资者网络关系和企业融资约束、信息透明度、公司治理对企业技术创新的回归系数 β_1 和 β_2。若系数 α_1 以及 β_1 和 β_2 显著，则中介效应成立。若系数 α_1 以及 β_1 和 β_2 中至少有一个不显著，则需要进行 Sobel 检验以确定中介效应是否成立，本章所有模型均采用控制年度和个体的固定效应回归。

6. 3. 3　变量定义

6. 3. 3. 1　企业创新

借鉴余明桂等（2016）、孔东民等（2017）、曹春方和张超（2020）的研究，本章选取公司未来一期联合授权专利数量+1 的自然对数作为企业创新产出（*Pa-*

tent）的代理变量，稳健性检验时，选取企业研发投入占营业收入的比重作为创新投入（*Rd*）的代理变量衡量创新水平。

6.3.3.2 融资约束（*Kz*）

理论上，许多公司财务指标均可以反映企业的融资约束程度。Kaplan 和 Zingales（1997）首次以经营性净现金流、现金持有量、派现水平、负债程度以及成长性五个因素作为表征融资约束的代理变量，通过实证回归构建了综合指数（*Kz*），进而成为衡量企业融资约束的经典表征。

借鉴 Kaplan 和 Zingales（1997）的研究，本章以中国上市公司为样本构建 *Kz* 指数，用于衡量融资约束程度，借鉴魏志华等（2014）的方法：①对全样本各个年度都按经营净现金流量/期初总资产（$Cf/Size_{t-1}$）、现金股利总额/期初总资产（$Div/Size_{t-1}$）、现金持有量/期初总资产（$Cash/Size_{t-1}$）、资产负债率（*Lev*）、托宾 Q（*Tq*）进行分类。如若 $Cf/Size_{t-1}$ 低于其中位数，设 $Kz_1=1$，否则 $Kz_1=0$；如若 $Div/Size_{t-1}$ 低于其中位数，设 $Kz_2=1$，否则 $Kz_2=0$；如若 $Cash/Size_{t-1}$ 低于其中位数，设 $Kz_3=1$，否则 $Kz_3=0$；如若 *Lev* 高于其中位数，设 $Kz_4=1$，否则 $Kz_4=0$；如若 *Tq* 高于其中位数，令 $Kz_5=1$，否则 $Kz_5=0$。②计算 *Kz* 指数，令 $Kz=Kz_1+Kz_2+Kz_3+Kz_4+Kz_5$。③运用逻辑排序回归，将 *Kz* 指数作为因变量对 $Cf/Size_{t-1}$、$Div/Size_{t-1}$、$Cash/Size_{t-1}$、*Lev*、*Tq* 进行回归，估计各变量回归系数。④运用上述模型的回归结果，可以计算出每一家企业的融资约束程度（*Kz*）指数，*Kz* 指数越大，代表上市公司面临的融资约束程度越高。

6.3.3.3 信息透明度（*Info*）

借鉴辛清泉等（2014）的研究，本章使用信息透明度综合指标（*Info*）衡量企业的信息质量。将盈余管理（转换为正指标）、分析师跟踪数量、分析师预测精准度（转换为正指标）、审计师是否来自这四个指标进行百分位数标准化，而后计算平均值。该指标越大，代表公司信息透明度越高。

6.3.3.4 公司治理水平（*Gov*）

借鉴方红星和金玉娜（2013）的研究，本章根据监督机制、激励机制两个层面进行内部治理机制指标的构建。选取第一大股东持股比例、第二大至第五大股东持股比例、董事长与总经理是否两职合一、监事会会议次数衡量企业的监督机制；选取高管持股比例、董事持股比例、领取薪酬的董事比例、领取薪酬的监事比例、监事持股比例、高管前三名薪酬衡量企业的激励机制，分别使用主成分分析对上述监督以及激励两个层面的指标进行处理，分别选取第一大主成分并计算两个层面的平均值，此平均值可以作为公司内部治理机制（*Gov*）的衡量指标。该指标越大，表示公司治理水平越高。

6.3.3.5 机构投资者网络关系和控制变量

机构投资者网络关系和控制变量定义如第 4 章所示，本章主要变量设计如表 6-1 所示。

表 6-1 变量定义及说明：作用机制

变量类型	变量符号	变量名称	变量定义
被解释变量（创新水平）	*Rd*	创新投入	研发投入/营业收入
	Patent	创新产出	未来一期联合授权专利+1 的自然对数
解释变量（网络中心度）	*Degree*	机构网络程度中心度	重仓持股 i 公司机构网络程度中心度
	Between	机构网络中介中心度	重仓持股 i 公司机构网络中介中心度
	Close	机构网络接近中心度	重仓持股 i 公司机构网络接近中心度
	Eigen	机构网络特征向量中心度	重仓持股 i 公司机构网络特征向量中心度
中介变量	*Kz*	融资约束	具体定义如上文所示
	Info	信息透明度	具体定义如上文所示
	Gov	公司治理水平	具体定义如上文所示
控制变量	*Size*	资产规模	年末资产总额的对数
	Lev	负债比率	负债总额/年末资产总额
	Grow	企业成长性	营业收入增长率
	Roa	总资产利润率	净利润/总资产
	Cash	现金持有水平	年末现金及等价物余额/年末总资产
	Age	公司年龄	公司成立年数的自然对数
	PPe	资本支出	经资产调整后的资本性支出
	*Shr*1	第一大股东持股	第一大股东持股/股本
	Mshare	管理层持股比例	管理层持股量/流通股数量
	Insratio	机构投资者持股比例	机构持股数量/流通股数量
	Year	年份虚拟变量	控制不同年份经济因素的影响
	Firm	公司个体固定效应	控制不同公司个体的影响

6.4 实证结果及分析

6.4.1 机构投资者网络关系与企业创新：资源效应的回归分析

表6-2列示了融资约束对机构投资者网络关系与企业技术创新的传导效应分析结果。列（1）至列（4）是机构投资者网络关系如何影响企业融资约束，列（5）至列（8）是机构投资者网络关系、融资约束对企业创新的共同作用结果。从列（1）至列（4）的回归结果可以看出，机构投资者网络关系（*Degree*，*Between*，*Close*，*Eigen*）与企业融资约束（*Kz* 为正指标，越大代表企业融资约束越严重）在1%的显著性水平上呈负相关关系，机构投资者网络关系显著缓解了企业融资约束，假设6-1a得到验证；列（5）至列（8）的回归结果可以得到，融资约束（*Kz*）与企业创新产出（*Patent*）在1%的显著性水平上呈负相关关系，融资约束程度越小，企业创新水平越高，机构投资者网络中心度（*Degree*，*Close*，*Eigen*）与企业创新产出（*Patent*）至少在5%的显著性水平上呈正相关关系。综合表6-2的回归结果可以得到，机构投资者网络关系通过缓解企业融资约束提升了企业创新水平，即融资约束是机构投资者网络关系提升企业创新的部分中介，假设6-1b得到验证。

表6-2 机构投资者网络关系、融资约束与企业创新

变量	(1)	(2)	(3)	(4)	(5)	(6)	(7)	(8)
	Kz				*Patent*			
Constant	-20.330*** (-56.61)	-19.811*** (-55.76)	-20.165*** (-56.17)	-20.371*** (-56.00)	-9.023*** (-42.69)	-9.116*** (-43.67)	-9.072*** (-42.82)	-8.998*** (-42.50)
Kz					-0.018*** (-4.74)	-0.020*** (-5.06)	-0.019*** (-4.94)	-0.018*** (-4.71)
Degree	-10.058*** (-12.26)				1.340*** (3.25)			
Between		-61.853*** (-4.66)				9.201 (1.17)		
Close			-1.815*** (-13.01)				0.195** (2.40)	

续表

变量	(1)	(2)	(3)	(4)	(5)	(6)	(7)	(8)
	Kz				*Patent*			
Eigen				-16.372*** (-9.89)				2.637*** (3.46)
Size	0.809*** (44.90)	0.784*** (44.03)	0.817*** (44.74)	0.812*** (44.40)	0.405*** (40.06)	0.410*** (40.95)	0.406*** (39.37)	0.404*** (39.82)
Lev	-2.624*** (-26.43)	-2.605*** (-26.06)	-2.639*** (-26.43)	-2.634*** (-26.63)	-0.272*** (-5.10)	-0.277*** (-5.21)	-0.273*** (-5.12)	-0.269*** (-5.05)
Grow	-0.084* (-1.85)	-0.094** (-2.05)	-0.086* (-1.88)	-0.092** (-2.02)	-0.046** (-2.37)	-0.045** (-2.31)	-0.046** (-2.35)	-0.045** (-2.32)
Roa	-4.576*** (-10.17)	-5.021*** (-11.18)	-4.723*** (-10.46)	-4.642*** (-10.27)	0.526*** (2.94)	0.578*** (3.23)	0.550*** (3.07)	0.524*** (2.92)
Cash	1.955*** (10.80)	1.946*** (10.70)	1.998*** (11.03)	1.954*** (10.80)	0.101 (1.56)	0.105 (1.61)	0.098 (1.51)	0.101 (1.55)
Age	-0.300*** (-14.31)	-0.300*** (-14.21)	-0.287*** (-13.67)	-0.298*** (-14.23)	0.026** (2.53)	0.025** (2.49)	0.024** (2.37)	0.026** (2.50)
PPe	1.385*** (4.83)	1.336*** (4.63)	1.446*** (5.04)	1.357*** (4.73)	-0.004 (-0.03)	0.004 (0.03)	-0.008 (-0.05)	-0.001 (-0.01)
*Shr*1	-0.279*** (-2.93)	-0.313*** (-3.27)	-0.302*** (-3.17)	-0.292*** (-3.06)	0.015 (0.27)	0.019 (0.34)	0.018 (0.33)	0.015 (0.28)
Mshare	1.055*** (12.82)	0.995*** (12.08)	1.006*** (12.26)	1.031*** (12.51)	0.021 (0.47)	0.030 (0.67)	0.029 (0.64)	0.023 (0.51)
Insratio	-4.412*** (-19.13)	-5.632*** (-25.74)	-5.038*** (-22.68)	-4.761*** (-20.46)	0.293** (2.48)	0.446*** (4.14)	0.391*** (3.49)	0.312*** (2.73)
Year/Firmm	Yes	Yes	Yes	Yes	Yes	Yes	Yes	Yes
N	20826	20826	20826	20826	20826	20826	20826	20826
Ajust R^2	0.299	0.293	0.296	0.298	0.363	0.363	0.363	0.363

注：省略控制变量，括号内数据表示 t 值，***、**、* 分别表示回归系数在 1%、5%、10%的水平上显著。

6.4.2 机构投资者网络关系与企业创新：信息效应的回归分析

表 6-3 列示了信息透明度对机构投资者网络关系与企业创新水平的传导效应分析结果。列（1）至列（4）是机构投资者网络关系如何影响企业信息透明度，列（5）至列（8）是机构投资者网络关系、信息透明度对企业创新的共同作用

结果。从列（1）至列（4）的回归结果可以看出，机构投资者网络关系（*Degree*，*Between*，*Close*，*Eigen*）与企业信息透明度（*Info* 为正指标，越大代表企业信息透明度越高）在1%的显著性水平上呈正相关关系，机构投资者网络关系显著提升了企业信息透明度，假设6-2a 得到验证；从列（5）至列（8）的回归结果可以看出，企业信息透明度（*Info*）与企业创新产出（*Patent*）在1%的显著性水平上呈正相关关系，信息透明度越高，企业创新水平越高，机构投资者网络关系（*Degree*，*Close*，*Eigen*）与企业创新产出（*Patent*）至少在5%的显著性水平上呈正相关关系。综合表6-3 的回归结果可知，机构投资者网络关系通过提高企业信息透明度而提升了企业创新水平，即信息透明度是机构投资者网络关系影响企业创新的部分中介，假设6-2b 得到验证。

表6-3　机构投资者网络关系、信息透明度与企业创新

变量	(1)	(2)	(3)	(4)	(5)	(6)	(7)	(8)
	Info				*Patent*			
Constant	-1.092*** (-21.48)	-1.147*** (-22.73)	-1.023*** (-20.33)	-1.109*** (-21.71)	-8.553*** (-44.04)	-8.619*** (-44.71)	-8.595*** (-44.21)	-8.525*** (-43.82)
Info					0.090*** (3.73)	0.096*** (3.96)	0.020*** (3.69)	0.092*** (3.81)
Degree	1.129*** (11.09)				1.422*** (3.46)			
Between		9.201*** (4.31)				9.528 (1.21)		
Close			0.571*** (21.26)				0.178** (2.19)	
Eigen				1.274*** (7.56)				2.818*** (3.72)
Size	0.087*** (37.39)	0.090*** (38.77)	0.078*** (33.37)	0.088*** (37.56)	0.383*** (39.24)	0.386*** (39.78)	0.383*** (38.78)	0.381*** (38.98)
Lev	-0.057*** (-3.55)	-0.058*** (-3.65)	-0.046*** (-2.89)	-0.057*** (-3.56)	-0.219*** (-4.19)	-0.221*** (-4.23)	-0.219*** (-4.18)	-0.216*** (-4.14)
Grow	-0.024*** (-3.92)	-0.023*** (-3.74)	-0.026*** (-4.25)	-0.023*** (-3.75)	-0.042** (-2.18)	-0.041** (-2.11)	-0.042** (-2.15)	-0.041** (-2.13)
Roa	0.186*** (3.47)	0.235*** (4.37)	0.135** (2.55)	0.208*** (3.86)	0.593*** (3.34)	0.654*** (3.69)	0.628*** (3.54)	0.589*** (3.32)
Cash	0.099*** (5.33)	0.100*** (5.37)	0.084*** (4.57)	0.100*** (5.34)	0.056 (0.88)	0.057 (0.89)	0.053 (0.82)	0.056 (0.87)

续表

变量	(1)	(2)	(3)	(4)	(5)	(6)	(7)	(8)
	Info				*Patent*			
Age	-0.036*** (-12.07)	-0.037*** (-12.08)	-0.040*** (-13.45)	-0.037*** (-12.13)	0.035*** (3.41)	0.035*** (3.42)	0.033*** (3.27)	0.034*** (3.38)
PPe	0.688*** (13.85)	0.693*** (13.93)	0.658*** (13.34)	0.692*** (13.92)	-0.091 (-0.58)	-0.088 (-0.56)	-0.095 (-0.60)	-0.090 (-0.57)
*Shr*1	-0.018 (-1.19)	-0.015 (-0.95)	-0.019 (-1.26)	-0.016 (-1.03)	0.021 (0.39)	0.026 (0.48)	0.025 (0.47)	0.022 (0.41)
Mshare	0.132*** (9.47)	0.138*** (9.93)	0.133*** (9.71)	0.136*** (9.76)	-0.010 (-0.22)	-0.002 (-0.05)	-0.002 (-0.05)	-0.008 (-0.18)
Insratio	1.119*** (33.42)	1.251*** (41.04)	1.042*** (33.48)	1.193*** (36.76)	0.273** (2.27)	0.437*** (3.98)	0.393*** (3.48)	0.289** (2.48)
Year/Firm	Yes	Yes	Yes	Yes	Yes	Yes	Yes	Yes
N	20826	20826	20826	20826	20826	20826	20826	20826
Ajust R^2	0.251	0.248	0.264	0.249	0.363	0.362	0.362	0.363

注：省略控制变量，括号内数据表示 t 值，***、**分别表示回归系数在 1%、5%的水平上显著。

6.4.3 机构投资者网络关系与企业创新：治理效应的回归分析

表 6-4 列示了公司治理水平对机构投资者网络关系与企业技术创新的传导效应分析结果。列（1）至列（4）是机构投资者网络关系如何影响企业公司治理水平的回归结果，列（5）至列（8）是机构投资者网络关系、公司治理水平对企业创新的共同作用结果。从列（1）至列（4）的回归结果可以看出，机构投资者网络关系（*Degree*，*Between*，*Close*，*Eigen*）与公司治理水平（*Gov* 为正指标，越大代表企业公司治理水平越高）在 1%的显著性水平上呈正相关关系，机构投资者网络关系显著提升了企业公司治理水平，假设 6-3a 得到验证；从列（5）至列（8）的回归结果可以看出，公司治理水平（*Gov*）与企业创新产出（*Patent*）在 1%的显著性水平上呈正相关关系，公司治理水平越高，企业创新水平越高，机构投资者网络关系（*Degree*，*Close*，*Eigen*）与企业创新产出（*Patent*）至少在 1%的显著性水平上呈正相关关系。综合表 6-4 的回归结果可知，机构投资者网络关系通过提高企业公司治理水平而提升了企业创新水平，即公司治理水平是机构投资者网络关系影响企业创新的部分中介，假设 6-3b 得到验证。

表 6-4 机构投资者网络关系、公司治理与企业创新

变量	(1)	(2)	(3)	(4)	(5)	(6)	(7)	(8)
	Gov				*Patent*			
Constant	4.505*** (57.87)	4.473*** (57.92)	4.481*** (57.46)	4.516*** (58.01)	-9.275*** (-44.97)	-9.355*** (-45.76)	-9.313*** (-45.03)	-9.251*** (-44.81)
Gov					0.139*** (8.48)	0.140*** (8.56)	0.140*** (8.55)	0.038*** (8.46)
Degree	0.610*** (3.83)				1.439*** (3.52)			
Between		3.059*** (3.01)				9.982 (1.27)		
Close			0.050*** (3.21)				0.222*** (2.76)	
Eigen				1.212*** (4.33)				2.768*** (3.66)
Size	0.145*** (40.39)	0.147*** (41.15)	0.146*** (39.70)	0.144*** (40.17)	0.371*** (38.61)	0.374*** (39.24)	0.370*** (37.86)	0.369*** (38.39)
Lev	-0.032 (-1.34)	-0.033 (-1.40)	-0.032 (-1.37)	-0.031 (-1.30)	-0.219*** (-4.20)	-0.222*** (-4.25)	-0.218*** (-4.17)	-0.217*** (-4.15)
Grow	-0.029*** (-3.07)	-0.028*** (-3.01)	-0.028*** (-3.03)	-0.028*** (-3.03)	-0.040** (-2.08)	-0.039** (-2.02)	-0.040** (-2.06)	-0.039** (-2.03)
Roa	1.437*** (17.15)	1.464*** (17.51)	1.457*** (17.38)	1.435*** (17.13)	0.411** (2.31)	0.472*** (2.65)	0.437** (2.45)	0.410** (2.30)
Cash	0.229*** (7.87)	0.230*** (7.89)	0.228*** (7.82)	0.229*** (7.87)	0.034 (0.52)	0.035 (0.54)	0.028 (0.44)	0.034 (0.53)
Age	-0.047*** (-10.28)	-0.047*** (-10.29)	-0.048*** (-10.34)	-0.047*** (-10.31)	0.038*** (3.75)	0.038*** (3.74)	0.036*** (3.59)	0.038*** (3.71)
PPe	0.436*** (6.18)	0.439*** (6.21)	0.436*** (6.17)	0.437*** (6.20)	-0.090 (-0.57)	-0.083 (-0.53)	-0.097 (-0.61)	-0.086 (-0.55)
Shr1	-0.218*** (-9.52)	-0.216*** (-9.42)	-0.216*** (-9.43)	-0.218*** (-9.50)	0.050 (0.92)	0.055 (1.01)	0.054 (0.99)	0.051 (0.94)
Mshare	-0.104*** (-4.84)	-0.101*** (-4.67)	-0.101*** (-4.67)	-0.103*** (-4.80)	0.016 (0.36)	0.025 (0.55)	0.024 (0.53)	0.019 (0.41)
Insratio	0.199*** (3.89)	0.274*** (5.96)	0.261*** (5.36)	0.206*** (4.19)	0.346*** (2.96)	0.518*** (4.93)	0.451*** (4.11)	0.370*** (3.29)
Year/Firm	Yes	Yes	Yes	Yes	Yes	Yes	Yes	Yes

续表

变量	(1)	(2)	(3)	(4)	(5)	(6)	(7)	(8)
	Gov				*Patent*			
N	20826	20826	20826	20826	20826	20826	20826	20826
Ajust R^2	0.311	0.310	0.310	0.311	0.365	0.364	0.364	0.365

注：省略控制变量，括号内数据表示 t 值，＊＊＊、＊＊分别表示回归系数在 1%、5%的水平上显著。

6.4.4 机构投资者网络关系的资源、信息、治理效应比较

借鉴宋献中等（2017）的研究，本章对三条路径进行了主次比较。机构投资者网络程度中心度与三条路径（融资约束、信息透明度、公司治理水平）的回归系数分别为 a_1、a_2、a_3，而三条路径（融资约束、信息透明度、公司治理水平）与企业创新的回归系数分别为 b_1、b_2、b_3，分别比较 $a_1 \times b_1$、$a_2 \times b_2$、$a_3 \times b_3$ 的大小，大者为主要作用路径，小者为次要作用路径。从表 6-2、表 6-3、表 6-4 的回归结果中可以得到，$a_1 = -10.058$、$b_1 = -0.018$、$a_2 = 1.129$、$b_2 = 0.090$、$a_3 = 0.610$、$b_3 = 0.139$、$a_1 \times b_1 = 0.1810$、$a_2 \times b_2 = 0.1016$、$a_3 \times b_3 = 0.0848$，可见三条作用机制占主导地位的是资源效应，约占总效应的 49.27%［0.1810/（0.1810＋0.1016＋0.0848）］，另外是信息效应，约占总效应的 27.65%［0.1016/（0.1810＋0.1016＋0.0848）］，最小的是治理效应，约占总效应的 23.08%［0.0848/（0.1810＋0.1016＋0.0848）］。以机构投资者网络接近中心度、机构投资者网络特征向量中心度的系数进行比较，仍得到相似结论。表 6-5 报告了 Bootstrap 的方法自体抽样 1000 次得到的结果。由表 6-5 可知，Bootstrap 自体抽样后，各变量的系数都至少在 1%水平上显著不等于 0。其中，在用 *Patent* 度量企业创新时，机构投资者网络程度中心度通过资源效应引致的企业创新变化为 0.165，通过信息效应引致的企业创新变化为 0.087，通过治理效应引致的企业创新变化为 0.083，资源效应与信息效应的差异为 0.078，在 1%水平上显著，信息效应与治理效应的差异为 0.004，在 1%水平上显著，表明机构投资者网络的资源效应占主导，其次为信息和治理效应。在用机构网络接近中心度与机构投资者网络特征向量中心度度量机构网络关系时，得到了相似结论（其 Bootstrap 检验省略）。鉴于机构投资者网络关系的资源效应主导的现实情况，企业应该更加重视网络资源的获取和利用，以充分调动网络资源服务于企业的创新活动和其他企业管理行为。

表 6-5 Bootstrap 抽样检验资源、信息、治理效应主导性

条件	系数符号	系数假设	Bootstrap 检验
机构网络降低融资约束程度	a_1	H0：$a_1=0$	-10.058（-12.05）
机构网络提高信息透明程度	a_2	H0：$a_2=0$	1.129（11.25）
机构网络提高公司治理水平程度	a_3	H0：$a_3=0$	0.610（3.87）
机构网络通过资源效应提升企业创新	a_1b_1	H0：$a_1b_1=0$	0.165（4.29）
机构网络通过信息效应提升企业创新	a_2b_2	H0：$a_2b_2=0$	0.087（3.15）
机构网络通过公司治理提升企业创新	a_3b_3	H0：$a_3b_3=0$	0.083（8.15）
资源效应与信息效应	$a_1b_1-a_2b_2$	H0：$a_1b_1-a_2b_2=0$	0.078（3.59）
信息效应与治理效应	$a_2b_2-a_3b_3$	H0：$a_2b_2-a_3b_3=0$	0.004（3.93）

6.5 稳健性检验

6.5.1 稳健性检验：替换被解释变量

本章采用创新投入（*Rd*）衡量企业创新水平对前文实证检验结果进行稳健性检验，结果如表 6-6 所示。机构投资者网络关系联合融资约束、信息透明度、公司治理水平与创新投入的相关关系如表 6-6 的列（1）至列（12）所示。从列（1）至列（4）的回归结果可以看出，融资约束（*Kz*）与创新投入（*Rd*）在 5%的显著性水平上呈负相关关系，融资约束（*Kz*）越小，创新投入（*Rd*）越大，机构投资者网络中心度指标（*Degree*，*Between*，*Close*，*Eigen*）与创新投入（*Rd*）至少在 10%的显著性水平上呈正相关关系，融资约束是机构投资者网络关系提升企业创新的部分中介，与前文检验结果一致；从列（5）至列（8）的回归结果可以看出，信息透明度（*Info*）与创新投入（*Rd*）在 1%的显著性水平上呈正相关关系，信息透明度（*Info*）越高，创新投入（*Rd*）越大，机构投资者网络中心度指标（*Degree*，*Between*，*Close*，*Eigen*）与创新投入（*Rd*）至少在 5%的显著性水平上呈正相关关系，信息透明度是机构投资者网络关系提升企业创新的部分中介，与前文检验结果一致；从列（9）至列（12）的回归结果可以看出，公司治理水平（*Gov*）与创新投入（*Rd*）在 1%的显著性水平上呈正相关关系，机构投资者网络中心度指标（*Degree*，*Between*，*Close*，*Eigen*）与创新投入（*Rd*）均

表 6-6　稳健性检验：替换被解释变量

变量	资源效应				信息效应				治理效应			
	(1)	(2)	(3)	(4)	(5)	(6)	(7)	(8)	(9)	(10)	(11)	(12)
	Rd				*Rd*				*Rd*			
Constant	-0.002 (-0.39)	-0.007 (-1.27)	0.000 (-0.03)	-0.004 (-0.64)	0.057*** (12.23)	0.053*** (11.53)	0.057*** (12.28)	0.056*** (12.12)	0.027*** (5.19)	0.022*** (4.26)	0.028*** (5.45)	0.026*** (5.01)
Kz	-0.002** (-12.35)	-0.002** (-12.62)	-0.002** (-12.35)	-0.002** (-12.43)								
Info					0.010*** (13.08)	0.011*** (13.45)	0.010*** (12.37)	0.010*** (13.30)				
Gov									0.004*** (8.91)	0.004*** (9.08)	0.004*** (9.03)	0.004*** (8.94)
Degree	0.067*** (6.07)				0.079*** (7.04)				0.088*** (7.85)			
Between		0.403* (1.96)				0.455** (2.18)				0.539*** (2.60)		
Close			0.025*** (8.90)				0.023*** (8.39)				0.029*** (10.34)	
Eigen				0.080*** (4.23)				0.105*** (5.47)				0.114*** (5.89)
Size	0.000 (1.44)	0.001** (2.31)	0.000 (0.16)	0.000* (1.67)	-0.002** (-10.25)	-0.002** (-9.61)	-0.003** (-10.94)	-0.002** (-10.19)	-0.002** (-9.17)	-0.002** (-8.37)	-0.002** (-10.44)	-0.002** (-9.01)
Lev	-0.041** (-23.25)	-0.042** (-23.38)	-0.041** (-23.04)	-0.042** (-23.27)	-0.035** (-20.50)	-0.035** (-20.55)	-0.034** (-20.32)	-0.035** (-20.48)	-0.035** (-20.67)	-0.035** (-20.73)	-0.035** (-20.43)	-0.035** (-20.65)

续表

变量	资源效应				信息效应				治理效应			
	(1)	(2)	(3)	(4)	(5)	(6)	(7)	(8)	(9)	(10)	(11)	(12)
	Rd				*Rd*				*Rd*			
Grow	-0.002** (-2.90)	-0.002** (-2.82)	-0.002** (-2.99)	-0.002** (-2.82)	-0.001** (-2.22)	-0.001** (-2.09)	-0.001** (-2.30)	-0.001** (-2.11)	-0.001** (-2.42)	-0.001** (-2.28)	-0.002** (-2.50)	-0.001** (-2.30)
Roa	-0.073** (-10.26)	-0.070** (-9.93)	-0.074** (-10.44)	-0.071** (-10.11)	-0.064** (-9.03)	-0.060** (-8.60)	-0.064** (-9.09)	-0.063** (-8.89)	-0.068** (-9.52)	-0.064** (-9.04)	-0.069** (-9.68)	-0.067** (-9.34)
Cash	0.032*** (12.27)	0.032*** (12.33)	0.031*** (12.04)	0.032*** (12.28)	0.026*** (10.24)	0.026*** (10.25)	0.025*** (10.04)	0.026*** (10.23)	0.026*** (10.21)	0.026*** (10.22)	0.025*** (9.95)	0.026*** (10.21)
Age	-0.005** (-14.52)	-0.005** (-14.59)	-0.005** (-15.02)	-0.005** (-14.57)	-0.004** (-11.16)	-0.004** (-11.14)	-0.004** (-11.68)	-0.004** (-11.19)	-0.004** (-11.73)	-0.004** (-11.73)	-0.004** (-12.32)	-0.004** (-11.78)
PPe	0.029*** (5.70)	0.029*** (5.78)	0.027*** (5.46)	0.029*** (5.75)	0.018*** (3.58)	0.018*** (3.61)	0.017*** (3.45)	0.018*** (3.60)	0.023*** (4.65)	0.024*** (4.72)	0.022*** (4.38)	0.024*** (4.70)
Shr1	-0.015** (-9.67)	-0.015** (-9.54)	-0.015** (-9.66)	-0.015** (-9.59)	-0.014** (-9.10)	-0.014** (-8.93)	-0.014** (-9.06)	-0.014** (-9.01)	-0.013** (-8.62)	-0.013** (-8.43)	-0.013** (-8.59)	-0.013** (-8.52)
Mshare	0.015*** (9.15)	0.016*** (9.42)	0.015*** (9.28)	0.015*** (9.30)	0.011*** (6.79)	0.012*** (7.04)	0.012*** (7.02)	0.011*** (6.92)	0.013*** (7.83)	0.014*** (8.14)	0.013*** (8.03)	0.013*** (8.00)
Insratio	0.017*** (5.11)	0.025*** (7.87)	0.017*** (5.05)	0.021*** (6.40)	0.016*** (4.66)	0.026*** (7.79)	0.018*** (5.45)	0.020*** (5.89)	0.027*** (7.92)	0.038*** (11.85)	0.027*** (8.37)	0.032*** (9.54)
Year/Firm	Yes	Yes	Yes	Yes	Yes	Yes	Yes	Yes	Yes	Yes	Yes	Yes
N	20826	20826	20826	20826	20826	20826	20826	20826	20826	20826	20826	20826
Ajust R^2	0.457	0.456	0.458	0.456	0.451	0.450	0.452	0.451	0.448	0.446	0.449	0.447

注：省略控制变量，括号内数据表示 t 值，***、**、*分别表示回归系数在 1%、5%、10%的水平上显著。

在1%的显著性水平上呈正相关关系，公司治理水平是机构投资者网络关系提升企业创新的部分中介，与前文检验结果一致。

6.5.2 稳健性检验：替换解释变量

采用机构投资者网络中心度中位数指标（*Degree_me*，*Between_me*，*Close_me*，*Eigen_me*）替换机构投资者网络中心度均值对前文实证检验结果进行稳健性检验，结果如表6-7所示。PartA 中列（1）至列（4）回归结果说明，机构投资者网络中心度中位数指标（*Degree_me*，*Between_me*，*Close_me*，*Eigen_me*）与融资约束（*Kz*）均在1%的显著性水平上呈负相关关系，机构投资者网络关系能够显著缓解企业融资约束；列（5）至列（8）回归结果说明，融资约束（*Kz*）与创新产出（*Patent*）在1%的显著性水平上呈负相关关系，融资约束（*Kz*）越小，创新产出（*Patent*）越大；机构投资者网络中心度指标中位数指标（*Degree_me*，*Close_me*，*Eigen_me*）与创新产出（*Patent*）至少在5%的显著性水平上呈正相关关系，融资约束是机构投资者网络关系提升企业创新的部分中介，与前文检验结果一致；PartB 中列（1）至列（4）回归结果说明，机构投资者网络中心度中位数指标（*Degree_me*，*Between_me*，*Close_me*，*Eigen_me*）与信息透明度（*Info*）均在1%的显著性水平上呈正相关关系，机构投资者网络能够显著提升企业信息透明度；列（5）至列（8）回归结果说明，信息透明度（*Info*）与创新产出（*Patent*）均在1%的显著性水平上呈正相关关系，信息透明度（*Info*）越大，创新产出（*Patent*）越大；机构投资者网络中心度指标中位数指标（*Degree_me*，*Close_me*，*Eigen_me*）与创新产出（*Patent*）至少在5%的显著性水平上呈正相关关系，信息透明度是机构投资者网络关系提升企业创新的部分中介，与前文检验结果一致；PartC 中列（1）至列（4）回归结果说明，机构投资者网络中心度中位数指标（*Degree_me*，*Between_me*，*Close_me*，*Eigen_me*）与公司治理水平（*Gov*）均在1%的显著性水平上呈正相关关系，机构投资者网络关系能够显著提升企业公司治理水平；列（5）至列（8）回归结果说明，公司治理水平（*Gov*）与创新产出（*Patent*）均在1%的显著性水平上呈正相关关系，公司治理水平（*Gov*）越高，创新产出（*Patent*）越大；机构投资者网络中心度指标中位数指标（*Degree_me*，*Close_me*，*Eigen_me*）与创新产出（*Patent*）均在1%的显著性水平上呈正相关关系，公司治理水平是机构投资者网络关系提升企业创新的部分中介，与前文检验结果一致。

表 6-7 稳健性检验：替换解释变量

变量	(1)	(2)	(3)	(4)	(5)	(6)	(7)	(8)
PartA：机构投资者网络关系与企业创新：资源效应								
	Kz				*Patent*			
Constant	-20.292*** (-56.53)	-19.802*** (-55.76)	-20.162*** (-56.23)	-20.325*** (-55.98)	-9.037*** (-42.79)	-9.119*** (-43.69)	-9.069*** (-42.82)	-9.019*** (-42.66)
Kz					-0.018*** (-4.79)	-0.020*** (-5.07)	-0.019*** (-4.94)	-0.018*** (-4.78)
Degree_me	-8.452*** (-11.73)				1.060*** (2.95)			
Between_me		-46.611*** (-4.25)				6.124 (0.94)		
Close_me			-1.740*** (-12.77)				0.198** (2.50)	
Eigen_me				-13.528*** (-9.58)				1.989*** (3.04)
Year/Firm	Yes	Yes	Yes	Yes	Yes	Yes	Yes	Yes
N	20826	20826	20826	20826	20826	20826	20826	20826
Ajust R^2	0.299	0.292	0.296	0.298	0.363	0.363	0.363	0.363
PartB：机构投资者网络关系与企业创新：信息效应								
变量	(1)	(2)	(3)	(4)	(5)	(6)	(7)	(8)
	Info				*Patent*			
Constant	-1.092*** (-21.49)	-1.147*** (-22.73)	-1.021*** (-20.29)	-1.111*** (-21.75)	-8.562*** (-44.11)	-8.621*** (-44.73)	-8.593*** (-44.20)	-8.541*** (-43.95)
Info					0.091*** (3.75)	0.096*** (3.97)	0.090*** (3.68)	0.093*** (3.83)
Degree_me	1.009*** (11.26)				1.125*** (3.13)			
Between_me		7.861*** (4.38)				6.283 (0.96)		
Close_me			0.558*** (21.47)				0.181** (2.28)	
Eigen_me				1.098*** (7.50)				2.137*** (3.28)
Year/Firm	Yes	Yes	Yes	Yes	Yes	Yes	Yes	Yes
N	20826	20826	20826	20826	20826	20826	20826	20826
Ajust R^2	0.251	0.248	0.264	0.249	0.363	0.362	0.362	0.363

续表

PartC：机构投资者网络关系与企业创新：治理效应								
变量	(1)	(2)	(3)	(4)	(5)	(6)	(7)	(8)
	Gov				*Patent*			
Constant	4.506*** (57.89)	4.473*** (57.93)	4.482*** (57.47)	4.513*** (58.00)	-9.286*** (-45.04)	-9.357*** (-45.77)	-9.311*** (-45.02)	-9.269*** (-44.94)
Gov					0.139*** (8.49)	0.140*** (8.56)	0.140*** (8.55)	0.138*** (8.48)
Degree_me	0.557*** (3.97)				1.140*** (3.19)			
Between_me		2.603*** (3.04)				6.673 (1.02)		
Close_me			0.052*** (3.31)				0.224*** (2.84)	
Eigen_me				1.002*** (4.16)				2.100*** (3.23)
Year/Firm	Yes	Yes	Yes	Yes	Yes	Yes	Yes	Yes
N	20826	20826	20826	20826	20826	20826	20826	20826
Ajust R^2	0.311	0.310	0.310	0.311	0.364	0.364	0.364	0.365

注：由于表格限制，未列示控制变量（下同），***、**分别表示回归系数在1%、5%的水平上显著。

6.5.3 稳健性检验：替换中介变量

借鉴祝继高和陆正飞（2012）的研究，采用外部融资需求（*Fc*）衡量企业融资约束来替换 *Kz* 指数，*Fc* 为企业实际增长率与可持续增长率的差值。其中实际增长率为总资产增长率，可持续增长率为净资产收益率与（1-净资产收益率）的比值。融资约束作用机制的稳健性检验如表6-8 PartA所示。本章使用机构投资者关注（机构投资者调研次数 *Visit*）来衡量信息效应，机构投资者关注度越高，企业信息越透明，根据机构投资者调研信息的披露情况，信息效应的稳健性检验样本为8772，样本量虽有所减少，但恰能从改变中介变量和样本量两个角度同时进行稳健性测试。信息透明度的稳健性检验如表6-8的PartB所示。借鉴姜付秀等（2009）的研究，采用总资产增长率（*Arr*）衡量公司治理水平来替换 *Gov* 指数，总资产周转率（*Arr*）越高，代理成本越低，公司治理水平越高。公司治理机制的稳健性检验如表6-8的PartC所示。PartA中列（1）至列（4）为机构投资者网络中心度指标（*Degree*，*Between*，*Close*，*Eigen*）与外部融资需求（*Fc*）均在1%的显著性水平上呈负相关关系，机构投资者网络中心度越大，外部融资需求越低，融资约束越低，列（5）至列（8）中外部融资需求（*Fc*）与创新产出（*Patent*）均在1%显著性水平上呈负相关关系，机构投资者网络中心度指标（*Degree*，*Close*，*Eigen*）与创新产出均在1%显著性水平上呈正相关关系，可以判定，融资约束（外部融资需求 *Fc*）为机构投资者网络提升企业创新的部分中介；PartB 中列（1）至列（4）为机构投资者网络中心度指标（*Degree*，*Between*，*Close*，*Eigen*）与机构投资者关注（*Visit*）至少在10%的显著性水平上呈正相关关系，机构投资者网络中心度越大，机构投资者关注越多，信息透明度越高，列（5）至列（8）中机构投资者关注与创新产出（*Patent*）均在1%显著性水平上呈正相关关系，机构投资者网络中心度指标（*Degree*，*Close*，*Eigen*）与创新产出（*Patent*）至少在5%显著性水平上呈正相关关系，可以判定，信息透明（机构投资者关注 *Visit*）为机构投资者网络关系提升企业创新的部分中介；PartC 中列（1）至列（4）为机构投资者网络中心度指标（*Degree*，*Between*，*Close*，*Eigen*）与总资产周转率（*Arr*）均在1%的显著性水平上呈正相关关系，机构投资者网络中心度越大，总资产周转速度越高，公司治理水平越高，列（5）至列（8）中总资产周转率与创新产出均在1%显著性水平上呈正相关，机构投资者网络中心度指标（*Degree*，*Close*，*Eigen*）与创新产出（*Patent*）均在1%显著性水平上呈正相关关系，可以判定，公司治理水平（总资产周转率 *Arr*）为机构投资者网络关系提升企业创新的部分中介。替换中介变量的稳健性检验均与前文回归结果一致。

表 6-8　稳健性检验：替换中介变量

PartA：资源效应：替换融资约束（*Kz*）为外部融资需求（*Fc*）								
变量	(1)	(2)	(3)	(4)	(5)	(6)	(7)	(8)
	Fc				*Patent*			
Constant	-0.627*** (-10.72)	-0.608*** (-10.48)	-0.622*** (-10.50)	-0.641*** (-10.90)	-8.688*** (-45.37)	-8.766*** (-46.19)	-8.725*** (-45.40)	-8.665*** (-45.18)
Fc					-0.059*** (-3.00)	-0.061*** (-3.08)	-0.060*** (-3.06)	-0.058*** (-2.95)
Degree	-0.536*** (-4.39)				1.492*** (3.64)			
Between		-10.029*** (-4.73)				9.800 (1.24)		

续表

PartA：资源效应：替换融资约束（*Kz*）为外部融资需求（*Fc*）								
变量	(1)	(2)	(3)	(4)	(5)	(6)	(7)	(8)
	Fc				*Patent*			
Close			-0.111*** (-3.53)				0.223*** (2.76)	
Eigen				-1.156*** (-5.97)				2.868*** (3.78)
Year/Firm	Yes	Yes	Yes	Yes	Yes	Yes	Yes	Yes
N	20826	20826	20826	20826	20826	20826	20826	20826
Ajust R^2	0.266	0.266	0.266	0.266	0.362	0.362	0.362	0.363
PartB：信息效应：替换信息透明度（*Info*）为机构投资者调研（*Visit*）								
变量	(1)	(2)	(3)	(4)	(5)	(6)	(7)	(8)
	Visit				*Patent*			
Constant	-4.616*** (-16.08)	-4.760*** (-16.60)	-4.616*** (-16.17)	-4.550*** (-15.74)	-7.631*** (-22.42)	-7.691*** (-22.61)	-7.689*** (-22.57)	-7.556*** (-22.14)
Visit					0.139*** (11.27)	0.142*** (11.52)	0.139*** (11.26)	0.139*** (11.28)
Degree	3.827*** (6.14)				1.073*** (2.93)			
Between		22.358* (1.76)				17.47 (1.26)		
Close			1.321*** (12.26)				0.218** (2.01)	
Eigen				6.227*** (5.24)				2.420*** (3.16)
Year/Firm	Yes	Yes	Yes	Yes	Yes	Yes	Yes	Yes
N	8772	8772	8772	8772	8772	8772	8772	8772
Ajust R^2	0.178	0.174	0.185	0.177	0.338	0.337	0.337	0.338
PartC：治理效应：替换公司治理水平（*Gov*）为总资产周转率（*Arr*）								
变量	(1)	(2)	(3)	(4)	(5)	(6)	(7)	(8)
	Arr				*Patent*			
Constant	0.731*** (12.22)	0.727*** (12.25)	0.725*** (12.14)	0.731*** (12.17)	-8.707*** (-45.37)	-8.784*** (-46.19)	-8.743*** (-45.40)	-8.683*** (-45.18)

续表

PartC：治理效应：替换公司治理水平（*Gov*）为总资产周转率（*Arr*）								
变量	(1)	(2)	(3)	(4)	(5)	(6)	(7)	(8)
	Arr				*Patent*			
Arr					0.076*** (3.74)	0.076*** (3.75)	0.076*** (3.75)	0.076*** (3.74)
Degree	0.057*** (343)				1.520*** (3.71)			
Between		0.375*** (3.14)				10.44 (1.32)		
Close			0.008*** (3.28)				0.220*** (2.85)	
Eigen				0.104*** (3.45)				2.928*** (3.87)
Year/Firm	Yes	Yes	Yes	Yes	Yes	Yes	Yes	Yes
N	20826	20826	20826	20826	20826	20826	20826	20826
Ajust R^2	0.266	0.266	0.266	0.266	0.363	0.362	0.362	0.363

注：省略控制变量，括号内数据表示 t 值，***、**、*分别表示回归系数在 1%、5%、10%的水平上显著。

6.6 作用机制的进一步检验

6.6.1 资源效应的进一步检验

相关研究表明，企业可以通过获取银行信贷以及政府补贴等方式缓解融资约束，融资约束的缓解能够对企业创新产生正向影响（鞠晓生，2013）。机构投资者网络通过信息在资本市场中的扩散能够吸引更多债权人、客户及股东关注，为了更加清晰地梳理具体的融资约束缓解机制，本章将继续探讨银行信贷、商业信用及股权融资在机构投资者网络提升企业创新过程中的中介效应。上市公司可以通过多种方式获取创新资金，具体包括内源融资、股权融资、政府补贴、商业信用以及银行信贷，但本章主要关注机构投资者网络的外部资源效应，故而排除内部融资；政府补贴主要体现了政企关联而非机构投资者网络联结，故而予以排除，最终本章选择银行信贷、商业信用及股权融资成本进行机构投资者网络提升企业创新的资源效应具体作用机制检验。

借鉴王彦超（2014）的研究，使用如式（6-3）和式（6-4）对融资约束的具体作用机制进行检验。其中，银行信贷（*Debt*）=（长期借款+短期借款）/总资产；商业信用（*Business*）= 应付账款/总资产；股权融资成本（*Coc*）借鉴 Easton（2004）的 PEG 模型进行计算①。

$$Debt/Business/Coc = \alpha_0 + \alpha_1 Degree/Between/Close/Eigen + \alpha_2 Size + \alpha_3 Lev + \alpha_4 Grow + \alpha_5 Roa + \alpha_6 Cash + \alpha_7 Age + \alpha_8 PPe + \alpha_9 Shr1 + \alpha_{10} Mshare + \alpha_{11} Insratio + Year + Firm + \varepsilon \quad (6-3)$$

$$Patent = \alpha_0 + \alpha_1 Degree/Between/Close/Eigen + \alpha_2 Debt/Business/Coc + \alpha_3 Size + \alpha_4 Lev + \alpha_5 Grow + \alpha_6 Roa + \alpha_7 Cash + \alpha_8 Age + \alpha_9 PPe + \alpha_{10} Shr1 + \alpha_{11} Mshare + \alpha_{12} Insratio + Year + Firm + \varepsilon \quad (6-4)$$

表 6-9 PartA 为机构投资者网络中心度与企业银行信贷（*Debt*）的中介效应检验，列（1）至列（4）中机构网络中心度（*Degree*，*Between*，*Close*，*Eigen*）与银行信贷（*Debt*）呈不显著的负相关关系，列（5）至列（8）中银行信贷（*Debt*）与企业创新产出（*Patent*）同样呈不显著的负相关关系，也未通过中介效应的 Sobel 检验，证明银行信贷并非机构投资者网络关系提升企业创新水平的中介效应；表 6-9 PartB 为机构投资者网络中心度与企业商业信用（*Business*）的中介效应检验，除中介中心度外，列（1）、列（3）、列（4）中程度中心度、接近中心度、特征向量中心度（*Degree*，*Close*，*Eigen*）与商业信用（*Business*）均在 5%显著性水平上呈正相关关系，机构投资者网络关系能够显著提升企业商业信用合作，列（4）至列（8）中商业信用（*Business*）与企业创新产出（*Patent*）均在 1%显著性水平上呈正相关关系，网络中心度指标（*Degree*，*Close*，*Eigen*）与企业创新产出（*Patent*）也均在 1%显著性水平上呈正相关关系，且系数相对于主效应有所降低，并且通过 Sobel 检验，证明商业信用（*Business*）是机构投资者网络关系提升企业创新水平的部分中介；表 6-9 PartC 为机构投资者网络中心度与股权融资成本（*Coc*）的中介效应检验，列（1）至列（4）中机构投资者网络中心度与股权融资成本（*Coc*）至少在 10%显著性水

① 股权融资成本的估计有三种方法，具体包括事后资本成本、事前资本成本、PEG 模型。由于事后资本成本（CAPM）估计的标准误差较高，事前资本成本法中的 GLS 模型估计权益资本成本的可靠性也不如 PEG 模型，并且在 PEG 模型中所需的分析师预测的每股收益等数据较容易获取，本章选择使用 PEG 模型来计算权益资本成本，$Coc = \sqrt{(Eps_{t+2} - Eps_{t+1})/P_t}$。其中，$Eps_{t+2}$ 和 Eps_{t+1} 代表 $t+2$ 和 $t+1$ 期分析师预测的每股收益均值，P_t 为第 t 期期末的每股价格。

平上呈负相关关系，机构投资者网络关系能够降低企业股权融资成本，列（5）至列（8）中股权融资成本（*Coc*）与创新产出（*Patent*）均在5%显著性水平上呈负相关关系，除中介中心度（*Between*）外，其他网络中心度指标（*Degree*，*Close*，*Eigen*）与企业创新水平（*Patent*）均在1%显著性水平上呈正相关关系，且系数相对于主效应有所降低，并且全部通过Sobel检验，证明股权融资成本（*Coc*）是机构投资者网络关系提升企业创新水平的部分中介。这一检验结果证明，机构投资者网络关系提升企业创新水平的资源效应的融资约束缓解主要源于机构投资者网络关系对企业商业信用和股权融资能力的提升，机构投资者个体通过网络关系中信息流通和传递更有益于扩大持股企业间的商业合作、吸引更多股权投资者的广泛关注从而提升企业外部融资能力进而促进创新水平的提升，而通过债务融资能力的提高促进企业创新水平提升的作用并不显著。

表 6-9 资源效应的进一步检验

PartA：资源效应：银行信贷								
变量	*Debt*				*Patent*			
	(1)	(2)	(3)	(4)	(5)	(6)	(7)	(8)
Constant	0.119*** (7.63)	0.126*** (8.11)	0.127*** (8.10)	0.117*** (7.48)	-8.509*** (-45.20)	-8.576*** (-45.97)	-8.534*** (-45.19)	-8.487*** (-45.03)
Debt					-1.202 (-1.06)	-1.210 (-1.17)	-1.211 (-0.18)	-1.201 (-1.24)
Degree	-0.139 (-1.33)				1.357*** (3.33)			
Between		-0.936 (-1.52)				9.276 (1.19)		
Close			-0.002 (-0.27)				0.227*** (2.82)	
Eigen				-0.256 (-1.46)				2.628*** (3.49)
Year/Firm	Yes	Yes	Yes	Yes	Yes	Yes	Yes	Yes
Sobel					0.829	-0.202	0.002	0.250
N	20826	20826	20826	20826	20826	20826	20826	20826
Ajust R^2	0.278	0.278	0.278	0.278	0.369	0.368	0.369	0.369

续表

PartB：资源效应：商业信用								
变量	*Business*				*Patent*			
	(1)	(2)	(3)	(4)	(5)	(6)	(7)	(8)
Constant	0.051 *** (5.26)	0.049 *** (5.13)	0.050 *** (5.16)	0.052 *** (5.34)	-8.766 *** (-46.45)	-8.839 *** (-47.27)	-8.799 *** (-46.48)	-8.743 *** (-46.27)
Business					2.245 *** (17.15)	2.250 *** (17.18)	2.249 *** (17.17)	2.243 *** (17.14)
Degree	0.042 ** (1.99)				1.430 *** (3.52)			
Between		0.663 (1.60)				8.917 (1.14)		
Close			0.006 ** (2.29)				0.215 *** (2.67)	
Eigen				0.086 ** (2.28)				2.743 *** (3.66)
Year/Firm	Yes	Yes	Yes	Yes	Yes	Yes	Yes	Yes
Sobel					4.381	2.250	8.514	3.472
N	20826	20826	20826	20826	20826	20826	20826	20826
Ajust R^2	0.375	0.375	0.375	0.376	0.372	0.372	0.372	0.372

PartC：资源效应：股权融资成本								
变量	*Coc*				*Patent*			
	(1)	(2)	(3)	(4)	(5)	(6)	(7)	(8)
Constant	0.248 *** (32.16)	0.250 *** (32.70)	0.238 *** (31.00)	0.250 *** (32.35)	-8.567 *** (-43.92)	-8.640 *** (-44.65)	-8.610 *** (-44.10)	-8.539 *** (-43.72)
Coc					-0.342 ** (-2.31)	-0.354 ** (-2.39)	-0.323 ** (-2.17)	-0.352 ** (-2.38)
Degree	-0.055 *** (-3.67)				1.505 *** (3.67)			
Between		-0.574 * (-1.88)				10.21 (1.29)		
Close			-0.054 *** (-12.85)				0.212 *** (2.61)	
Eigen				-0.027 * (-1.88)				2.926 *** (3.86)
Year/Firm	Yes	Yes	Yes	Yes	Yes	Yes	Yes	Yes

续表

PartC：资源效应：股权融资成本								
变量	*Coc*				*Patent*			
	(1)	(2)	(3)	(4)	(5)	(6)	(7)	(8)
Sobel					3.637	6.698	5.868	-2.6235
N	20826	20826	20826	20826	20826	20826	20826	20826
Ajust R^2	0.196	0.195	0.202	0.195	0.362	0.362	0.362	0.362

注：省略控制变量，括号内数据表示 t 值，***、**、* 分别表示回归系数在 1%、5%、10%的水平上显著。

6.6.2 信息效应的进一步检验

6.6.2.1 私有信息传递

机构投资者网络中心度较高的机构个体具有较高声望，能够从网络中其他个体提取更多私有信息，其中不乏重要战略投资决策信息，不同企业会通过机构投资者网络信息传递进行相互学习、模仿，其投资决策更会受到机构投资者网络中心度较高的机构个体的广泛影响。由此而来，高中心度的网络更能促进私有信息传递，同时中心度较高的网络个体又得以更全面、迅速地识别和获取网络私有信息。借鉴王建峰等（2014）的研究，使用股价信息含量（*Pi*）① 对私有信息的传递效果进行衡量。Roll（1988）发现资本资产定价模型中的可决系数（R^2）能够在一定程度上反映公司层面的特质私有信息融入股票价格的水平，R^2 越低意味着更多的私有信息融入了股价之中。股价信息含量的提高意味着股票定价效率较高。本章使用式（6-5）和式（6-6）进行私有信息传递的中介效应检验。

$$Pi=\alpha_0+\alpha_1 Degree/Between/Close/Eigen+\alpha_2 Size+\alpha_3 Lev+\alpha_4 Grow+\alpha_5 Roa+\alpha_6 Cash+\alpha_7 Age+\alpha_8 PPe+\alpha_9 Shr1+\alpha_{10} Mshare+\alpha_{11} Insratio+Year+Firm+\varepsilon \tag{6-5}$$

$$Patent=\alpha_0+\alpha_1 Degree/Between/Close/Eigen+\alpha_2 Pi+\alpha_3 Size+\alpha_4 Lev+\alpha_5 Grow+\alpha_6 Roa+\alpha_7 Cash+\alpha_8 Age+\alpha_9 PPe+\alpha_{10} Shr1+\alpha_{11} Mshare+\alpha_{12} Insratio+Year+Firm+\varepsilon \tag{6-6}$$

① 利用 Mock 等（2000）的方法针对可决系数作对数变换，股价中私有信息含量用 *Pi* 来度量，其中，*Pi* 越大，表示股价中的私有信息越高。$r_{i,t}=\alpha_i+\beta_i r_{m,t}+\xi_{i,t}$，$Pi=log[(1-R^2)/R^2]$。其中，$r_{i,t}$ 表示公司 i 第 t 期的实际收益率，$r_{m,t}$ 表示 t 期市场市值加权收益率，$\xi_{i,t}$ 表示残差，R^2 表示上市公司股票价格被市场与行业波动所能解释的部分，是第一个式子的拟合系数，R^2 取值范围在 0~1，*Pi* 值越大，则代表股价信息含量越高。

6.6.2.2 创新信息传递

企业间有关创新的技术、知识信息均可以通过不同行为主体之间的交流、互动、模仿从网络或者行业内提取并整合，或者说单一企业的研发不仅对本企业有利，也可能惠及其他行业和网络内成员企业（黄俊、陈信元，2011），从而产生网络或行业内的技术知识溢出和创新协同效应。本书将根据机构投资者网络以及年度行业重新构建其他企业创新信息集来衡量网络内创新信息传递进而探究机构投资者网络提升企业创新的信息传递中介效应。由于创新信息的传递在很大程度上有赖于本行业内创新技术、知识的流通与传播（周云波等，2017；白俊红等，2017），因此本章在构建其他企业创新信息集时使用机构投资者网络中心度中的程度中心度加权年度行业内去除本企业的创新投入占营业收入比重的均值①以体现网络行业内的创新信息流动及创新信息溢出效应。本章使用如式（6-7）和式（6-8）进行创新信息传递的中介效应检验。

$$Rd\_other = \alpha_0 + \alpha_1 Degree/Between/Close/Eigen + \alpha_2 Size + \alpha_3 Lev + \alpha_4 Grow + \alpha_5 Roa + \alpha_6 Cash + \alpha_7 Age + \alpha_8 PPe + \alpha_9 Shr1 + \alpha_{10} Mshare + \alpha_{11} Insratio + Year + Firm + \varepsilon \tag{6-7}$$

$$Patent = \alpha_0 + \alpha_1 Degree/Between/Close/Eigen + \alpha_2 Rd\_other + \alpha_3 Size + \alpha_4 Lev + \alpha_5 Grow + \alpha_6 Roa + \alpha_7 Cash + \alpha_8 Age + \alpha_9 PPe + \alpha_{10} Shr1 + \alpha_{11} Mshare + \alpha_{12} Insratio + Year + Firm + \varepsilon \tag{6-8}$$

式中，*Rd_other* 表示经机构网络程度中心度加权的年度行业内其他企业创新投入占营业收入比重的均值，*Patent* 表示企业未来一期联合授权专利+1 的自然对数，其他控制变量与主效应保持一致。

表 6-10PartA 列（1）至列（4）是私有信息传递对机构网络中心度的回归结果，除机构投资者网络中介中心度外，其他中心度指标（*Degree*，*Close*，*Eigen*）与股价信息含量（*Pi*）均在 1%显著性水平上呈正相关关系，证明机构投资者网络关系能够显著提升股价信息含量，促进私有信息传递，列（5）至列（8）是机构投资者网络中心度联合股价信息含量（*Pi*）对创新产出（*Patent*）的回归结果，股价信息含量（*Pi*）与创新产出（*Patent*）至少在 5%显著性水平上呈正相关关系，除机构投资者网络中介中心度外，其他中心度指标（*Degree*，*Close*，*Eigen*）与创新产出（*Patent*）均在 1%显著性水平上呈正相关关系，且其

① 公司与公司之间的网络联系是通过机构投资者这个中间桥梁形成并实现，这样做的结果将导致企业间的网络有很多个，比如公司 A、B、C 的网络，公司 A、D、E 的网络，公司 A、B、D、E 的网络等，致使不同网络内其他成员对公司（A）的溢出效应难以明确识别（究竟应该从哪个网络中将公司 A 剥离去衡量网络内其他企业的创新信息集不得而知），因此本章考虑行业的溢出效应并在此基础上用中心度加权以考虑网络性。

回归系数均小于主效应，这一检验结果证明，机构投资者网络关系通过促进私有信息传递可实现企业创新水平的提升。因此，机构投资者网络关系不仅提升了公司信息透明度，与此同时，也更进一步促进了私有信息传递，进而有效发挥网络信息治理效应并提升企业创新水平。

表 6-10 PartB 列（1）至列（4）是进一步检验了网络行业内创新信息传递对机构投资者网络关系的回归结果，机构投资者网络中心度与网络行业内创新信息（*Rd_other*）均在 1%显著性水平上呈正相关关系，证明机构投资者网络关系能够显著提升网络行业内其他企业的创新投入，促进创新信息的有效传递，列（5）至列（8）是机构投资者网络中心度联合网络行业内创新信息（*Rd_other*）对本企业创新产出（*Patent*）的回归结果，网络行业内创新信息（*Rd_other*）与创新产出（*Patent*）至少在 5%显著性水平上呈正相关关系，机构投资者网络中心度指标（*Degree*，*Between*，*Close*，*Eigen*）与创新产出（*Patent*）至少在 5%显著性水平上呈正相关关系，且其回归系数均小于主效应，这一检验结果证明，机构投资者网络关系通过促进网络行业内创新信息传递可提升企业创新水平并实现创新活动的溢出和协同。因此，机构投资者网络关系不仅提升了公司信息透明度，同时，也更进一步促进了创新信息传递和溢出，进而有效发挥网络信息效应提升企业创新水平。

表 6-10 信息效应的进一步检验

PartA：信息效应：私有信息传递								
变量	*Pi*				*Patent*			
	(1)	(2)	(3)	(4)	(5)	(6)	(7)	(8)
Constant	4.265*** (26.44)	4.210*** (26.35)	4.135*** (25.69)	4.260*** (26.36)	-8.716*** (-44.95)	-8.795*** (-45.78)	-8.755*** (-45.05)	-8.692*** (-44.76)
Pi					0.015** (2.01)	0.016** (2.09)	0.016** (2.16)	0.015** (2.02)
Degree	1.050*** (3.19)				1.508*** (3.67)			
Between		5.566 (0.82)				10.32 (1.31)		
Close			-0.284*** (-3.40)				0.214*** (2.90)	
Eigen				1.469*** (2.58)				2.913*** (3.84)

续表

变量	Pi				Patent			
PartA：信息效应：私有信息传递								
	(1)	(2)	(3)	(4)	(5)	(6)	(7)	(8)
Year/Firm	Yes	Yes	Yes	Yes	Yes	Yes	Yes	Yes
N	20826	20826	20826	20826	20826	20826	20826	20826
Ajust R^2	0.351	0.351	0.351	0.351	0.362	0.362	0.362	0.362

PartB：信息效应：创新信息传递

变量	Rd_other				Patent			
	(1)	(2)	(3)	(4)	(5)	(6)	(7)	(8)
Constant	0.029** (2.34)	-0.020 (-1.61)	-0.008 (-0.60)	0.027** (2.17)	-8.652*** (-45.37)	-8.727*** (-46.16)	-8.687*** (-45.38)	-8.628*** (-45.18)
Rd_other					0.007** (2.09)	0.068*** (2.88)	0.063*** (2.82)	0.011** (2.15)
Degree	1.238*** (19.84)				1.516*** (3.60)			
Between		18.861*** (13.41)				9.120** (2.14)		
Close			0.155*** (18.14)				0.220*** (2.71)	
Eigen				1.842*** (16.61)				2.915*** (3.78)
Year/Firm	Yes	Yes	Yes	Yes	Yes	Yes	Yes	Yes
N	20826	20826	20826	20826	20826	20826	20826	20826
Ajust R^2	0.269	0.248	0.231	0.255	0.362	0.362	0.362	0.362

注：省略控制变量，括号内数据表示 t 值，***、**分别表示回归系数在 1%、5%的水平上显著。

6.6.3 治理效应的进一步检验

6.6.3.1 抑制管理层自利行为

所有权和经营权分离导致了股东和管理层之间往往存在一定的信息不对称，信息不对称能够为管理层的机会主义自利行为提供很多便利，管理者的权力寻租（Bebchuk et al.，2002）极易引发第一类代理问题，主要包括管理层的逆向选择和道德风险。机构投资者共同持股构成的机构投资者网络可以发挥网络联动治理优势，在一定程度上约束和抑制管理层的机会主义行为。参考权小锋等（2010）、王化成等（2019）的研究，定义在职消费（*Perk*）为管理费用扣除董事、高管、监事薪酬和无形资产摊销之后的对数，*Perk* 越大，表示管理层的在职消费数额越大。本章使用如式（6-9）和式（6-10）进行管理层自利行为的中介效应检验。

$$Perk=\alpha_0+\alpha_1 Degree/Between/Close/Eigen+\alpha_2 Size+\alpha_3 Lev+\alpha_4 Grow+\alpha_5 Roa+\alpha_6 Cash+\alpha_7 Age+\alpha_8 PPe+\alpha_9 Shr1+\alpha_{10} Mshare+\alpha_{11} Insratio+Year+Firm+\varepsilon \quad (6-9)$$

$$Patent=\alpha_0+\alpha_1 Degree/Between/Close/Eigen+\alpha_2 Perk+\alpha_3 Size+\alpha_4 Lev+\alpha_5 Grow+\alpha_6 Roa+\alpha_7 Cash+\alpha_8 Age+\alpha_9 PPe+\alpha_{10} Shr1+\alpha_{11} Mshare+\alpha_{12} Insratio+Year+Firm+\varepsilon \quad (6-10)$$

6.6.3.2 抑制大股东隧道行为

大股东可能采取多种非公平手段进行隧道行为来提取私有收益，掠夺中小股东的利益，尤其是通过关联交易，本章通过关联交易中的利益侵占来衡量大股东的隧道行为。虽然监管部门已在 2006 年对企业其他应收款项进行了强势清理，但其在总资产中的比重依然较高，较高的其他应收款往往是企业进行财务舞弊的外在表现，也可能是大股东进行隧道掏空的主要形式（钱苹、罗玫，2015）。参照郑国坚等（2013）和吴先聪等（2016）学者的研究，使用其他应收款衡量大股东利益侵占（*Occupy*），*Occupy*＝上市公司与控股股东及其母、子公司之间的其他应收款除以年末总资产，使用如式（6-11）和式（6-12）进行大股东隧道行为的中介效应检验。

$$Occupy=\alpha_0+\alpha_1 Degree/Between/Close/Eigen+\alpha_2 Size+\alpha_3 Lev+\alpha_4 Grow+\alpha_5 Roa+\alpha_6 Cash+\alpha_7 Age+\alpha_8 PPe+\alpha_9 Shr1+\alpha_{10} Mshare+\alpha_{11} Insratio+Year+Firm+\varepsilon \quad (6-11)$$

$$Patent=\alpha_0+\alpha_1 Degree/Between/Close/Eigen+\alpha_2 Occupy+\alpha_3 Size+\alpha_4 Lev+\alpha_5 Grow+\alpha_6 Roa+\alpha_7 Cash+\alpha_8 Age+\alpha_9 PPe+\alpha_{10} Shr1+\alpha_{11} Mshare+\alpha_{12} Insratio+Year+Firm+\varepsilon \quad (6-12)$$

表 6-11 PartA 列（1）至列（4）是管理层自利行为对机构投资者网络关系的回归结果，除机构投资者网络中介中心度外，其他中心度指标（*Degree*，*Close*，*Eigen*）与在职消费（*Perk*）至少在 10%显著性水平上呈负相关关系，证明机构投资者网络关系能够显著降低在职消费，抑制管理层的自利行为，列（5）至列（8）是机构投资者网络中心度联合在职消费（*Perk*）对创新产出（*Patent*）的回归结果，在职消费（*Perk*）与创新产出（*Patent*）均在 1%显著性水平上呈负相关关系，除机构投资者网络中介中心度外，其他中心度指标（*Degree*，*Close*，*Eigen*）与创新产出（*Patent*）均在 5%显著性水平上呈正相关关系，且其回归系数均小于主效应，这一检验结果证明，机构投资者网络关系通过抑制管理层的自利行为可实现企业创新水平的提升。因此，机构投资者网络关系可以通过

抑制管理层的自利行为而提升公司治理水平，进而有效发挥治理效应并提升企业创新水平。

表 6-11 PartB 列（1）至列（4）是进一步检验了大股东隧道行为对机构投资者网络关系的回归结果，除机构投资者网络中介中心度外，其他中心度指标（*Degree*，*Close*，*Eigen*）与大股东利益侵占（*Occupy*）至少在 10%显著性水平上呈负相关关系，证明机构投资者网络关系能够显著降低大股东利益侵占，有效抑制大股东的隧道挖掘，列（5）至列（8）是机构投资者网络中心度联合大股东利益侵占（*Occupy*）对本企业创新产出（*Patent*）的回归结果，大股东利益侵占（*Occupy*）与创新产出（*Patent*）均在 1%显著性水平上呈负相关关系，除机构投资者网络中介中心度外，其他中心度指标（*Degree*，*Close*，*Eigen*）与创新产出（*Patent*）均在 5%显著性水平上呈正相关关系，且其回归系数均小于主效应，这一检验结果证明，机构投资者网络关系通过降低大股东利益侵占可提升企业创新水平并实现创新活动的溢出和协同。因此，机构投资者网络关系可以通过抑制大股东的隧道行为而提升公司治理水平，进而有效发挥治理效应并提升企业创新水平。

表 6-11　治理效应的进一步检验

PartA：治理效应：抑制管理层自利行为								
变量	*Perk*				*Patent*			
	(1)	(2)	(3)	(4)	(5)	(6)	(7)	(8)
Constant	−3.682*** (−8.37)	−3.681*** (−8.37)	−3.689*** (−3.39)	−3.681*** (−8.37)	−8.822*** (−48.96)	−8.863*** (−49.61)	−8.845*** (−48.94)	−8.805*** (−48.81)
Perk					−0.448*** (−34.93)	−0.449*** (−35.04)	−0.448*** (−34.98)	−0.447*** (−34.90)
Degree	−0.318** (−2.18)				0.803** (2.03)			
Between		1.031 (0.40)				5.964 (0.79)		
Close			−0.068* (−1.71)				0.105** (2.34)	
Eigen				−0.598** (−2.28)				1.662** (2.26)
Year/Firm	Yes	Yes	Yes	Yes	Yes	Yes	Yes	Yes
N	20826	20826	20826	20826	20826	20826	20826	20826
Ajust R^2	0.716	0.716	0.716	0.716	0.408	0.407	0.407	0.408

续表

PartB：治理效应：抑制大股东隧道行为								
变量	*Occupy*				*Patent*			
	(1)	(2)	(3)	(4)	(5)	(6)	(7)	(8)
Constant	-0.459 *** (-34.90)	-0.455 *** (-34.82)	-0.457 *** (-34.82)	-0.458 *** (-34.80)	-9.654 *** (-50.00)	-9.725 *** (-50.83)	-9.687 *** (-50.03)	-9.629 *** (-49.83)
Ocupy					-2.186 *** (-24.10)	-2.191 *** (-24.15)	-2.190 *** (-24.13)	-2.186 *** (-24.12)
Degree	-0.091 *** (-2.98)				1.325 *** (3.31)			
Between		-0.995 (-1.64)				8.229 (1.07)		
Close			-0.014 * (-1.85)				0.199 ** (2.46)	
Eigen				-0.124 ** (-2.33)				2.664 *** (3.61)
Year/Firm	Yes	Yes	Yes	Yes	Yes	Yes	Yes	Yes
N	20826	20826	20826	20826	20826	20826	20826	20826
Ajust R^2	0.332	0.331	0.332	0.332	0.382	0.382	0.382	0.382

注：省略控制变量，括号内数据表示 t 值，***、**、*分别表示回归系数在 1%、5%、10%的水平上显著。

6.7 本章小结

本章主要探讨机构投资者网络关系影响企业技术创新的作用机制，借鉴温忠麟（2005）的中介效应检验方法，分析了机构投资者网络关系提升企业创新水平的可能路径。结论如下：

第一，机构投资者网络关系通过缓解企业融资约束、发挥资源效应进而提升了企业创新水平。从资源依赖理论来看，企业的创新活动受其所能获得的资源约束影响巨大。机构投资者拥有庞大的资金实力和专业的人力资本，历来被视为理性的知情交易者，机构个体通过共同持股形成网络联结后，可以通过彼此间资源交换提升资源优势。企业的机构投资者网络中心度越高，越能吸引更多投资者以及潜在客户的关注，进而带给企业更多稀缺资源的注入，从而有效缓解企业融资约束，提升企业创新水平。机构投资者网络关系提升企业创新水平的资源效应的融资约束缓解主要源于机构投资者网络关系对企业商业信用和股权融资能力的提升，机构投资者个体通过网络关系中信息流通和传递更有益于扩大持股企业间的商业合作、吸引更多股权投资者的广泛关注从而提升企业外部融资能力进而提升企业创新水平，而通过债务融资能力的提高促进企业创新水平提升的作用并不显著。

第二，机构投资者网络关系通过提高企业信息透明度、发挥信息效应进而提升了企业创新水平。企业技术创新因存在严重信息不对称极易诱发代理问题进而导致创新水平较低，机构投资者网络通过促进信息在资本市场中的流动与传递将帮助企业获取关键信息优势、减小信息不对称、带来更多经济利益交换以及传播创新模式等多种信息效应。信息的传递和共享有利于进一步提升网络个体相关信息的相似性和相关性，进而促进并强化其交易决策一致性，引致理性“伪羊群效应”的产生和传播，并将相关信息快速传递至网络外部乃至整个资本市场。机构投资者网络关系提高了网络内部以及资本市场信息的全面性、准确性和及时性，进一步降低各参与主体之间的信息不对称，提高了公司信息透明度从而能够发挥正向增加研发投资的信息效应。机构投资者网络中心度通过促进私有信息传递和网络行业内创新信息传递可提升企业创新水平并实现创新活动的溢出和协同。因此，机构投资者网络关系不仅提升了公司信息透明度，与此同时，也更进一步促进了私有信息甚至是创新信息传递和溢出，进而有效发挥网络信息治理效应提升企业创新水平。

第三，机构投资者网络关系通过提高企业公司治理水平、发挥治理效应进而提升了企业创新水平。一是网络信息共享能够加深机构投资者对公司的了解，提高机构投资者监督公司管理层的积极性，能够形成有效的外部监督；二是机构投资者网络关系还是机构投资者采取一致行动的纽带，会强化机构投资者交易行为或投票行为的一致性，促使多家机构投资者联名提交股东议案，影响公司决策。一致行动会带来机构投资者话语权和监督力的增强，有效抑制管理层的自利行为和大股东的隧道行为，促进资源流向能给企业带来正的现金流量的创新项目而提升企业创新水平。

第四，Bootstrap 自体抽样检验发现，机构投资者网络关系影响企业创新的三种效应中占主导地位的是资源效应，另外为信息效应和治理效应。企业应该更加重视网络资源的获取和利用，以充分调动网络资源服务于企业的创新活动和其他企业管理行为。

7 机构投资者网络关系与企业创新：经济后果

7.1 问题提出

创新是企业赖以生存与发展并获取核心竞争能力的重要公司战略，能够通过优化资源的合理配置而有效缓解经济快速发展的环境和资源约束，进而实现企业发展由粗放型向集约型的快速转变。党的十九大报告明确表明，创新是引领国家高质量发展的第一动力，是建设现代化经济体系的重大战略支撑，是实现创新型国家的首要关键路径。然而，从我国企业创新行为的效率来看，其在创新过程中往往存在浪费创新资源所导致的资源错配问题，并致使企业深陷创新效率低下的“科技创新困境”。创新投入未必带来理想的创新产出，创新产出也未必具备较高产出质量以及合理产出结构。作为创新活动的另一研究范畴，创新效率可以更全面地体现企业创新竞争力与可持续发展能力。就国家层面而言，相关研究发现，国家以及政府通过配置创新资源而对企业创新活动的参与能够提高企业创新效率（Nasierowski and Arcelus，2003）；创新效率在区域层面的研究重点较多关注地区金融发展程度（白俊红、蒋伏心，2011）、产业规模（张长征、黄德春，2012）、区域政府干预（Guan and Chen，2012）以及税收优惠（李彦龙，2018）等因素；创新效率在企业层面的研究重点关注了高管和董事这类企业特定决策群体，相关研究分别从董事长持股比例（张洪辉等，2010）、高管薪酬（翟淑萍等，2017）、管理层能力（姚立杰、周颖，2018）、高管激励（刘晓慧等，2018）等微观因素展开讨论。创新作为一项投入大、周期长、风险高的不确定性行为，其实施过程要受制于企业多个方面因素的制约。稀缺的创新资源决定了企业创新投入水平及可持续性；及时的研发信息决定了创新的方向和成功率，有效的监督治理决定了企业创新的风险承担水平及创新质量（王贞洁、王京，2018）。因此，影响企业创新效率的本源还是在于企业能否及时获取外部稀缺资源满足技术创新、能否充分获得研发相关信息降低信息不对称以及能否进一步提升高管风险承担、缓解代理冲突进而促进高质量企业创新行为并提升企业创新效率。

机构投资者历来凭借其专业的决策判断能力、丰富的投资分析经验、有效的信息获取通道、出色的信息处理能力以及低信息收集成本优势被誉为“理性的知情交易者”。机构投资者共同持股构成的机构投资者网络更有可能会强化网络个体相互之间的信息共享与传递，促进机构投资者个体相互之间私有信息的传播和交流（Crane et al.，2019）。机构投资者的网络中心度反映了机构投资者个体在网络中的信息控制程度以及对其他网络个体信息获取的影响力，进而易于产生网络中机构投资者的“伪羊群行为”并使其他机构投资者在选择投资对象和投资方式时会倾向于与领头羊（中心度较高的机构投资者）更加趋同，同时，伴随信息在机构投资者网络中的流通与扩散，必然向资本市场释放企业经营良好的有利信号（企业的机构投资者网络中心度越高，作为理性交易人的机构投资者越多，企业经营越好）。由此而来，企业的机构投资者网络中心度越高，越能有效吸引资本市场上更多理性投资者、债权人以及潜在客户等利益相关者的广泛关注，从而带给企业更多稀缺资源、私有信息和外部监督，进而影响企业创新效率。

机构投资者网络关系是“富有的”“聪明的”“积极的”，基于机构投资者网络的资源、信息和治理优势，机构投资者网络关系能否缓解企业创新现金敏感性以缓解创新不足、能否抑制创新迎合以避免创新过度、能否进一步提升企业创新质量进而提升企业创新效率？最终又是否会影响企业的资源配置？

7.2 理论分析与研究假设

7.2.1 机构投资者网络关系与创新现金依赖：缓解创新不足

创新投资的长期性、隐蔽性以及风险性特征更易导致创新融资的柠檬效应，相较于企业固定资产等投资，资本市场对创新投资要求更高的柠檬溢价，致使创新投资面临较高的外部融资成本从而强化其对内部资金的依赖程度。因此，理论上企业创新投资与企业的现金持有呈显著的正相关关系（创新现金敏感性），创新现金敏感性能较好地反映企业创新倾向，企业创新投资的现金敏感性越高，企业创新行为越保守，更易导致企业创新投资不足从而弱化企业创新效率。

创新投资所需的稳定融资来源以及高度内在不确定性导致企业承担较大投资失败风险，加之由于市场、技术等原因致使这一需求和风险所对应的不确定性增大，进一步强化了外部资金提供方对企业创新活动的谨慎态度。机构投资者网络的资源效应和信息效应将提高企业面对环境不确定性的风险承担水平（张敏等，2015）。对于拥有较高机构投资者网络中心度的企业来说，机构投资者网络的信息扩散将向资本市场传递企业经营良好的有力信号，从而提高企业获取资本资源的能力，为企业创新投资提供强有力的外部融资支持（王营、张光利，2018）而缓解企业创新现金流敏感性，公司将选择开展之前无法进行的创新活动，避免创新投资不足进而有可能提升企业创新效率。

7.2.2 机构投资者网络关系与创新迎合倾向：抑制创新过度

非理性激进的投资者偏好大规模的投资行为并愿意为此支付更高溢价，理性的管理层出于自利动机以及声誉激励会为维持偏误的高股价而迎合这种非理性的投资需求。不确定性大、难以预估的创新项目相对于普通投资更容易激发管理层的投资迎合（Dong et al.，2016），其出发点在于追逐自身利益最大化而非企业价值最大化，维护错误定价的目的在于实现自身期权价值最大化以及维护其高管职位而并非致力于提高企业竞争力，创新迎合更可能引发管理层决策偏误，引致企业创新过度从而降低企业创新效率。

机构投资者网络中私有信息的共享和流通能够提升网络个体自身信息的相关性和相似性，提升网络个体交易决策的一致性，并引致理性“伪羊群效应”的产生和传播，通过将相关信息快速传递至网络外部乃至整个资本市场，有利于降低企业信息不对称（郭白滢、李瑾，2019），提高公司信息透明度从而能够发挥网络信息治理效应抑制企业盲目投入创新资源的创新迎合（刘柏、徐小欢，2020）；机构投资者网络中心度越高，越能吸引更多投资者以及潜在客户的广泛关注，提升企业外部监督的同时，机构投资者网络个体更可能采取一致行动从而强化其交易行为或投票行为的一致性（肖欣荣等，2012），网络内机构投资者个体联名提交股东议案也进一步强化了机构投资者的话语权和监督力，进而显著影响公司的战略决策（王珏、祝继高，2015），进一步抑制管理层的自利性机会主义行为。本章认为，机构投资者网络的信息及治理效应可能会纠正企业管理层偏误的创新理念及创新目标，抑制其机会主义动机及非理性创新迎合行为，缓解企业创新过度从而有可能提升企业创新效率。

7.2.3 机构投资者网络关系与企业创新质量：提高创新质量

我国企业的创新产出一般用专利产出进行衡量，具体包括三种类型，分别为外观设计专利、实用新型专利及发明专利。这三种类型的创新成果在研发难度、研发周期、创新资源投入及其所产生的边际价值方面存在较大差异。外观设计专利一般为通过改变产品形状、式样、色彩或其组合方式所产生的创新成果；对产品的用途或者构造进行重新组合并使其发挥更大使用价值的创新成果为实用新型专利；发明专利在三种创新成果中的创新质量及创新价值最高，主要指独创的、前所未有的新颖的方法或技术。相较于外观设计专利和实用新型专利，发明专利更能体现企业创新质量（Gao and Hsu，2017），企业的持续健康发展离不开发明创造，但由于较大规模的发明创造需要企业投入数额庞大的创新资源，并且在研发过程中还要承担较大研发失败的风险，致使企业的发明型创新行为对管理层产生较高的外部性，在研发资金的刚性约束下，为避免发明型创新的高风险由管理层承担而相关收益被股东侵占，管理层会更加倾向于避免发明创造型创新项目而偏好选择风险相对较小的外观设计和实用新型的创新项目，进而有可能导致上市公司技术创新质量不高。

基于企业“资源观”，发明专利对于稀缺创新资源的需求更加迫切，机构投资者在资源整合、信息传递方面具有较大的相对优势，可以凭借其专业性行业背景和规模性资本优势缓解融资问题对公司创新项目的资金制约进而提升公司创新质量；机构投资者网络的自身投资利益驱动也会促使机构投资者网络推动企业创新质量的提升，相对来说，只有高质量创新才能实质性提升企业创新价值并推动企业长期健康发展，基于资本的天然逐利性，机构网络个体为了获得长期稳定回报也希望通过推动企业高质量创新来实现上市公司价值的提升，并分享高质量创新带来的经营利润和投资回报（Aghion et al.，2013）；由于创新具有高度不确定性，管理层基于委托代理理论的私利动机和短视行为将会促使其任意操纵创新活动资金，从而损害公司长期利益，机构投资者网络的治理效应能够促使网络个体积极监督，缓解创新项目的信息不对称，降低内部人的研发资金操纵，从而促进企业进行高质量长期性研发创新（王新红等，2017）。机构投资者网络的资源优势及出于经济利益分享以及监督治理目的等突出特征将会促使机构投资者网络提升企业创新质量。

7.2.4 机构投资者网络关系与企业创新效率：提升创新效率

与并购及资本投资等其他投资形式比较，创新具有正外部性较强的典型特征，其投资面临的“跟随效应”或者“模仿效应”使得创新企业很少过多披露创新项目相关信息，从而极易导致创新的资源错配，市场对企业创新活动的错误定价，是增加企业创新资源摩擦成本的重要影响因素并抑制创新效率的提升；信息不对称不利于知识经验的溢出和创新产业的聚集从而形成的“创新孤岛”也会损害企业的创新效率，并极易造成外部投资者低估企业创新价值进而引发创新资源配置的扭曲；企业创新活动不确定性大、难以预估等特点会引致管理层为了个人业绩与声誉的顾虑而选择保守性投资，并且更倾向于实施短期收益回报率较高的投机性投资行为，由此而引致的管理层短视或者机会主义行为将进一步降低企业的技术创新效率，削弱企业的持续竞争优势。企业创新投入的增加未必带来相应的创新产出。企业管理层选择创新项目的目的也可能是为了获得更多的政府补贴和提高企业的市场形象，这样的创新投入有利于管理层晋升，但可能缺乏实际作用进而损害企业的创新效率和公司价值（郑志刚等，2012）。

社会网络的资源互通和信息传递可以有效促进企业创新投资并提高企业创新成功率。与金融机构的网络联结有助于降低企业贷款融资成本，CEO 的网络联结也能显著提升企业资源整合能力（Engelberg et al.，2013），企业董事长的网络联结更有利于提升公司的风险承担水平（张敏等，2015）。企业通过各种网络联结可以实现创新稀缺资源整合并提升公司风险承担水平进而促进企业创新活动有效实施。机构投资者网络的资源优势一定程度上有利于降低外部融资约束，成为“反哺”企业实施长期创新投资活动的“蓄水池”。机构投资者网络则可以通过提高信息透明度缓解创新资源错配，有效削减企业创新投资过程中的创新资源摩擦，从而有利于降低高管对创新投资项目的搜寻成本，机构投资者网络越丰富，行业标杆和“学习效应”的作用越明显，从而有利于提升企业创新效率。机构投资者网络传递的私有信息以及蕴藏的稀缺资源将为企业创新提供必要的技术和资源条件，促使创新产出更好更快转化为企业核心竞争能力。机构投资者网络纳入公司治理，有利于强化企业外部监督、抑制高管自利动机、降低企业过度投资并提升决策效率，进而保证企业创新活动中资源配置的合理性。机构投资者网络如若前文分析能够缓解现金之于企业的创新约束、抑制企业创新迎合并提升企业创新质量，则机构投资者网络关系也可能进一步提高企业创新效率。基于以上分析，提出假设如下：

H7-1：机构投资者网络关系有利于提升企业创新效率。

机构投资者网络关系是“富有的”“聪明的”“积极的”，基于机构投资者网络的资源、信息和治理优势，机构投资者网络关系也能缓解企业创新现金敏感性以克服创新不足、抑制创新迎合以避免创新过度、进一步提升企业创新质量以提高企业创新投入产出比和企业创新价值增值而提升企业创新效率，图 7-1 为本章的研究逻辑。

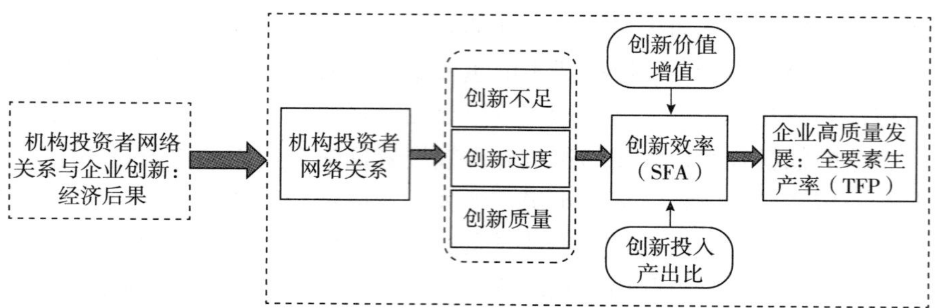

图 7-1　机构投资者网络→创新不足/创新过度/创新质量→企业创新效率→全要素生产率

7.3　研究设计

7.3.1　样本选择与数据来源

中国证监会于 2007 年对上市公司创新支出和专利披露做出规范，因此大多数上市企业从 2007 年开始披露其创新支出和产出情况，本章将 2007~2019 年作为研究样本区间，并对样本进行如下处理：①剔除金融保险类公司数据；②剔除 ST 类公司的参股样本；③剔除有关财务或治理数据缺失的样本；④剔除销售收入小于 0 以及资产规模过度增长的上市公司数据；⑤为保证检验结果的稳健性，对所有连续变量进行了 1%和 99%水平上的缩尾处理。最终，共获得 20826 个年度—公司数据。机构投资者持有上市公司股权的明细数据来源于 Wind 数据库中机构投资者重仓持股明细子数据库并使用网络分析软件 Pajek 计算相关网络中心度。企业创新数据来自 CSMAR 数据库和 CNRDS 数据库的多库合并，上市公司财务与公司治理数据来源于 CSMAR 数据库，本章使用 Stata16.0 进行统计分析。

7.3.2　模型设计

7.3.2.1　创新现金依赖

创新投资面临较高的外部融资成本从而更加偏好依赖内部资金而存在创新投资不足。因此，企业创新投资可能与企业的现金持有呈显著的正相关关系（创新现金敏感性），企业创新投资的现金敏感性越高，企业创新行为越保守，更易导致企业创新投资不足从而弱化企业创新效率。因此，本章通过式（7-1）实证检验机构投资者网络关系对企业创新现金敏感性的影响：

$$Rd = \beta_0 + \beta_1 Degree/Between/Close/Eigen + \beta_2 D/B/C/E \times Cash + \beta_3 Cash + \sum Controls + \varepsilon \quad (7-1)$$

其中，$D/B/C/E \times Cash$ 为机构投资者网络程度中心度、机构投资者网络中介中心度、机构投资者网络接近中心度、机构投资者网络特征向量中心度与企业现金比率的交乘项。模型中 β_3 如果显著为正，说明企业创新投资将较大依赖企业的内部现金。β_2 如果显著为负，说明企业的机构投资者网络关系能够缓解公司现金敏感性对创新活动的抑制作用，从而有效缓解创新投资不足，若 β_2 显著为正，说明机构投资者网络关系会导致企业对创新的态度更加保守，易强化企业创新投资不足，从而不利于企业创新效率的提高。

7.3.2.2　创新迎合倾向

本章通过滞后一期的股票误定价（*Mis*）与当年的创新投资（*Rd*）的回归系数表征企业的创新迎合（肖虹、曲晓辉，2012；Dong et al.，2016），通过式（7-2）实证检验机构投资者网络关系对创新迎合的影响：

$$Rd = \beta_0 + \beta_1 Degree/Between/Close/Eigen + \beta_2 D/B/C/E \times Mis + \beta_3 Mis + \sum Controls + \varepsilon \quad (7-2)$$

其中，*Mis* 为股票误定价，$D/B/C/E \times Mis$ 为机构网络程度中心度、机构网络中介中心度、机构网络接近中心度、机构网络特征向量中心度与股票误定价的交乘项。式（7-2）中 β_3 如果显著为正，说明企业创新投资存在迎合投资者行为。β_2 如若显著为负，说明企业的机构投资者网络关系能够有效抑制公司创新迎合行为而避免创新过度，β_2 如果显著为正，说明企业的机构投资者网络关系强化了公司创新迎合行为，将有可能进一步导致创新效率的下降。

7.3.2.3　创新质量

本章利用式（7-3）检验机构投资者网络关系对企业发明专利和非发明专利的影响，以检验机构投资者网络关系对企业创新质量的影响。

$$Igrant/Uigrant = \beta_0 + \beta_1 Degree/Between/Close/Eigen + \sum Controls + \varepsilon \quad (7-3)$$

其中，*Igrant* 为未来一期发明专利授权数量的对数，*Uigrant* 为未来一期非发明专利授权数量的对数。如若 *Igrant* 对 *Degree/Between/Close/Eigen* 的回归系数 β_1 更大更显著，可以证明机构投资者网络关系能够显著提升企业创新质量。

7.3.2.4 创新效率

本章首先借鉴周铭山和张倩倩（2016）的研究，构建式（7-4）以检验机构投资者网络关系对企业创新投入的产出水平影响；其次借鉴周铭山和张倩倩（2016）的研究，构建式（7-5）以检验机构投资者网络关系对创新产出价值增值作用的影响；最后借鉴肖文和林高榜（2014）的研究，构建式（7-6）以检验机构投资者网络关系对企业创新效率的影响。

$$Patent = \beta_0 + \beta_1 Degree/Between/Close/Eigen + \beta_2 Rd + \beta_3 Degree/Between/Close/Eigen \times Rd + \sum Controls + \varepsilon \tag{7-4}$$

$$Tq = \beta_0 + \beta_1 Degree/Between/Close/Eigen + \beta_2 Patent + \beta_3 Degree/Between/Close/Eigen \times Patent + \sum Controls + \varepsilon \tag{7-5}$$

$$Te = \beta_0 + \beta_1 Degree/Between/Close/Eigen + \sum Controls + \varepsilon \tag{7-6}$$

式（7-4）中，*Patent* 为未来一期授权专利数量的对数，*Rd* 为本期研发投资占营业收入比重的对数，β_3 若显著为正，说明机构投资者网络关系能够提升企业创新投入产出比，一定程度上证明机构投资者网络对企业创新效率的正面影响；式（7-5）中，*Tq* 为企业公司价值，用托宾 Q 表示，*Tq*=（每股价格×流通股数+每股净资产×非流通股数+负债账面价值）/期末总资产，本章在构建机构投资者网络关系影响企业创新价值增值的模型时，去除了控制变量中的净资产利润率（*Roa*），β_3 若显著为正，说明机构投资者网络关系能够提升企业创新价值增值；*Te* 为随机前沿（SFA）得到的企业创新效率。系数 β_1 如果显著为正，说明机构投资者网络关系能够显著提升企业创新效率。

7.3.3 变量定义

7.3.3.1 被解释变量

本章将运用创新现金依赖考察创新不足、创新迎合考察创新过度、创新质量考察创新的效果和结构问题，从而在此基础上探究机构投资者网络关系对企业创新效率的影响。

（1）创新现金依赖。借鉴相关研究，选用研发投入与营业收入比值（*Rd*）表示企业创新投资，企业期末货币资金相对于总资产比重（*Cash*）表示企业现金持有比率，*Cash* 对 *Rd* 的回归系数表示企业创新投资的现金敏感性（杨鸣京，2019）。

（2）创新迎合。本章借鉴肖虹和曲晓辉（2012）、Dong 等（2016）的研究，选用滞后一期的股票误定价（*Mis*）与当期创新投资（*Rd*）的回归系数表示企业创新迎合。*Mis* 为股票误定价表征变量，用公司股票市值与账面价值比值表示。

（3）创新质量。借鉴孟清扬（2017）的研究，选用未来一期授权发明型专利对数衡量质量型创新产出（*Igrant*），选用未来一期授权实用新型以及外观设计专利对数度量非质量型创新产出（*Uigrant*），稳健性检验时采用未来一期申请的发明专利对数（*Iapply*）和未来一期申请的实用新型、外观设计专利对数（*Uiapply*）表示相对高和相对低质量创新。通过检验机构投资者网络关系对发明授权（申请）型专利以及实用新型、外观设计授权（申请）型专利的影响，来考察机构投资者网络关系对企业创新质量和创新结构的影响。

（4）创新效率。本章使用三种方法衡量创新效率。借鉴周铭山和张倩倩（2016）的研究，使用创新产出相对创新投入的敏感性衡量创新投入产出比；借鉴周铭山和张倩倩（2016）的研究，使用企业价值相对创新产出的敏感性衡量创新价值增值能力；借鉴肖文和林高榜（2014）的研究方法，采用随机前沿法（SFA）[①] 对企业创新效率进行计量。本章构建基于对数型柯布道格拉斯（Cobb-Douglas）生产函数的随机前沿边界生产函数，如式（7-7）所示，进一步分解误差项为随机误差项和无效率项：

$$\mathrm{Ln}(Patent) = \alpha_0+\alpha_1\mathrm{Ln}(Rd)+\alpha_2\mathrm{Ln}(Labour)+v-u$$
$$Te=exp(-u) \tag{7-7}$$

式中，Ln（*Patent*）表示未来一期专利申请数对数；Ln（*Rd*）表示研发投入占营业收入比重的对数，Ln（*Labour*）表示企业研发人员数量对数，v 表示随机误差项，u 表示无效率误差项，服从 $N(m, \sigma_u^2)$，可以用 $exp(-u)$ 表示企业创新效率（*Te*）。

7.3.3.2 解释变量和控制变量

机构投资者网络关系和控制变量定义如第 4 章所示，本章主要变量设计如表 7-1 所示。

表 7-1 变量定义及说明：经济后果

变量分类	变量符号	变量名称	变量定义
被解释变量	*Rd*	创新投资	研发投入/营业收入
	Igrant	发明专利	未来一期授权发明专利+1 的对数
	Uigrant	非发明专利	未来一期授权非发明专利+1 的对数
	Patent	创新产出	未来一期授权专利+1 的对数

① 创新效率有参数指标和非参数指标两类衡量方式，采用参数指标容易与企业创新相关变量混淆，非参数指标主要有包络分析法（DEA）和随机前沿分析法（SFA），SFA 可以将随机因素纳入衡量范围，有效估计技术的无效率产出，在此基础上得到效率产出。

续表

变量分类	变量符号	变量名称	变量定义
被解释变量	*Tq*	企业价值	（每股价格×流通股数+每股净资产×非流通股数+负债账面价值）/期末总资产
	Te	创新效率	SFA 计算的技术创新效率
解释变量	*Degree*	机构网络程度中心度	重仓持股 *i* 公司机构网络程度中心度均值
	Between	机构网络中介中心度	重仓持股 *i* 公司机构网络中介中心度均值
	Close	机构网络接近中心度	重仓持股 *i* 公司机构网络接近中心度均值
	Eigen	机构网络特征向量中心度	重仓持股 *i* 公司机构网络特征向量中心度均值
控制变量	*Size*	资产规模	资产总额对数
	Lev	负债比率	负债总额/资产总额
	Grow	企业成长性	营业收入增长率
	Roa	总资产利润率	净利润/总资产
	Cash	现金持有比率	期末货币资金/总资产
	Age	公司年龄	公司成立年数的自然对数
	PPe	资本支出	经总资产调整后的资本支出
	*Shr*1	第一大股东持股	第一大股东持股/股本
	Mshare	管理层持股比例	管理层持股量/流通股数量
	Insratio	机构持股比例	机构持股数量/流通股数量

7.4 实证结果及分析

7.4.1 描述性统计

对样本变量进行描述性统计，有助于从整体上初步认识和分析各变量的相关关系。表 7-2 列示了主要变量的描述性统计结果。企业创新投入（*Rd*）的均值为 0.0314，最大值为 0.2235；企业创新产出授权发明专利（*Igrant*）的均值为 1.0121，最大值为 5.4467；企业创新产出授权非发明专利（*Uigrant*）的均值为 1.0259，最大值为 8.5021，说明企业整体创新水平不高，而不同企业间的创新水平也具有一定差距；企业创新效率（*Te*）的均值为 0.0241，最小值为 0.0012，最大值为 1.0000，不同企业间的创新效率存在一定差距，本章中 *Te* 是在既定创新投入基础上，最大化创新产出，度量方式是采用 SFA 随机前沿分析，因此强调需要有创新投入（包含资本投资以及研发人员），因此这里计算出来的创新效率存在一定缺失值。网络中心度的相关指标的均值与现有文献差异不大，均处在合理范围之内。

表 7-2 描述性统计结果

变量名称	样本量	均值	标准差	最小值	最大值
Rd	20826	0.0314	0.0410	0.0000	0.2235
Igrant	20826	1.0121	1.3872	0.0000	5.4467
Uigrant	20826	1.0259	1.4843	0.0000	8.5021
Patent	20826	1.5906	1.7434	0.0000	6.3648
Tq	20826	2.0401	1.3357	0.1528	31.4002
Te	20631	0.0241	0.0686	0.0012	1.0000
Degree	20826	0.0130	0.0229	0.0000	0.1055
Between	20826	0.0004	0.0010	0.0000	0.0068
Close	20826	0.3384	0.0990	0.0000	0.4823
Eigen	20826	0.0053	0.0124	0.0000	0.0717
Cash	20826	0.1666	0.1256	0.0133	0.6179
Mix	20826	3.7591	2.7745	0.5000	21.453
Size	20826	22.1236	1.2620	19.9713	26.0857
Lev	20826	0.4207	0.1975	0.0532	0.8421
Grow	20826	0.1909	0.3612	−0.4673	2.1399
Roa	20826	0.0455	0.0471	−0.1326	0.1922
Age	20826	1.8477	0.9460	0.0000	3.3673
PPe	20826	0.0537	0.0488	0.0004	0.2323
*Shr*1	20826	0.3522	0.1475	0.0903	0.7486
Mshare	20826	0.1243	0.1938	0.0000	0.6775
Insratio	20826	0.0689	0.0755	0.0000	0.3518

7.4.2 机构投资者网络关系与企业创新现金依赖的回归分析

表 7-3 是机构投资者网络中心度对企业创新现金依赖程度的回归分析。列

（1）至列（4）分别是以机构投资者网络程度中心度（*Degree*）、机构投资者网络中介中心度（*Between*）、机构投资者网络接近中心度（*Close*）、机构投资者网络特征向量中心度（*Eigen*）衡量机构投资者网络关系进而对企业创新投资现金依赖影响的回归结果。现金持有比率（*Cash*）的回归系数至少在10%的显著性水平上与企业创新投入（*Rd*）呈正相关关系，说明企业的创新投资较多依赖企业现金；机构投资者网络中心度（*Degree*，*Betwen*，*Close*，*Eigen*）与现金持有比率（*Cash*）的交乘项（*Degree_cash/Between_cash/Close_cash/Eigen_cash*）的回归系数至少在10%的显著性水平上与企业创新投入（*Rd*）呈负相关关系，说明机构投资者网络关系降低了公司现金约束对创新投资的抑制作用，公司将可以开展之前无法进行的创新活动，从而进一步克服企业创新投资不足。

表7-3　机构投资者网络关系与企业创新现金依赖

变量	*Rd*			
	(1)	(2)	(3)	(4)
Constant	-0.012 (-0.67)	-0.012 (-0.69)	-0.012 (-0.66)	-0.012 (-0.68)
Cash	0.008* (1.92)	0.006** (2.57)	0.006* (1.68)	0.007* (1.74)
Degree	0.050*** (3.71)			
Degree_cash	-0.150** (-2.17)			
Between		0.598*** (2.69)		
Between_cash		-1.712** (-2.33)		
Close			0.007* (1.92)	
Close_cash			-0.028** (-2.01)	
Eigen				0.076*** (3.43)
Eigen_cash				-0.209* (-1.72)
Size	0.002** (2.01)	0.002** (2.03)	0.002* (1.95)	0.002** (2.03)

续表

变量	Rd			
	(1)	(2)	(3)	(4)
Lev	-0.019*** (-6.04)	-0.019*** (-6.04)	-0.019*** (-6.03)	-0.019*** (-6.05)
Grow	-0.003*** (-7.28)	-0.003*** (-7.27)	-0.003*** (-7.30)	-0.003*** (-7.28)
Roa	-0.053*** (-7.12)	-0.052*** (-7.02)	-0.053*** (-7.09)	-0.053*** (-7.08)
Age	-0.001 (-1.30)	-0.001 (-1.27)	-0.001 (-1.30)	-0.001 (-1.27)
PPe	0.028*** (5.05)	0.029*** (5.10)	0.029*** (5.07)	0.029*** (5.07)
*Shr*1	-0.008 (-1.54)	-0.007 (-1.49)	-0.007 (-1.48)	-0.007 (-1.52)
Mshare	0.006 (1.16)	0.006 (1.17)	0.006 (1.14)	0.006 (1.17)
Insratio	-0.002 (-0.45)	0.000 (0.06)	-0.002 (-0.37)	-0.001 (-0.27)
Year/Firm	Yes	Yes	Yes	Yes
N	20826	20826	20826	20826
Ajust R^2	0.176	0.176	0.176	0.176

注：省略控制变量，括号内数据表示t值，***、**、*分别表示回归系数在1%、5%、10%的水平上显著。

7.4.3 机构投资者网络关系与企业创新迎合倾向的回归分析

表7-4是机构网络中心度对企业创新迎合影响的回归分析。企业高管为拉升其所在公司的股价可能存在通过创新项目实施迎合投资者的机会主义自利动机。这种不是以提高公司竞争力为目的的创新动机无益于公司的整体创新效率的提升。创新迎合通过上一期公司股票误定价水平的回归系数表征，列（1）至列（4）分别是以机构投资者网络程度中心度（*Degree*）、机构投资者网络中介中心度（*Between*）、机构投资者网络接近中心度（*Close*）、机构投资者网络特征向量中心度（*Eigen*）衡量机构投资者网络关系进而考察对企业创新迎合影响的回归结果。股票误定价（*Mis*）的回归系数至少在5%的显著性水平上与企业创新投入（*Rd*）呈正相关关系，说明企业确实存在迎合投资者的创新行为；机构投资者网

络中心度（*Degree*，*Betwen*，*Close*，*Eigen*）与股票误定价水平（*Mis*）的交乘项（*Degree_Mis/Between_Mis/Close_Mis/Eigen_Mis*）的回归系数至少在10%的显著性水平上与企业创新投入（*Rd*）呈负相关关系，说明机构投资者网络关系显著缓解了公司迎合投资者情绪的创新行为，将有利于提升公司整体的创新效率。

表 7-4　机构投资者网络关系与企业创新迎合

变量	*Rd*			
	(1)	(2)	(3)	(4)
Constant	-0.021 (-1.19)	-0.021 (-1.20)	-0.023 (-1.25)	-0.021 (-1.20)
Mis	0.001*** (3.87)	0.001*** (3.66)	0.001** (2.51)	0.001*** (3.81)
Degree	0.042*** (3.31)			
Degree_mis	-0.005* (-1.70)			
Between		0.447** (2.25)		
Between_mis		-0.038* (-1.74)		
Close			0.011*** (2.61)	
Close_mis			-0.001** (-2.20)	
Eigen				0.048** (2.13)
Eigen_mis				-0.003** (-2.54)
Size	0.002** (2.48)	0.002** (2.49)	0.002** (2.41)	0.002** (2.50)
Lev	-0.021*** (-6.76)	-0.021*** (-6.77)	-0.021*** (-6.82)	-0.021*** (-6.77)
Grow	-0.004*** (-7.88)	-0.004*** (-7.86)	-0.004*** (-7.85)	-0.004*** (-7.86)
Roa	-0.059*** (-7.88)	-0.058*** (-7.85)	-0.059*** (-7.93)	-0.059*** (-7.87)

续表

变量	*Rd*			
	(1)	(2)	(3)	(4)
Cash	0. 006 (1. 41)	0. 006 (1. 41)	0. 005 (1. 38)	0. 006 (1. 41)
Age	-0. 001 (-1. 25)	-0. 001 (-1. 24)	-0. 001 (-1. 22)	-0. 001 (-1. 25)
PPe	0. 027*** (4. 89)	0. 027*** (4. 92)	0. 027*** (4. 91)	0. 027*** (4. 91)
*Shr*1	-0. 007 (-1. 45)	-0. 007 (-1. 45)	-0. 007 (-1. 46)	-0. 007 (-1. 45)
Mshare	0. 007 (1. 29)	0. 007 (1. 28)	0. 007 (1. 27)	0. 007 (1. 28)
Insratio	-0. 004 (-0. 95)	-0. 002 (-0. 58)	-0. 004 (-0. 90)	-0. 004 (-0. 86)
Year/Firm	Yes	Yes	Yes	Yes
N	20826	20826	20826	20826
Ajust R^2	0. 179	0. 179	0. 179	0. 179

注：省略控制变量，括号内数据表示 t 值，***、**、*分别表示回归系数在 1%、5%、10%的水平上显著。

7.4.4 机构投资者网络关系与企业创新质量的回归分析

表 7-5 是机构投资者网络关系对企业创新质量影响的分组检验结果。将授权的发明专利作为质量型创新成果，授权的实用新型以及外观设计专利作为非质量型创新成果，列（1）至列（4）是对未来一期企业授权的发明专利（*Igrant*）的回归结果，列（5）至列（8）是对未来一期企业授权的非发明专利（*Uigrant*）的回归结果。机构投资者网络中心度（*Degree*，*Between*，*Close*，*Eigen*）的回归系数至少在 10%显著性水平上与发明专利呈正相关关系，而与实用型以及外观设计专利均呈不显著的正相关关系，且与发明专利的回归系数绝对值要大于与实用新型以及外观设计专利的回归系数绝对值。说明机构投资者网络关系更能够显著提升质量型创新成果，提升企业创新质量。

表 7-5 机构投资者网络关系与企业创新质量

变量	Igrant				Ugrant			
	(1)	(2)	(3)	(4)	(5)	(6)	(7)	(8)
Constant	-5.892*** (-26.22)	-5.982*** (-26.80)	-5.911*** (-26.14)	-5.866*** (-26.06)	-4.821*** (-19.71)	-4.851*** (-19.95)	-4.858*** (-19.69)	-4.789*** (-19.55)
Degree	1.867*** (3.85)				0.825 (1.64)			
Between		16.651* (1.75)				14.22 (1.42)		
Close			0.389*** (4.06)				0.049 (0.49)	
Eigen				3.519*** (3.97)				2.076 (1.26)
Size	0.274*** (24.57)	0.278*** (25.09)	0.271*** (23.84)	0.272*** (24.38)	0.231*** (19.37)	0.232*** (19.57)	0.233*** (19.00)	0.229*** (19.19)
Lev	0.037 (0.60)	0.034 (0.56)	0.041 (0.67)	0.040 (0.65)	0.133** (2.11)	0.133** (2.11)	0.131** (2.09)	0.135** (2.15)
Grow	-0.088*** (-3.90)	-0.087*** (-3.82)	-0.088*** (-3.89)	-0.087*** (-3.84)	-0.128*** (-5.56)	-0.127*** (-5.54)	-0.127*** (-5.53)	-0.127*** (-5.54)
Roa	1.605*** (7.51)	1.685*** (7.89)	1.623*** (7.58)	1.605*** (7.51)	1.825*** (8.12)	1.856*** (8.29)	1.855*** (8.25)	1.812*** (8.07)
Cash	0.254*** (3.31)	0.256*** (3.33)	0.245*** (3.18)	0.254*** (3.31)	0.078 (0.97)	0.079 (0.99)	0.078 (0.96)	0.078 (0.97)
Age	-0.068*** (-5.62)	-0.068*** (-5.64)	-0.071*** (-5.85)	-0.068*** (-5.66)	-0.090*** (-7.09)	-0.090*** (-7.09)	-0.091*** (-7.11)	-0.091*** (-7.11)
PPe	0.477** (2.55)	0.486*** (2.60)	0.463** (2.47)	0.482** (2.57)	-0.214 (-1.11)	-0.211 (-1.10)	-0.213 (-1.11)	-0.213 (-1.11)
Shr1	0.060 (0.95)	0.065 (1.04)	0.063 (1.01)	0.061 (0.97)	0.253*** (3.90)	0.255*** (3.93)	0.256*** (3.95)	0.253*** (3.90)
Mshare	0.0890 (1.62)	0.100* (1.81)	0.098* (1.78)	0.092* (1.68)	0.303*** (5.11)	0.307*** (5.18)	0.308*** (5.20)	0.303*** (5.11)
Insratio	0.623*** (4.46)	0.839*** (6.62)	0.719*** (5.48)	0.659*** (4.88)	0.590*** (3.93)	0.670*** (4.87)	0.682*** (4.75)	0.574*** (3.95)
Year/Firm	Yes	Yes	Yes	Yes	Yes	Yes	Yes	Yes
N	20826	20826	20826	20826	20826	20826	20826	20826
Ajust R^2	0.249	0.248	0.249	0.249	0.277	0.277	0.277	0.277

注：省略控制变量，括号内数据表示 t 值，***、**、*分别表示回归系数在 1%、5%、10%的水平上显著。

7.4.5 机构投资者网络关系与企业创新效率的回归分析

7.4.5.1 机构投资者网络关系与企业的投入产出率

表 7-6 列（1）至列（4）是以机构投资者网络程度中心度（*Degree*）、机构投资者网络中介中心度（*Between*）、机构投资者网络接近中心度（*Close*）、机构投资者网络特征向量中心度（*Eigen*）衡量机构投资者网络关系进而对企业创新投入产出率的回归结果。机构投资者网络中心度（*Degree*，*Close*，*Eigen*）与企业技术创新投入（*Rd*）的交乘项系数至少在 5% 显著性水平上与创新产出（*Patent*）呈正相关关系，证明机构投资者网络关系能够改善企业创新效率。

表 7-6 机构投资者网络关系与企业创新投入产出率

变量	*Patent*			
	(1)	(2)	(3)	(4)
Constant	-10.829*** (-47.52)	-10.849*** (-48.01)	-10.842*** (-47.42)	-10.800*** (-47.25)
Rd	5.788*** (17.31)	5.643*** (18.17)	3.975*** (4.77)	5.753*** (17.91)
Degree	0.318** (2.54)			
Degree_rd	2.709** (2.27)			
Between		12.040 (0.99)		
Between_rd		29.100 (1.20)		
Close			0.245* (1.83)	
Close_rd			5.056** (2.26)	
Eigen				1.183** (2.11)
Eigen_rd				2.575** (2.12)
Size	0.506*** (46.02)	0.508*** (46.49)	0.510*** (45.41)	0.505*** (45.72)

续表

变量	Patent			
	(1)	(2)	(3)	(4)
Lev	0.116* (1.74)	0.113* (1.70)	0.111* (1.67)	0.117* (1.76)
Grow	-0.067*** (-2.68)	-0.067*** (-2.67)	-0.068*** (-2.71)	-0.067*** (-2.69)
Roa	1.578*** (6.95)	1.584*** (7.00)	1.591*** (7.00)	1.560*** (6.86)
Cash	-0.332*** (-4.10)	-0.332*** (-4.09)	-0.330*** (-4.06)	-0.332*** (-4.10)
Age	0.017 (1.31)	0.016 (1.27)	0.016 (1.24)	0.016 (1.29)
PPe	-0.693*** (-3.45)	-0.690*** (-3.44)	-0.683*** (-3.40)	-0.693*** (-3.45)
*Shr*1	0.154** (2.29)	0.158** (2.34)	0.160** (2.38)	0.153** (2.28)
Mshare	0.258*** (4.52)	0.259*** (4.55)	0.263*** (4.61)	0.257*** (4.50)
Insratio	0.626*** (4.18)	0.668*** (4.91)	0.698*** (4.90)	0.590*** (4.08)
Year/Firm	Yes	Yes	Yes	Yes
N	20826	20826	20826	20826
Ajust R^2	0.499	0.499	0.499	0.499

注：省略控制变量，括号内数据表示 t 值，***、**、*分别表示回归系数在 1%、5%、10%的水平上显著。

7.4.5.2 机构投资者网络关系与企业创新产出的价值增值

表 7-7 列（1）至列（4）是以机构投资者网络程度中心度（*Degree*）、机构投资者网络中介中心度（*Between*）、机构投资者网络接近中心度（*Close*）、机构投资者网络特征向量中心度（*Eigen*）衡量机构投资者网络关系进而对企业创新产出的价值增值的回归结果。机构投资者网络中心度（*Degree*，*Between*，*Close*，*Eigen*）与企业技术创新产出（*Patent*）的交乘项系数至少在 5%显著性水平上与企业价值（*Tq*）呈正相关关系，证明机构投资者网络关系能够提升创新产出的价值增值而优化企业创新效率。

表 7-7 机构投资者网络关系与企业创新产出价值增值

变量	Tq			
	(1)	(2)	(3)	(4)
Constant	11. 623*** (52. 45)	11. 253*** (50. 88)	11. 519*** (51. 51)	11. 647*** (52. 19)
Patent	0. 016*** (2. 63)	0. 012** (2. 04)	0. 008 (0. 52)	0. 015** (2. 47)
Degree	7. 669*** (9. 97)			
Degree_pa	0. 336*** (2. 61)			
Between		39. 036*** (3. 23)		
Between_pa		0. 669** (2. 18)		
Close			1. 254*** (11. 36)	
Close_pa			0. 011** (2. 26)	
Eigen				12. 748*** (7. 76)
Eigen_pa				0. 589** (2. 44)
Size	−0. 457*** (−40. 44)	−0. 438*** (−38. 94)	−0. 462*** (−40. 38)	−0. 458*** (−40. 21)
Lev	−0. 794*** −14. 48)	−0. 840*** (−15. 13)	−0. 794*** (−14. 30)	−0. 791*** (−14. 49)
Grow	0. 085*** (3. 39)	0. 098*** (3. 92)	0. 087*** (3. 51)	0. 091*** (3. 64)
Cash	0. 508*** (4. 85)	0. 528*** (5. 01)	0. 481*** (4. 58)	0. 512*** (4. 89)
Age	0. 199*** (15. 74)	0. 197*** (15. 53)	0. 189*** (14. 91)	0. 198*** (15. 61)
PPe	0. 222 (1. 26)	0. 277 (1. 57)	0. 188 (1. 07)	0. 243 (1. 38)
*Shr*1	0. 465*** (8. 52)	0. 500*** (9. 12)	0. 485*** (8. 88)	0. 474*** (8. 68)

续表

变量	*Tq*			
	(1)	(2)	(3)	(4)
Mshare	-0.603*** (-12.92)	-0.557*** (-11.89)	-0.567*** (-12.15)	-0.586*** (-12.53)
Insratio	3.138*** (22.72)	4.036*** (30.62)	3.584*** (26.76)	3.376*** (23.86)
Year/Firm	Yes	Yes	Yes	Yes
N	20826	20826	20826	20826
Ajust R^2	0.363	0.354	0.359	0.362

注：省略控制变量，括号内数据表示 t 值，***、**分别表示回归系数在 1%、5%的水平上显著。

7.4.5.3 机构投资者网络关系与企业创新效率

表 7-8 列（1）至列（4）是以机构投资者网络程度中心度（*Degree*）、机构投资者网络中介中心度（*Between*）、机构投资者网络接近中心度（*Close*）、机构投资者网络特征向量中心度（*Eigen*）衡量机构投资者网络关系进而对企业创新效率的回归结果。机构投资者网络中心度（*Degree*，*Between*，*Close*，*Eigen*）与企业技术创新效率（*Te*）的回归系数至少在 5%显著性水平上呈正相关关系，证明机构投资者网络关系在缓解企业创新投资融资约束、抑制企业创新迎合、提升企业创新质量的基础上显著提高了企业创新效率，假设 7-1 得到验证。

表 7-8 机构投资者网络关系与企业创新效率

变量	*Te*			
	(1)	(2)	(3)	(4)
Constant	-0.405*** (-21.87)	-0.407*** (-22.09)	-0.411*** (-21.77)	-0.401*** (-21.81)
Degree	0.055** (1.98)			
Between		0.293** (2.54)		
Close			0.012*** (2.80)	
Eigen				0.182*** (2.92)
Size	0.020*** (21.67)	0.020*** (21.90)	0.020*** (21.30)	0.019*** (21.59)

续表

变量	Te			
	(1)	(2)	(3)	(4)
Lev	−0.006* (−1.93)	−0.006** (−1.97)	−0.006** (−2.09)	−0.005* (−1.82)
Grow	−0.006*** (−6.64)	−0.006*** (−6.59)	−0.006*** (−6.53)	−0.006*** (−6.62)
Roa	0.057*** (5.31)	0.060*** (5.54)	0.062*** (5.70)	0.055*** (5.14)
Cash	0.016*** (3.85)	0.016*** (3.85)	0.016*** (3.91)	0.016*** (3.84)
Age	−0.003*** (−4.14)	−0.003*** (−4.15)	−0.003*** (−4.04)	−0.003*** (−4.17)
PPe	−0.013 (−1.41)	−0.013 (−1.38)	−0.012 (−1.30)	−0.013 (−1.41)
*Shr*1	0.012*** (3.22)	0.012*** (3.28)	0.012*** (3.33)	0.012*** (3.19)
Mshare	0.001 (0.25)	0.001 (0.39)	0.001 (0.46)	0.000 (0.20)
Insratio	0.024*** (2.92)	0.031*** (3.76)	0.036*** (4.21)	0.020** (2.55)
Year/Firm	Yes	Yes	Yes	Yes
N	20631	20631	20631	20631
Ajust R^2	0.172	0.172	0.172	0.173

注：省略控制变量，括号内数据表示 t 值，***、**、*分别表示回归系数在 1%、5%、10%的水平上显著。

7.5 稳健性检验

7.5.1 替换解释变量

7.5.1.1 创新现金依赖

表 7-9 是运用机构投资者网络程度中心度中位数（*Degree_me*）、机构投资者

网络中介中心度中位数（*Between_me*）、机构投资者网络接近中心度中位数（*Close_me*）、机构投资者网络特征向量中心度中位数（*Eigen_me*）替换解释变量重新对机构投资者网络关系影响企业创新现金依赖的稳健性检验结果，现金持有比率（*Cash*）与企业创新投入（*Rd*）至少在10%显著性水平上呈正相关关系，机构投资者网络中心度中位数（*Degree_me*、*Between_me*、*Close_me*、*Eigen_me*）与现金持有比率（*Cash*）的交乘项（*Degree_me_cash/Between_me_cash/Close_me_cash/Eigen_me_cash*）均在5%显著性水平上呈负相关关系，证明机构投资者网络关系缓解企业创新现金依赖程度、克服企业创新投资不足的稳健性。

表 7-9　替换解释变量：创新现金依赖

变量	*Rd*			
	(1)	(2)	(3)	(4)
Constant	-0.012 (-0.66)	-0.012 (-0.70)	-0.012 (-0.66)	-0.012 (-0.69)
Cash	0.008* (1.87)	0.006** (2.55)	0.006*** (2.71)	0.007* (1.68)
Degree_me	0.043*** (3.64)			
Degree_me_cash	-0.123** (-2.00)			
Between_me		0.489*** (2.62)		
Between_me_cash		-1.385** (-2.27)		
Close_me			0.007** (1.97)	
Close_me_cash			-0.002** (-2.01)	
Eigen_me				0.061*** (3.17)
Eigen_me_cash				-0.151** (-2.41)
Size	0.002** (2.01)	0.002** (2.04)	0.002* (1.95)	0.002** (2.03)
Lev	-0.019*** (-6.04)	-0.019*** (-6.04)	-0.019*** (-6.03)	-0.019*** (-6.05)

续表

变量	Rd			
	(1)	(2)	(3)	(4)
Grow	-0.003*** (-7.29)	-0.003*** (-7.27)	-0.003*** (-7.30)	-0.003*** (-7.29)
Roa	-0.053*** (-7.12)	-0.052*** (-7.02)	-0.053*** (-7.10)	-0.053*** (-7.08)
Age	-0.001 (-1.30)	-0.001 (-1.27)	-0.001 (-1.30)	-0.001 (-1.27)
PPe	0.029*** (5.05)	0.029*** (5.10)	0.029*** (5.07)	0.029*** (5.07)
Shr1	-0.008 (-1.53)	-0.007 (-1.49)	-0.007 (-1.48)	-0.007 (-1.51)
Mshare	0.006 (1.16)	0.006 (1.17)	0.006 (1.14)	0.006 (1.17)
Insratio	-0.00 (-0.47)	0.000 (0.07)	-0.002 (-0.39)	-0.001 (-0.29)
Year/Firm	Yes	Yes	Yes	Yes
N	20826	20826	20826	20826
Ajust R^2	0.176	0.176	0.176	0.176
F	33.45	33.22	32.88	33.55

注：省略控制变量，括号内数据表示 t 值，***、**、*分别表示回归系数在 1%、5%、10%的水平上显著。

7.5.1.2 创新迎合

表 7-10 是运用机构投资者网络程度中心度中位数（*Degree_me*）、机构投资者网络中介中心度中位数（*Between_me*）、机构投资者网络接近中心度中位数（*Close_me*）、机构投资者网络特征向量中心度中位数（*Eigen_me*）替换解释变量重新对机构投资者网络影响企业创新迎合的稳健性检验结果，股票误定价（*Mis*）与企业创新投入（*Rd*）至少在 5%显著性水平上呈正相关关系，除机构投资者网络中介中心度中位数（*Between_me*）外，其他中心度中位数（*Degree_me*，*Close_me*，*Eigen_me*）与股票误定价（*Mis*）的交乘项（*Degree_me_mis/Close_me_mis/Eigen_me_mis*）至少在 10%显著性水平上呈负相关关系，证明机构投资者网络关系缓解企业创新迎合、抑制企业创新过度的稳健性。

表 7-10　替换解释变量：创新迎合

变量	Rd			
	(1)	(2)	(3)	(4)
Constant	-0.021 (-1.19)	-0.021 (-1.20)	-0.023 (-1.25)	-0.021 (-1.19)
Mis	0.001*** (3.84)	0.001*** (3.62)	0.001** (2.57)	0.001*** (3.80)
Degree_me	0.038*** (3.40)			
Degree_me_mis	-0.005* (-1.74)			
Between_me		0.315* (1.89)		
Between_me_mis		-0.016 (-0.38)		
Close_me			0.011*** (2.71)	
Close_me_mis			-0.001** (-2.24)	
Eigen_me				0.043** (2.22)
Eigen_me_mis				-0.003** (-2.57)
Size	0.002** (2.48)	0.002** (2.50)	0.002** (2.42)	0.002** (2.50)
Lev	-0.021*** (-6.76)	-0.021*** (-6.77)	-0.021*** (-6.83)	-0.021*** (-6.77)
Grow	-0.004*** (-7.88)	-0.004*** (-7.86)	-0.004*** (-7.85)	-0.004*** (-7.87)
Roa	-0.059*** (-7.89)	-0.058*** (-7.85)	-0.059*** (-7.93)	-0.059*** (-7.87)
Cash	0.006 (1.41)	0.006 (1.41)	0.005 (1.38)	0.006 (1.41)
Age	-0.001 (-1.25)	-0.001 (-1.24)	-0.001 (-1.22)	-0.001 (-1.24)
PPe	0.027*** (4.89)	0.027*** (4.92)	0.027*** (4.91)	0.027*** (4.91)

续表

变量	*Rd*			
	(1)	(2)	(3)	(4)
*Shr*1	-0.007 (-1.45)	-0.007 (-1.45)	-0.007 (-1.46)	-0.007 (-1.45)
Mshare	0.007 (1.29)	0.007 (1.28)	0.007 (1.27)	0.007 (1.28)
Insratio	-0.004 (-0.98)	-0.002 (-0.58)	-0.004 (-0.92)	-0.004 (-0.87)
Year/Firm	Yes	Yes	Yes	Yes
N	20826	20826	20826	20826
Ajust R^2	0.179	0.179	0.179	0.179

注：省略控制变量，括号内数据表示 t 值，***、**、* 分别表示回归系数在 1%、5%、10%的水平上显著。

7.5.1.3 创新质量

表 7-11 是运用机构投资者网络程度中心度中位数（*Degree_me*）、机构投资者网络中介中心度中位数（*Between_me*）、机构投资者网络接近中心度中位数（*Close_me*）、机构投资者网络特征向量中心度中位数（*Eigen_me*）替换解释变量重新对机构投资者网络影响企业创新质量的稳健性检验结果，机构投资者网络中心度中位数（*Degree_me*，*Between_me*，*Close_me*，*Eigen_me*）与高质量创新（*Igrant*）至少在 10%显著性水平上呈正相关关系，与低质量创新（*Uigrant*）呈不显著的正相关关系，证明机构投资者网络关系促进企业高质量创新的稳健性。

表 7-11 替换解释变量：创新质量

变量	*Igrant*				*Uigrant*			
	(1)	(2)	(3)	(4)	(5)	(6)	(7)	(8)
Constant	-5.899** (-26.26)	-5.982** (-26.81)	-5.906** (-26.12)	-5.875** (-26.12)	-4.822** (-19.72)	-4.852** (-19.95)	-4.850** (-19.66)	-4.793** (-19.57)
Degree_me	1.577** (3.72)				0.716 (1.62)			
Between_meee		13.853* (1.75)				11.88 (1.43)		
Close_me			0.395** (4.23)				0.081 (0.82)	

续表

变量	Igrant				Uigrant			
	(1)	(2)	(3)	(4)	(5)	(6)	(7)	(8)
Eigen_me				2.927** (3.84)				1.739 (1.20)
Size	0.274** (24.60)	0.278** (25.10)	0.271** (23.83)	0.272** (24.43)	0.231** (19.38)	0.232** (19.57)	0.232** (18.96)	0.230** (19.21)
Lev	0.036 (0.59)	0.034 (0.56)	0.041 (0.67)	0.039 (0.64)	0.133** (2.11)	0.133** (2.11)	0.132** (2.10)	0.135** (2.14)
Grow	-0.088** (-3.91)	-0.086** (-3.82)	-0.088** (-3.90)	-0.087** (-3.85)	-0.128** (-5.56)	-0.127** (-5.54)	-0.127** (-5.54)	-0.127** (-5.55)
Roa	1.610** (7.53)	1.685** (7.89)	1.618** (7.56)	1.612** (7.54)	1.826** (8.13)	1.856** (8.29)	1.849** (8.22)	1.815** (8.09)
Cash	0.254** (3.30)	0.256** (3.33)	0.244** (3.18)	0.254** (3.31)	0.078 (0.97)	0.079 (0.98)	0.077 (0.95)	0.078 (0.97)
Age	-0.068** (-5.61)	-0.068** (-5.64)	-0.071** (-5.85)	-0.068** (-5.65)	-0.090** (-7.08)	-0.090** (-7.09)	-0.091** (-7.13)	-0.091** (-7.10)
PPe	0.477** (2.55)	0.485** (2.59)	0.462** (2.47)	0.480** (2.57)	-0.215 (-1.11)	-0.212 (-1.10)	-0.215 (-1.12)	-0.214 (-1.11)
Shr1	0.060 (0.96)	0.065 (1.03)	0.063 (1.00)	0.061 (0.97)	0.254** (3.91)	0.255** (3.93)	0.256** (3.94)	0.253** (3.90)
Mshare	0.091* (1.66)	0.100* (1.82)	0.097* (1.76)	0.094* (1.71)	0.304** (5.12)	0.307** (5.18)	0.308** (5.19)	0.304** (5.13)
Insratio	0.636** (4.56)	0.840** (6.64)	0.709** (5.39)	0.671** (4.98)	0.593** (3.95)	0.672** (4.88)	0.668** (4.64)	0.580** (4.00)
Year/Firm	Yes	Yes	Yes	Yes	Yes	Yes	Yes	Yes
N	20826	20826	20826	20826	20826	20826	20826	20826
Ajust R^2	0.249	0.248	0.249	0.249	0.277	0.277	0.277	0.277

注：省略控制变量，括号内数据表示 t 值，***、**、*分别表示回归系数在 1%、5%、10%的水平上显著。

7.5.1.4 创新效率

表 7-12 是用机构投资者网络程度中心度中位数（*Degree_me*）、机构投资者网络中介中心度中位数（*Between_me*）、机构投资者网络接近中心度中位数（*Close_me*）、机构投资者网络特征向量中心度中位数（*Eigen_me*）替换解释变量重新对机构投资者网络关系影响企业创新投入产出比的稳健性检验结果，除机构投资者网络中介中心度中位数（*Between_me*）外，其他机构投资者网络中心度

中位数（*Degree_me*，*Close_me*，*Eigen_me*）和创新投入（*Rd*）的交乘项与创新产出（*Patent*）的回归系数均在5%显著性水平上呈正相关关系，证明机构投资者网络关系提升企业创新投入产出比、改善创新效率的稳健性。

表7-12　替换解释变量：创新投入产出比

变量	(1)	(2)	(3)	(4)
	Patent			
Constant	-10.831*** (-47.54)	-10.851*** (-48.01)	-10.839*** (-47.39)	-10.810*** (-47.33)
Rd	5.773*** (17.28)	5.659*** (18.29)	4.194*** (5.10)	5.755*** (17.94)
Degree_me	0.229** (2.45)			
Degree_me_rd	1.500** (2.17)			
Between_me		-9.947 (-0.99)		
Between_me_rd		24.7 (1.10)		
Close_me			0.191** (2.47)	
Close_me_rd			4.373** (2.01)	
Eigen_me				0.816* (1.89)
Eigen_me_rd				1.917** (2.11)
Size	0.507*** (46.04)	0.508*** (46.48)	0.509*** (45.37)	0.505*** (45.80)
Lev	0.115* (1.74)	0.113* (1.70)	0.112* (1.69)	0.117* (1.75)
Grow	-0.067*** (-2.68)	-0.067*** (-2.68)	-0.068*** (-2.71)	-0.067*** (-2.69)
Roa	1.579*** (6.95)	1.585*** (7.01)	1.587*** (6.98)	1.566*** (6.89)

续表

变量	(1)	(2)	(3)	(4)
	Patent			
Cash	−0.332*** (−4.10)	−0.332*** (−4.09)	−0.330*** (−4.07)	−0.332*** (−4.10)
Age	0.017 (1.30)	0.016 (1.28)	0.016 (1.24)	0.017 (1.29)
PPe	−0.692*** (−3.45)	−0.690*** (−3.44)	−0.685*** (−3.41)	−0.693*** (−3.45)
*Shr*1	0.154** (2.30)	0.158** (2.35)	0.159** (2.37)	0.154** (2.29)
Mshare	0.258*** (4.53)	0.259*** (4.55)	0.262*** (4.61)	0.257*** (4.52)
Insratio	0.630*** (4.21)	0.669*** (4.93)	0.685*** (4.80)	0.605*** (4.20)
Year/Firm	Yes	Yes	Yes	Yes
N	20826	20826	20826	20826
Ajust R^2	0.499	0.499	0.499	0.499

注：省略控制变量，括号内数据表示 t 值，***、**、*分别表示回归系数在 1%、5%、10%的水平上显著。

表 7-13 是用机构投资者网络程度中心度中位数（*Degree_me*）、机构投资者网络中介中心度中位数（*Between_me*）、机构投资者网络接近中心度中位数（*Close_me*）、机构投资者网络特征向量中心度中位数（*Eigen_me*）替换解释变量重新对机构投资者网络关系影响企业创新产出价值增值的稳健性检验结果，机构投资者网络中心度中位数（*Degree_me*，*Between_me*，*Close_me*，*Eigen_me*）和创新产出（*Patent*）的交乘项与企业价值（*Tq*）的回归系数至少在 5%显著性水平上呈正相关关系，证明机构投资者网络关系提升企业创新产出价值增值、改善创新效率的稳健性。

表 7-13　替换解释变量：创新产出价值增值

变量	Tq			
	(1)	(2)	(3)	(4)
Constant	11.601*** (52.34)	11.247*** (50.87)	11.516*** (51.52)	11.619*** (52.11)

续表

变量	*Tq*			
	(1)	(2)	(3)	(4)
Patent	0.016*** (2.63)	0.012** (2.04)	0.009 (0.61)	0.015** (2.48)
Degree_me	6.528*** (9.68)			
Degree_me_pa	0.292*** (2.58)			
Between_me		28.790*** (2.95)		
Between_me_pa		0.768** (2.24)		
Close_me			1.217*** (11.26)	
Close_me_pa			0.007** (2.18)	
Eigen_me				10.594*** (7.60)
Eigen_me_pa				0.485** (2.38)
Size	-0.456*** (-40.34)	-0.438*** (-38.91)	-0.462*** (-40.43)	-0.457*** (-40.14)
Lev	-0.798*** (-14.53)	-0.841*** (-15.14)	-0.796*** (-14.33)	-0.795*** (-14.54)
Grow	0.084*** (3.38)	0.098*** (3.93)	0.088*** (3.51)	0.091*** (3.64)
Cash	0.507*** (4.84)	0.527*** (5.00)	0.482*** (4.58)	0.512*** (4.89)
Age	0.200*** (15.77)	0.197*** (15.52)	0.190*** (14.94)	0.198*** (15.62)
PPe	0.222 (1.26)	0.277 (1.56)	0.190 (1.08)	0.240 (1.36)
Shr1	0.468*** (8.57)	0.500*** (9.11)	0.483*** (8.85)	0.476*** (8.71)

续表

变量	Tq			
	(1)	(2)	(3)	(4)
Mshare	-0.596*** (-12.78)	-0.556*** (-11.87)	-0.569*** (-12.20)	-0.581*** (-12.43)
Insratio	3.181*** (23.05)	4.049*** (30.66)	3.577*** (26.63)	3.416*** (24.22)
Year/Firm	Yes	Yes	Yes	Yes
N	20826	20826	20826	20826
Ajust R^2	0.363	0.354	0.359	0.362

注：省略控制变量，括号内数据表示 t 值，***、**分别表示回归系数在 1%、5%的水平上显著。

表 7-14 是用机构投资者网络程度中心度中位数（*Degree_me*）、机构投资者网络中介中心度中位数（*Between_me*）、机构投资者网络接近中心度中位数（*Close_me*）、机构投资者网络特征向量中心度中位数（*Eigen_me*）替换解释变量重新对机构投资者网络关系影响企业创新效率的稳健性检验结果，除机构投资者网络中介中心度中位数（*Between_me*）外，其他机构投资者网络中心度中位数（*Degree_me*，*Close_me*，*Eigen_me*）与创新效率（*Te*）至少在 10%显著性水平上呈正相关关系，证明机构投资者网络关系提升企业创新效率的稳健性。

表 7-14　替换解释变量：创新效率

变量	Te			
	(1)	(2)	(3)	(4)
Constant	-0.405*** (-21.88)	-0.408*** (-22.08)	-0.410*** (-21.77)	-0.402*** (-21.81)
Degree_me	0.042* (1.71)			
Between_me		0.151 (0.34)		
Close_me			0.011*** (2.68)	
Eigen_me				0.142*** (2.73)
Size	0.020*** (21.68)	0.020*** (21.88)	0.020*** (21.31)	0.019*** (21.58)

续表

变量	Te			
	(1)	(2)	(3)	(4)
Lev	-0.006* (-1.94)	-0.006** (-1.98)	-0.006** (-2.08)	-0.005* (-1.84)
Grow	-0.006*** (-6.64)	-0.006*** (-6.58)	-0.006*** (-6.53)	-0.006*** (-6.62)
Roa	0.058*** (5.35)	0.060*** (5.54)	0.062*** (5.70)	0.056*** (5.18)
Cash	0.016*** (3.85)	0.016*** (3.85)	0.016*** (3.91)	0.016*** (3.84)
Age	-0.003*** (-4.14)	-0.003*** (-4.15)	-0.003*** (-4.05)	-0.003*** (-4.16)
PPe	-0.013 (-1.41)	-0.013 (-1.38)	-0.012 (-1.31)	-0.013 (-1.42)
*Shr*1	0.012*** (3.23)	0.012*** (3.28)	0.012*** (3.33)	0.012*** (3.20)
Mshare	0.001 (0.29)	0.001 (0.40)	0.001 (0.46)	0.001 (0.25)
Insratio	0.025*** (3.03)	0.031*** (3.79)	0.036*** (4.19)	0.022*** (2.69)
Year/Firm	Yes	Yes	Yes	Yes
N	20631	20631	20631	20631
Ajust R^2	0.172	0.172	0.172	0.173

注：省略控制变量，括号内数据表示 t 值，***、**、*分别表示回归系数在 1%、5%、10%的水平上显著。

7.5.2 替换被解释变量

7.5.2.1 创新现金依赖

表 7-15 是用企业研发投入绝对数的对数（*Rd*1）替换创新投入而进行的机构投资者网络关系缓解创新现金流依赖的稳健性检验结果，企业现金比率（*Cash*）与企业研发投入绝对数的对数（*Rd*1）均在 5%的显著性水平上呈正相关关系，机构投资者网络程度中心度（*Degree*）、机构投资者网络中介中心度（*Between*）、机构投资者网络接近中心度（*Close*）、机构投资者网络特征向量中心度（*Eigen*）与企业现金比率（*Cash*）的交乘项（*Degree_cash/Between_cash/Close_* *cash/Eigen_cash*）与未来一期研发投入绝对数的对数（*Rd*1）至少在10%显著性水平上呈负相关关系，证明机构投资者网络关系缓解企业创新现金依赖、克服创新不足的稳健性。

表 7-15　替换被解释变量：创新现金依赖

变量	*Rd*1			
	(1)	(2)	(3)	(4)
Constant	3.893*** (4.61)	3.879*** (4.59)	3.893*** (4.61)	3.886*** (4.60)
Cash	0.118** (2.05)	0.160** (2.44)	0.157** (2.42)	0.129** (2.15)
Degree	0.949* (1.65)			
Degree_cash	-5.260** (-2.22)			
Between		1.385** (2.19)		
Between_cash		-2.344** (-2.36)		
Close			0.117** (2.22)	
Close_cash			-2.670* (-1.87)	
Eigen				1.413*** (2.58)
Eigen_cash				-4.501** (-2.29)
Size	0.596*** (14.92)	0.597*** (14.93)	0.595*** (14.91)	0.596*** (14.91)
Lev	-0.281** (-2.26)	-0.282** (-2.27)	-0.280** (-2.26)	-0.281** (-2.26)
Grow	0.003 (0.14)	0.003 (0.14)	0.002 (0.12)	0.003 (0.15)
Roa	1.179*** (4.77)	1.193*** (4.81)	1.178*** (4.75)	1.182*** (4.78)

续表

变量	Rd1			
	(1)	(2)	(3)	(4)
Age	0.004 (0.11)	0.005 (0.12)	0.004 (0.11)	0.004 (0.12)
PPe	0.007 (0.03)	0.014 (0.06)	0.010 (0.04)	0.010 (0.04)
*Shr*1	-0.963*** (-4.25)	-0.957*** (-4.23)	-0.958*** (-4.23)	-0.960*** (-4.24)
Mshare	0.178 (1.32)	0.179 (1.32)	0.177 (1.31)	0.180 (1.33)
Insratio	-0.236 (-1.36)	-0.188 (-1.09)	-0.220 (-1.25)	-0.212 (-1.23)
Year/Firm	Yes	Yes	Yes	Yes
N	20826	20826	20826	20826
Ajust R^2	0.224	0.224	0.224	0.234

注：省略控制变量，括号内数据表示 t 值，***、**、*分别表示回归系数在 1%、5%、10%的水平上显著。

7.5.2.2 创新迎合

表 7-16 是用企业研发投入绝对数的对数（*Rd*1）替换创新投入而进行的机构投资者网络关系抑制创新迎合的稳健性检验结果，股票误定价（*Mis*）与未来一期研发投入绝对数的对数（*Rd*1）均在 1%的显著性水平上呈正相关关系，除机构投资者网络中介中心度（*Between*）外，机构投资者网络程度中心度（*Degree*）、机构投资者网络接近中心度（*Close*）、机构投资者网络特征向量中心度（*Eigen*）与股票误定价（*Mis*）交乘项（*Degree_mis/Close_mis/Eigen_mis*）与企业研发投入绝对数的对数（*Rd*1）至少在 10%显著性水平上呈负相关关系，证明机构投资者网络关系缓解创新迎合、抑制创新过度的有效性。

表 7-16 替换被解释变量：创新迎合

变量	Rd1			
	(1)	(2)	(3)	(4)
Constant	3.680*** (4.37)	3.683*** (4.37)	3.618*** (4.30)	3.680*** (4.37)
Mis	0.017*** (3.72)	0.015*** (3.57)	0.031*** (3.14)	0.016*** (3.80)

续表

变量	Rd1			
	(1)	(2)	(3)	(4)
Degree	0.424 (0.75)			
Degree_mis	−0.123** (−2.05)			
Between		3.657 (0.35)		
Between_mis		−2.182 (−0.97)		
Close			0.224* (1.78)	
Close_mis			−0.047* (−1.88)	
Eigen				1.034 (0.97)
Eigen_mis				−0.239** (−2.06)
Size	0.605*** (15.18)	0.605*** (15.18)	0.605*** (15.22)	0.605*** (15.18)
Lev	−0.320*** (−2.59)	−0.322*** (−2.60)	−0.324*** (−2.62)	−0.320*** (−2.59)
Grow	−0.004 (−0.21)	−0.004 (−0.20)	−0.004 (−0.22)	−0.004 (−0.22)
Roa	1.046*** (4.26)	1.043*** (4.24)	1.031*** (4.19)	1.042*** (4.24)
Cash	−0.198* (−1.80)	−0.198* (−1.80)	−0.200* (−1.82)	−0.197* (−1.79)
Age	0.005 (0.14)	0.005 (0.13)	0.006 (0.16)	0.005 (0.14)
PPe	−0.025 (−0.11)	−0.024 (−0.10)	−0.024 (−0.10)	−0.024 (−0.10)
Shr1	−0.949*** (−4.20)	−0.952*** (−4.22)	−0.951*** (−4.22)	−0.949*** (−4.20)
Mshare	0.191 (1.42)	0.189 (1.40)	0.189 (1.41)	0.190 (1.41)

续表

变量	Rd1			
	(1)	(2)	(3)	(4)
Insratio	-0.286* (-1.65)	-0.289* (-1.69)	-0.317* (-1.80)	-0.298* (-1.75)
Year/Firm	Yes	Yes	Yes	Yes
N	20826	20826	20826	20826
Ajust R^2	0.325	0.325	0.325	0.325

注：省略控制变量，括号内数据表示 t 值，***、**、*分别表示回归系数在 1%、5%、10%的水平上显著。

7.5.2.3 创新质量

表 7-17 是运用未来一期申请发明专利对数（*Iapply*）替换高质量创新，用未来一期授权非发明专利对数（*Uiapply*）替换相对低质量创新对机构投资者网络关系影响企业创新质量的稳健性检验结果，机构投资者网络程度中心度（*Degree*）、机构投资者网络中介中心度（*Between*）、机构投资者网络接近中心度（*Close*）、机构投资者网络特征向量中心度（*Eigen*）与高质量创新（*Iapply*）至少在 5%显著性水平上呈正相关关系，与相对低质量创新（*Uiapply*）均呈不显著的正相关或呈负相关关系，证明机构投资者网络关系提升企业创新质量改善创新结构结果的稳健性。

表 7-17　替换被解释变量：创新质量

变量	Iapply				Uiapply			
	(1)	(2)	(3)	(4)	(5)	(6)	(7)	(8)
Constant	-5.641*** (-29.86)	-5.713*** (-30.50)	-5.656*** (-29.77)	-5.611*** (-29.70)	-4.941*** (-19.92)	-4.962*** (-20.16)	-4.972*** (-19.93)	-4.911*** (-19.77)
Degree	1.585*** (4.06)				0.490 (0.97)			
Between		17.352** (2.25)				5.954 (0.60)		
Close			0.330*** (4.46)				-0.007 (-0.06)	
Eigen				3.189*** (4.31)				1.505 (1.62)

续表

变量	Iapply				Uiapply			
	(1)	(2)	(3)	(4)	(5)	(6)	(7)	(8)
Size	0.254*** (27.23)	0.258*** (27.80)	0.252*** (26.45)	0.253*** (27.04)	0.235*** (19.45)	0.236*** (19.66)	0.237*** (19.16)	0.234*** (19.29)
Lev	-0.145*** (-2.96)	-0.146*** (-2.99)	-0.141*** (-2.88)	-0.142*** (-2.89)	0.108* (1.70)	0.108* (1.70)	0.107* (1.67)	0.111* (1.74)
Grow	-0.067*** (-3.83)	-0.066*** (-3.76)	-0.067*** (-3.83)	-0.066*** (-3.77)	-0.136*** (-5.67)	-0.136*** (-5.66)	-0.135*** (-5.65)	-0.136*** (-5.67)
Roa	0.565*** (3.33)	0.631*** (3.72)	0.580*** (3.42)	0.560*** (3.30)	1.617*** (7.01)	1.637*** (7.12)	1.641*** (7.11)	1.602*** (6.95)
Cash	0.112* (1.86)	0.113* (1.89)	0.104* (1.73)	0.112* (1.86)	0.074 (0.92)	0.074 (0.92)	0.074 (0.92)	0.073 (0.91)
Age	-0.020** (-2.07)	-0.020** (-2.08)	-0.022** (-2.32)	-0.020** (-2.11)	-0.095*** (-7.30)	-0.095*** (-7.30)	-0.095*** (-7.28)	-0.095*** (-7.31)
PPe	0.106 (0.72)	0.113 (0.77)	0.093 (0.64)	0.109 (0.75)	-0.235 (-1.22)	-0.233 (-1.20)	-0.232 (-1.20)	-0.234 (-1.21)
Shr1	0.071 (1.38)	0.076 (1.47)	0.074 (1.45)	0.072 (1.40)	0.260*** (3.95)	0.262*** (3.97)	0.262*** (3.98)	0.260*** (3.94)
Mshare	0.000 (0.00)	0.009 (0.20)	0.007 (0.17)	0.002 (0.05)	0.278*** (4.64)	0.281*** (4.69)	0.282*** (4.70)	0.278*** (4.63)
Insratio	0.287*** (2.61)	0.463*** (4.65)	0.368*** (3.57)	0.305*** (2.86)	0.571*** (3.78)	0.624*** (4.51)	0.639*** (4.43)	0.544*** (3.73)
Year/Firm	Yes	Yes	Yes	Yes	Yes	Yes	Yes	Yes
N	20826	20826	20826	20826	20826	20826	20826	20826
Ajust R^2	0.227	0.226	0.227	0.227	0.276	0.276	0.276	0.276

注：省略控制变量，括号内数据表示 t 值，***、**、*分别表示回归系数在 1%、5%、10%的水平上显著。

7.5.2.4 创新效率

表 7-18 是将创新投入替换成企业研发投入绝对数的对数（*Rd*1）、将创新产出指标替换成未来一期联合专利申请+1 并取对数（*Apply*）而考察的机构投资者网络关系提升企业创新投入产出比的稳健性检验结果，除中介中心度（*Between*）外，其他机构投资者网络中心度（*Degree*，*Close*，*Eigen*）和创新投入（*Rd*1）的交乘项与创新产出（*Apply*）至少在 10%显著性水平上呈正相关关系，证明机构投资者网络关系提升企业创新产出比、改善创新效率的稳健性。

表 7-18　替换被解释变量：创新投入产出比

变量	(1)	(2)	(3)	(4)
	Apply			
Constant	-11.363*** (-47.97)	-11.360*** (-48.23)	-11.350*** (-47.72)	-11.342*** (-47.74)
*Rd*1	6.500*** (18.18)	6.478*** (19.41)	4.113*** (4.85)	6.537*** (18.98)
Degree	0.316** (2.52)			
*Degree_rd*1	7.148* (1.66)			
Between		-13.97 (-1.12)		
*Between_rd*1		34.3 (1.31)		
Close			0.336** (2.41)	
*Close_rd*1			7.087*** (3.09)	
Eigen				0.067** (2.06)
*Eigen_rd*1				10.38** (2.47)
Size	0.543*** (47.81)	0.543*** (48.05)	0.546*** (47.12)	0.542*** (47.53)
Lev	0.183*** (2.65)	0.183*** (2.64)	0.180*** (2.60)	0.184*** (2.66)
Grow	-0.020 (-0.77)	-0.020 (-0.76)	-0.021 (-0.81)	-0.020 (-0.77)
Roa	2.338*** (9.93)	2.336*** (9.97)	2.344*** (9.96)	2.325*** (9.87)
Cash	-0.282*** (-3.32)	-0.282*** (-3.32)	-0.279*** (-3.29)	-0.282*** (-3.32)
Age	0.012 (0.94)	0.012 (0.95)	0.012 (0.90)	0.012 (0.94)
PPe	-0.342 (-1.60)	-0.343 (-1.61)	-0.332 (-1.56)	-0.343 (-1.61)

续表

变量	(1)	(2)	(3)	(4)
	Apply			
*Shr*1	0.097 (1.39)	0.097 (1.39)	0.100 (1.44)	0.095 (1.37)
Mshare	0.293*** (5.03)	0.292*** (5.02)	0.297*** (5.11)	0.292*** (5.01)
Insratio	0.710*** (4.53)	0.705*** (4.97)	0.746*** (5.02)	0.675*** (4.47)
Year/Firm	Yes	Yes	Yes	Yes
N	20826	20826	20826	20826
Ajust R^2	0.501	0.501	0.502	0.501

注：省略控制变量，括号内数据表示 t 值，***、**、* 分别表示回归系数在 1%、5%、10%的水平上显著。

表 7-19 是将企业价值指标替换成企业市值（*Value*）而考察的机构投资者网络关系提升企业创新产出价值增值的稳健性检验结果，机构投资者网络中心度（*Degree*，*Between*，*Close*，*Eigen*）和创新产出（*Patent*）的交乘项与企业市值（*Value*）至少在 5%显著性水平上呈正相关关系，证明机构投资者网络关系提升企业创新产出价值增值能力的稳健性。

表 7-19　替换被解释变量：创新价值增值

变量	(1)	(2)	(3)	(4)
	Value			
Constant	5.046*** (62.10)	4.913*** (60.73)	5.050*** (61.10)	5.057*** (62.08)
Patent	0.017*** (6.87)	0.016*** (7.08)	−0.003 (−0.52)	0.017*** (7.09)
Degree	2.440*** (12.09)			
Degree_pa	0.026** (2.36)			
Between		6.475*** (2.61)		
Between_pa		3.095** (2.54)		

续表

变量	(1)	(2)	(3)	(4)
	Value			
Close			0.421*** (10.32)	
Close_pa			0.058*** (3.39)	
Eigen				4.029*** (10.75)
Eigen_pa				0.046** (2.35)
Size	0.795*** (204.64)	0.802*** (207.41)	0.792*** (198.48)	0.795*** (203.73)
Lev	-0.294*** (-14.87)	-0.310*** (-15.62)	-0.291*** (-14.62)	-0.293*** (-14.80)
Grow	0.030*** (3.91)	0.035*** (4.52)	0.030*** (3.95)	0.032*** (4.19)
Cash	0.098*** (3.54)	0.105*** (3.77)	0.087*** (3.10)	0.099*** (3.58)
Age	0.061*** (15.68)	0.061*** (15.44)	0.057*** (14.55)	0.061*** (15.50)
PPe	0.147** (2.49)	0.166*** (2.81)	0.131** (2.22)	0.155*** (2.62)
*Shr*1	0.195*** (9.77)	0.207*** (10.35)	0.200*** (10.04)	0.198*** (9.95)
Mshare	-0.175*** (-9.96)	-0.159*** (-8.97)	-0.163*** (-9.25)	-0.170*** (-9.63)
Insratio	1.309*** (29.06)	1.633*** (39.13)	1.440*** (33.72)	1.394*** (31.85)
Year/Firm	Yes	Yes	Yes	Yes
N	20826	20826	20826	20826
Ajust R^2	0.891	0.889	0.890	0.891

注：省略控制变量，括号内数据表示 t 值，***、**分别表示回归系数在 1%、5%的水平上显著。

表 7-20 是将创新效率指标分别替换成未来一期联合专利授权与联合专利申请比值的对数（*Te*1）和未来一期联合发明专利授权与联合发明专利申请比值的

对数（*Te*2）而考察机构投资者网络关系提升企业创新效率的稳健性检验结果，除中介中心度（*Between*）外，其他机构投资者网络中心度（*Degree*，*Close*，*Eigen*）与创新效率（*Te*1）至少在 10%显著性水平上呈正相关关系，与创新效率（*Te*2）均在 1%显著性水平上呈正相关关系，证明机构投资者网络关系提升企业创新效率的稳健性。

表 7-20　替换被解释变量：创新效率

变量	*Te*1				*Te*2			
	(1)	(2)	(3)	(4)	(5)	(6)	(7)	(8)
Constant	-1.243*** (-15.07)	-1.261*** (-15.41)	-1.241*** (-15.08)	-1.248*** (-15.11)	-1.627*** (-25.34)	-1.611*** (-25.18)	-1.654*** (-26.07)	-1.628*** (-25.23)
Degree	0.353** (1.99)				0.534*** (3.38)			
Between		1.964 (0.52)				3.537 (1.12)		
Close			0.098* (1.96)				0.198*** (5.00)	
Eigen				0.411** (2.36)				0.776*** (2.79)
Size	0.067*** (17.22)	0.068*** (17.56)	0.066*** (16.62)	0.068*** (17.25)	0.074*** (23.17)	0.071*** (21.94)	0.075*** (23.83)	0.074*** (23.02)
Lev	-0.066** (-2.35)	-0.066** (-2.38)	-0.064** (-2.30)	-0.066** (-2.35)	-0.104*** (-4.46)	-0.101*** (-4.32)	-0.105*** (-4.50)	-0.104*** (-4.44)
Grow	-0.026*** (-2.76)	-0.025*** (-2.72)	-0.026*** (-2.77)	-0.025*** (-2.73)	0.003 (0.41)	0.003 (0.36)	0.004 (0.47)	0.004 (0.46)
Roa	-0.043 (-0.44)	-0.028 (-0.28)	-0.044 (-0.45)	-0.037 (-0.37)	0.048 (0.60)	0.037 (0.46)	0.072 (0.90)	0.054 (0.67)
Cash	-0.138*** (-4.08)	-0.137*** (-4.07)	-0.140*** (-4.15)	-0.138*** (-4.08)	-0.093*** (-3.35)	-0.098*** (-3.54)	-0.092*** (-3.33)	-0.093*** (-3.35)
Age	-0.014** (-2.52)	-0.014** (-2.53)	-0.014*** (-2.65)	-0.014** (-2.53)	0.006 (1.26)	0.004 (0.95)	0.006 (1.25)	0.006 (1.23)
PPe	-0.302*** (-3.70)	-0.300*** (-3.68)	-0.306*** (-3.75)	-0.300*** (-3.68)	-0.110 (-1.63)	-0.120* (-1.78)	-0.107 (-1.59)	-0.108 (-1.61)
*Shr*1	-0.006 (-0.24)	-0.005 (-0.19)	-0.006 (-0.22)	-0.006 (-0.21)	-0.021 (-0.94)	-0.021 (-0.92)	-0.020 (-0.86)	-0.021 (-0.90)

续表

变量	*Te*1				*Te*2			
	(1)	(2)	(3)	(4)	(5)	(6)	(7)	(8)
Mshare	0.125*** (4.95)	0.127*** (5.04)	0.126*** (5.02)	0.126*** (5.01)	0.015 (0.67)	0.017 (0.75)	0.018 (0.82)	0.017 (0.74)
Insratio	0.118** (2.16)	0.162*** (3.20)	0.127** (2.37)	0.141*** (2.66)	0.126*** (2.65)	0.118*** (2.62)	0.190*** (4.40)	0.150*** (3.27)
Year/Firm	Yes	Yes	Yes	Yes	Yes	Yes	Yes	Yes
N	20826	20826	20826	20826	20826	20826	20826	20826
Ajust R^2	0.283	0.283	0.283	0.283	0.207	0.208	0.207	0.207

注：省略控制变量，括号内数据表示 t 值，***、**、*分别表示回归系数在 1%、5%、10%的水平上显著。

7.6 机构投资者网络关系、创新效率与全要素生产率

机构投资者网络关系促进了资金要素在资本市场中的有效流动，降低了上市公司与资本提供方之间的信息收集成本，促使资金充足方将资金投放于生产率相对较高的行业或企业，优化了资本配置，机构投资者网络关系同时促进了技术要素的开发与流动，引致公司自身创新水平的提升，技术改造带来的技术效率提升和技术进步能够显著提升公司全要素生产率（程惠芳、陆嘉俊，2014），因此本章预期机构投资者网络关系引致的企业创新效率的提高能够提升企业全要素生产率，促进企业高质量发展。本章借鉴（鲁晓东、连玉君，2012）的研究，首先对模型（7-8）进行控制固定效应的回归，回归拟合得到的残差即为全要素生产率（*Tfp*）；其次使用模型（7-9）考察机构投资者网络影响下的企业创新效率对全要素生产率的影响。

$$\ln Sales = \alpha_{0+}\ \alpha_1 \ln PPe + \ln Employee + \sum Industry + \sum Year + \varepsilon \qquad (7\text{-}8)$$

式中，ln*Sales* 为营业收入的自然对数，ln*PPe* 为固定资产的自然对数，ln*Employee* 为员工人数的自然对数，同时控制年份和公司个体效应。

$$Tfp = \alpha_0 + \alpha_1 Degree + \alpha_2 Te + \alpha_3 Degree/Between/Close/Eigen \times Te + \alpha_4 Size + \alpha_5 Lev + \alpha_6 Grow + \alpha_7 Roa + \alpha_8 Cash + \alpha_9 Age + \alpha_{10} PPe + \alpha_{11} Shr1 + \alpha_{12} Mshare + \alpha_{13} Insratio + \sum Year + \sum Firm + \varepsilon \qquad (7\text{-}9)$$

表7-21列（1）至列（4）是企业创新效率对企业全要素生产率的回归结果，列（5）至列（8）是机构投资者网络关系影响下的创新效率对企业全要素生产率的回归结果。列（1）至列（4）的回归结果证明，企业创新效率（*Te*）能够显著提升企业全要素生产率（*Tfp*）；列（5）至列（8）中除机构投资者网络中介中心度（*Between*）外，机构投资者网络程度中心度（*Degree*）、机构投资者网络接近中心度（*Close*）、机构投资者网络特征向量中心度（*Eigen*）与创新效率（*Te*）的交乘项（*Degree_te*，*Close_te*，*Eigen_te*）与企业全要素生产率（*Tfp*）至少在10%的显著性水平上呈正相关关系，机构投资者网络关系能够强化创新效率对企业全要素生产率的正向影响。机构投资者网络关系在提升企业创新效率的基础上能够改善资源错配，促进实体经济高质量、稳定健康发展。

表7-21　机构投资者网络、创新效率与全要素生产率

变量	*Tfp*							
	(1)	(2)	(3)	(4)	(5)	(6)	(7)	(8)
Constant	-9.500*** (-107.38)	-9.500*** (-107.38)	-9.500*** (-107.38)	-9.500*** (-107.38)	-9.504*** (-106.34)	-9.498*** (-107.10)	-9.501*** (-106.70)	-9.509*** (-106.09)
Te	0.418*** (9.15)	0.418*** (9.15)	0.418*** (9.15)	0.418*** (9.15)	0.394*** (6.70)	0.399*** (8.07)	0.894*** (3.32)	0.408*** (7.36)
Degree					0.052** (2.27)			
Degree_te					0.849* (1.72)			
Between						0.877 (0.21)		
Between_te						2.70 (0.99)		
Close							0.023** (2.48)	
Close_te							1.232* (1.80)	
Eigen								0.229* (1.66)
Eigen_te								0.724** (2.37)
Size	0.412*** (96.41)	0.412*** (96.41)	0.412*** (96.41)	0.412*** (96.41)	0.412*** (95.33)	0.412*** (95.97)	0.411*** (94.30)	0.412*** (94.97)

续表

变量	Tfp							
	(1)	(2)	(3)	(4)	(5)	(6)	(7)	(8)
Lev	0.983*** (33.33)	0.983*** (33.33)	0.983*** (33.33)	0.983*** (33.33)	0.983*** (33.30)	0.984*** (33.34)	0.985*** (33.32)	0.983*** (33.28)
Grow	0.149*** (11.87)	0.149*** (11.87)	0.149*** (11.87)	0.149*** (11.87)	0.149*** (11.86)	0.149*** (11.86)	0.149*** (11.85)	0.149*** (11.87)
Roa	2.991*** (28.80)	2.991*** (28.80)	2.991*** (28.80)	2.991*** (28.80)	2.993*** (28.65)	2.990*** (28.78)	2.993*** (28.66)	2.997*** (28.70)
Cash	0.403*** (11.63)	0.403*** (11.63)	0.403*** (11.63)	0.403*** (11.63)	0.403*** (11.63)	0.403*** (11.63)	0.403*** (11.62)	0.403*** (11.63)
Age	-0.004 (-0.72)	-0.004 (-0.72)	-0.004 (-0.72)	-0.004 (-0.72)	-0.004 (-0.73)	-0.004 (-0.72)	-0.004 (-0.74)	-0.004 (-0.72)
PPe	-2.143*** (-25.51)	-2.143*** (-25.51)	-2.143*** (-25.51)	-2.143*** (-25.51)	-2.142*** (-25.50)	-2.142*** (-25.51)	-2.144*** (-25.51)	-2.142*** (-25.51)
*Shr*1	0.181*** (6.55)	0.181*** (6.55)	0.181*** (6.55)	0.181*** (6.55)	0.181*** (6.57)	0.181*** (6.55)	0.180*** (6.51)	0.181*** (6.57)
Mshare	0.032 (1.43)	0.032 (1.43)	0.032 (1.43)	0.032 (1.43)	0.032 (1.44)	0.031 (1.43)	0.031 (1.41)	0.032 (1.45)
Insratio	-0.119** (-2.22)	-0.119** (-2.22)	-0.119** (-2.22)	-0.119** (-2.22)	-0.116* (-1.95)	-0.123** (-2.27)	-0.119** (-2.08)	-0.107* (-1.87)
Year/Firm	Yes	Yes	Yes	Yes	Yes	Yes	Yes	Yes
N	20631	20631	20631	20631	20631	20631	20631	20631
Ajust R^2	0.348	0.348	0.348	0.348	0.348	0.348	0.348	0.348

注：省略控制变量，括号内数据表示 t 值，***、**、*分别表示回归系数在 1%、5%、10%的水平上显著。

7.7 本章小结

由于技术创新的难以预估以及正外部性等特征，企业创新活动初期私人收益普遍低于社会收益，这将显著抑制企业创新动力并损害企业创新能力。我国在创新过程中仍然存在创新资源浪费甚至错配并深陷创新效率低下的“科技创新困境”。创新投入未必带来有价值的创新产出，创新产出也未必具备较高产出质量以及合理产出结构。作为创新活动的另一研究范畴，创新效率可以更全面地体现企业创新竞争力与可持续发展能力。本章重点考察了机构投资者网络关系对企业创新投资的现金依赖程度（创新不足）、企业对投资者的创新迎合行为（创新过度）以及企业创新质量的影响，在此基础上探究了机构投资者网络关系对企业创新效率的作用，最后证实机构投资者网络关系提升企业创新效率的同时也能促进资源的合理配置，有效提升企业的全要素生产率。具体研究结论如下：

第一，机构投资者网络关系降低了公司现金约束对创新活动的抑制作用，缓解了创新不足。机构投资者网络关系的资源效应和信息效应将给企业带来创新所需的资源和信息，将提高企业面临不确定环境的风险承担能力。当企业的机构投资者网络中心度提高时，机构投资者持股的信号传递作用将向资本市场发出企业经营良好的有力信号，从而提高企业的商业信用和其他资源获取，为企业进行不确定性较高的创新活动提供外部保障。机构投资者网络的资源效应和信息效应降低了公司现金约束对创新活动的抑制作用，公司将选择开展之前无法进行的创新活动，激发企业创新活力，进而缓解企业创新不足。

第二，机构投资者网络关系能够抑制企业的创新迎合行为，抑制了创新过度。机构投资者网络中私有信息共享促使网络内机构投资者个体所掌握信息的相似性和相关性得到提升，进而提高他们买进或卖出交易操作的一致性，引致理性“伪羊群效应”的产生和传播，并将相关信息快速传递至网络外部乃至整个资本市场。因此，机构投资者网络关系提高了网络以及市场信息的全面性、准确性和及时性，降低了信息不对称。机构投资者网络中心度越高，越能吸引更多投资者以及潜在客户的广泛关注，提高机构投资者监督公司管理层的积极性，形成有效的外部联动监督，有效抑制管理层的机会主义行为。机构投资者网络的信息效应和治理效应能够提升企业信息透明度、抑制管理层的短视自利行为而弱化创新效率较低的创新迎合行为。

第三，机构投资者网络关系能够促进企业创新质量的提升。机构投资者网络关系的资源优势和出于经济利益分享以及监督治理目的的突出特征将会促进企业创新质量的提升。首先，机构投资者网络能够为企业进行高质量创新提供资源；其次，机构投资者网络的自身投资利益驱动也会促使机构投资者网络推动企业创新质量的提升；最后，由于创新具有高度不确定性，管理层基于委托代理理论的私利动机和短视行为将会促使其任意操纵创新活动资金，从而损害公司长期利益。机构投资者网络的治理效应有利于强化企业监督、降低管理层的研发资金操纵，从而促进企业进行高质量长期研发创新。

第四，机构投资者网络关系有利于提升企业创新效率。通过机构投资者网络所获取的稀缺资源将为上市公司的创新活动提供相应的技术和资金支持，促进创新成果更好地转化为公司竞争力。机构投资者网络治理纳入治理环境中，可以有效加强企业外部监督、缓解高管自利行为以及企业其他治理问题，降低企业的过度投资并提高决策质量，进而保证企业创新过程中资源配置的有效性。机构投资者网络能够缓解企业创新约束，能够降低企业的创新迎合行为并提升企业创新质量，在提高企业创新投入产出比、创新增值能力的基础上而一步提高企业创新效率。

第五，机构投资者网络关系引致的企业创新效率的提高能够提升企业全要素生产率。机构投资者网络关系促进了资金要素在资本市场中的有效流动，降低了上市公司与资本提供方之间的信息收集成本，促使资金充足方将资金投放于生产率相对较高的行业或企业，优化了资本配置；机构投资者网络关系同时促进了技术要素的开发与流动，引致公司自身创新水平的提升，技术改造带来的技术效率提升和技术进步能够显著提升公司全要素生产率。

8 研究结论与展望

8.1 主要研究结论与启示

“以企业为主体、市场为导向、加快建设创新型国家”的国家宏观战略愿景下，以科技创新为现代化经济体系重要战略支撑的科学技术革命为企业生产制造和企业创新带来亘古未有的发展机遇，同时也带给企业面临加快创新经济体系建设的诸多挑战和市场竞争。如何进一步激活企业创新活力、提升企业创新能力和创新效率，本书试图从机构投资者网络（社会网络）的角度切入，研究机构投资者网络关系对企业创新行为的影响，并考虑不同产权特征、行业竞争程度及市场化进程的横截面调节作用，全面探讨异质机构投资者网络关系对企业创新影响的异同，并深入剖析机构投资者网络关系对企业创新影响的作用机理，以及机构投资者网络关系影响企业创新的经济后果（创新不足、创新过度、创新效率、企业全要素生产率）。中国作为新兴资本市场，其市场发展机制、产权保护体系和法律制度规范尚不完善，机构投资者网络关系作为公司治理的一种非正式制度安排，是对正式制度的有效补充，机构投资者网络中所蕴含的资源效应、信息效应以及治理效应将深刻影响企业创新行为，本书从机构投资者网络出发，以社会网络分析研究企业创新的影响因素，为企业创新提供了新的研究视角，丰富了社会学与公司治理领域的相关研究成果。

8.1.1 研究结论

本书以我国沪深两市 A 股 2007~2019 年上市公司的创新行为作为研究对象，在充分梳理我国资本市场机构化所带来的重大历史变革制度背景后，聚焦于机构投资者共同持股形成的社会网络关系，运用企业创新理论、资源依赖理论、社会资本理论、信息不对称理论及竞争优势理论等相关理论，系统检验了机构投资者网络关系对企业创新的影响及其作用机制以及经济后果，研究结论如下：

第一，机构投资者网络关系能够显著提升企业创新水平，进一步采用倾向得分匹配（PSM）、工具变量（IV）以及两阶段赫克曼（HECKMAN）检验控制非随机干扰、遗漏变量以及自选择问题所产生的内生性，结论依然成立，本书采用了替换解释变量与被解释变量、随机删除样本等方法进行了稳健性测试，结果依然稳健；产权性质（国有企业取 1，民营企业取 0）弱化了机构投资者网络关系对于企业创新影响的正向作用；行业竞争程度与市场化进程强化了机构投资者网络关系对企业创新的正向作用。

第二，按照机构个体与企业是否具有商业关系（独立性）重构了压力抵抗型与压力敏感型机构网络；按照机构个体持股稳定性重构了稳定型与交易型机构网络；按照机构个体持股质量以及持股规模重构了专注型与临时型机构网络，在此基础上进一步研究了异质机构网络关系与企业创新的相关关系。压力敏感型和压力抵抗型机构网络关系均能提升企业创新水平；相较于交易型机构网络关系，稳定型机构网络关系对企业创新水平的影响更显著；相较于临时型机构网络，专注型机构网络对企业创新水平的影响更显著。

第三，机构投资者网络关系通过缓解企业融资约束、发挥资源效应进而提升了企业创新水平，进一步对资源效应进行研究发现，机构投资者网络关系可以通过促进商业信用合作和降低股权融资成本而非扩大银行信贷来提升企业创新水平；机构投资者网络关系通过提高企业信息透明度、发挥信息效应进而提升了企业创新水平，进一步对信息效应进行研究发现，机构投资者网络关系不仅提高了企业信息透明度，更进一步促进了私有信息和创新信息传递而提升企业创新水平；机构投资者网络通过提高企业公司治理水平、发挥治理效应进而提升了企业创新水平，进一步对治理效应进行研究发现，机构投资者网络关系可以降低管理层自利行为，抑制大股东隧道行为而提升企业创新水平。

第四，经济后果研究发现，机构投资者网络关系降低了公司现金约束对创新活动的抑制作用，克服了创新投资不足；机构投资者网络能够抑制企业的创新迎合行为，抑制了创新投资过度；机构投资者网络关系能够促进企业创新质量的提升，在提升企业创新投入产出比、企业创新价值增值能力的基础上进一步提升了企业创新效率；机构投资者网络引致的企业创新效率提高能够提升企业全要素生产率，优化企业资源配置，促进企业高质量发展。

综上所述，本书主要探讨了机构投资者共同持股形成的机构投资者网络关系对企业创新行为的影响及作用机制和经济后果，机构投资者网络作为一种非正式制度安排，通过资源效应、信息效应和治理效应的发挥提升企业创新水平和创新能力，优化企业资源配置。本书的研究结论为企业合理利用创新资源提供方向指引，为企业持续健康发展提供了科学性指导，为政府如何引导机构投资者参与企业经营管理，提高企业创新活力提供了丰富的理论借鉴和政策启示。

8.1.2 政策启示

创新是提高企业劳动生产率的重要方式，也是提升其核心竞争力的有效途径。近年来，政府出台一系列强有力的产业扶持政策以强化企业的技术创新水平。然而，与创新型国家相比，我国创新水平还有待提高，企业技术创新投入及产出效果难以满足日益激烈的国际竞争需求。在我国步入经济“新常态”的时代背景下，提供高质量可持续且稳定的创新资金以及良好的创新融资环境满足创新活动需要是当前社会各界以及企业自身需要解决的重要问题。机构投资者共同持股构成的社会网络关系有助于提升企业资源整合能力、提高信息挖掘扩散范围、强化机构知情交易者角色进而提升被投资企业的整体创新水平。本书的研究结论在机构投资、高管创新、政府引导等公司治理领域均有重要的研究启示：

第一，网络机构个体要充分合理利用网络资源，正确把握自身与其他网络个体的紧密程度，重视机构网络关系的联结和构建，不过度盲目追求网络个体的“量”，而是要提高其网络关系的“质”。无效的过量网络联结会造成资源和精力的浪费，在构建机构网络关系时，避免陷入广泛的同质关系联结，尽量选择具有控制优势的个体嵌入机构网络联结，以获取丰富的创新异质性资源。同时，机构投资者应提高管理意识，强化管理能力，积极参与公司内部治理和监督，有效地发挥其创新水平“助推器”的战略职能。

第二，部分学者认为，上市公司的机构投资者偏好短线操作，公司的管理层通常会削减研发投入以防止业绩下滑从而吸引机构投资者的广泛关注，进而导致机构投资者网络对企业创新能力产生负面影响。为了避免高管的短视行为，在引入机构投资者时，应选择那些持股规模较大、持股质量高和持股稳定的专注型以及稳定型机构投资者，发挥其有效的监督作用，提升创新企业的长远绩效。为了解决我国企业研发投资动力不足和技术创新能力低下的基本问题，应基于微观经济的经营角度设计相对科学的高管监督与激励机制，避免研发投资的高风险带给企业高管创新动机的负面影响，进一步调动促使高管考虑公司的长远战略布局的创新积极性进而促使高管制定有效的研发投资决策。

第三，监管层应进一步鼓励提高机构引入数量和金额、提倡机构投资者依法加强信息交流、鼓励机构投资者的规模化和创新化发展、引导机构投资者和企业树立长期投资和价值投资的基本理念以限制机构投资者与被投资企业之间的合谋行为；强化机构投资者网络多维度及立体化建设从而提升信息在资本市场中的流通数量和质量，促进企业形成支持创新的良性循环，为创新活动提供更多的专家信息与监督力量，加速知识信息的传递与流通，形成机构网络协同效应及整体优势从而提高企业创新效率以应对市场竞争。相关部门应倾向于制定相关政策以减少过多政府干预、有效提升市场竞争程度、积极推动市场化进程以加强机构投资者利益保护，进而释放机构治理活力、正确引导机构投资者积极参与公司治理以推动中国资本市场更加规范、稳健、有效运行；相关政策理应助力改善金融环境，完善财务审计制度和信息披露制度，完善公司治理机制进而为机构网络关系的资源、信息和治理效应的充分发挥提供有利客观条件和良好政策环境。

第四，政府相关政策理应进一步发挥金融“示范”和金融“虹吸”职能，积极引导金融市场持续强化针对企业创新活动的信贷支持和融资便利，通过促进创新投入要素的合理流动和配置实现资本要素从“低效部分”向“高效部门”的有序转移，确保创新投资转化为质量高、结构优的创新产出进而发挥资本配置对企业创新效率的提升作用；进一步加大知识产权保护力度以及有效提升企业公司治理，确保企业创新由于寻租、融资软约束等原因造成的效率低下，激发企业的创新活力和竞争意识；进一步完善管理层以及控股股东的监督和激励机制，降低委托代理问题以及其所造成的成本和效率损失；加快建立较强可持续性的创新扶持政策体系，有效规避企业的短视机会主义利己行为，助攻企业在实体经济发展中培养创新能力和竞争优势。

8.2 研究局限与研究展望

8.2.1 研究局限

本书在机构投资者投资、高管创新、政府引导等公司治理领域具有一定的理论与实践意义，但由于研究水平的局限以及研究问题的复杂性，仍存在一定的研究不足：

第一，由于机构投资者的网络联结比较接近于弱联结关系，本书在考虑机构投资者网络时只关注了机构投资者网络这种社会网络的关系，主要用网络中心度表示，而没有对网络结构（一般用网络位置，比如结构洞）进行进一步的研究。

第二，虽然本书采用了 PSM、HECKMAN、IV 的方法检验并解决内生性问题，但由于缺少外生冲击的解释变量，内生性可能仍然是一个无法彻底解决的问题。

第三，企业创新水平在不同行业可能会存在一定的差异，为避免网络被人为割裂，本书没有进一步分行业或者基于企业不同的生命周期发展阶段去讨论机构投资者网络关系对企业创新影响的异同。

8.2.2 研究展望

基于本书的研究结论，未来还存在很多有价值的研究命题值得去探索和检验。本书可能在以下几个方面存在进一步的完善和拓展空间：

第一，本书以所有重仓持股的机构投资者构建了机构投资者网络关系，未来研究可以进一步识别这种社会网络的小团体检验机构投资者网络抱团对企业创新以及其他财务行为的影响。

第二，本书只探究了机构投资者网络关系对企业创新的影响及作用机制，未来的研究可以进一步考虑机构投资者网络结构，从机构投资者各自的网络位置进行深入研究并识别其作用机制，以丰富本书的研究结论。

第三，未来可以细化机构投资者网络异质性，比如可以分别探究基金网络、保险网络、QFII 网络等相关网络关系对企业财务行为的影响以及各自的具体作用机制。

第四，机构投资者网络关系对企业创新的研究问题还可以细分不同的行业以及企业生命周期，不同行业和企业不同的发展阶段对创新投入以及创新活动的开展具有不同的偏好。

参考文献

[1] Aboody D, Lev B. Information Asymmetry, R&D, and Insider Gains [J]. The Journal of Finance, 2000, 55 (6): 2747-2766.

[2] Acharya V, Xu Z. Financial Dependence and Innovation: The Case of Public Versus Private Firms [J]. Journal of Financial Economics, 2017, 22 (4): 181-192.

[3] Adams M E, Day G S, Dougherty D. Enhancing New Product Development Performance: An Organizational Learning Perspective [J]. Journal of Product Innovation Management, 1998, 15 (5): 403-422.

[4] Aghion P, Howitt P, Prantl S. Revisiting the Relationship between Competition, Patenting and Innovation [J]. Advances in Economics, 2013, 55 (6): 451-455.

[5] Ajinkya B, Bhojraj S, Sengupta P. The Association Between Outside Directors, Institutional Investors and the Properties of Management Earnings Forecasts [J]. Journal of Accounting Research, 2005 (3): 343-376.

[6] Alegre J, Chiva R. Linking Entrepreneurial Orientation and Firm Performance: The Role of Organizational Learning Capability and Innovation Performance [J]. Journal of Small Business Management, 2013, 51 (4): 491-507.

[7] Amit R, Zott C. Value Creation in E-business [J]. Strategic Management Journal, 2001, 22 (6-7): 493-520.

[8] Amore M D, Bennedsen M. Corporate Governance and Green Innovation [J]. Journal of Environmental Economics & Management, 2016, 75: 54-72.

[9] Antoniades C G, Berry P A, Davies E T, et al. Reduced Monocyte HLA-DR Expression: A Novel Biomarker of Disease Severity and Outcome in Acetaminophen-Induced Acute Liver Failure [J]. Hepatology, 2006, 44 (1): 34-43.

[10] Balsmeier B, Assaf M, Chesebro T, et al. Machine Learning and Natural

Language Processing on the Patent Corpus: Data, Tools, and New measures [J]. Journal of Economics and Management Strategy, 2019.

[11] Barnea A, Guedj, I. "But, Mom, All the Other Kids Have One!" - CEO Compensation and Director Networks [J]. SSRN Electronic Journal, 2006.

[12] Barney J B. Firm Resources and Sustained Competitive Advantage [J]. Advances in Strategic Management, 1991, 17 (1): 3-10.

[13] Barney S. Face value [J]. Bulletin with Newsweek, 2001, 94 (210): 50.

[14] Bebchuk L A, Cohen A, Hirst S. The Agency Problems of Institutional Investors [J]. Social Science Electronic Publishing, 2002.

[15] Becker G. The Complementary-needs Hypothesis, Authoritarianism, Dominance and Other Edwards Personal Preference Schedule Scores [J]. Journal of Personality, 1964, 32: 45-56.

[16] Becker W, Dietz J. R&D Cooperation and Innovation Activities of Firms—Evidence for the German Manufacturing Industry [J]. Research Policy, 2004, 33 (2): 209-223.

[17] Bednar M, Westphal J D. Surveying the Corporate Elite: Theoretical and Practical Guidance on Improving Response Rates and Response Quality in Top Management Survey Questionnaires [J]. Research Methodology in Strategy & Management, 2006, 3: 37-55.

[18] Berle A A, Gardner C M. Economics and Planned Business: The Modern Corporation and Private Property [J]. Public Administration, 1934: 12.

[19] Bhushan R. Firm Characteristics and Analyst Following [J]. Journal of Accounting & Economics, 2006, 11 (2-3): 255-274.

[20] Bikhchandani S, Sharma S. Herd Behavior in Financial MarketsA Review [J]. SSRN Electronic Journal, 2000.

[21] Blocher J. Gun Rights Talk [J]. Boston University Law Review, 2014, 94 (3): 813-833.

[22] Bourdieu P, Wacquant L J. An Invitation to Reflexive Sociology [M]. Chicage: University of Chicago Press, 1992.

[23] Bourdieu P. Distinction: A Social Critique of the Judgment of Taste [M]. London: Routledge Classics, 1984.

[24] Branstetter L G, Sakakibara M. When Do Research Consortia Work Well and Why? Evidence from Japanese Panel Data [Z]. NBER Working Paper, 2000.

[25] Brav A, Jiang W, Partnoy F, et al. Hedge Fund Activism, Corporate

Governance, and Firm Performance [J]. The Journal of Finance, 2008, 63 (4): 1729-1775.

[26] Brickley J A, Dark F H, Weisbach M. The Economic Effects of Franchise Termination Laws [Z]. Rochester, Business-Managerial Economics Research Center, 1988.

[27] Brown J R, Fazzari S M, Petersen B C. Financing Innovation and Growth: Cash Flow, External Equity, and the 1990s R&D Boom [J]. The Journal of Finance, 2009, 64 (1): 151-185.

[28] Brown J R, Petersen B C. Which Investments Do Firms Protect? Liquidity Management and Real Adjustments When Access to Finance Falls Sharply [J]. Journal of Financial Intermediation, 2015, 24 (4): 441-465.

[29] Burt R S. Structural Holes: The Social Structure of Competition [M]. Cambridge, MA: Harvard University Press, 1995.

[30] Burt R. Structural Holes Versus Network Closure as Social Capital [M]// Social Capital Theory & Research, New York: Aldine de Gruyter, 2001.

[31] Bushee B J. Do Institutional Investors Prefer Near-Term Earnings over Long-Run Value? [J]. Contemporary Accounting Research, 2001, 18 (2): 207-246.

[32] Cable D M, Shane S. A Prisoners Dilemma Approach to Entrepreneur-venture Capitalist Relationships [J]. Academy of Management Review, 1997, 22 (1): 142-176.

[33] Cai Y, Sevilir M, Wesep E V, et al. Managerial Ownership and Employee Risk Bearing [J]. Social Science Electronic Publishing, 2009.

[34] Campello M, Chen L, Yue M A, et al. The Real and Financial Implications of Corporate Hedging [J]. Journal of Finance, 2011, 66 (5): 1615-1647.

[35] Carmeli Y, Akova M, Cornaglia G, et al. Controlling the Spread of Carbapenemase Producing Gram-negatives: Therapeutic Approach and Infection Control [J]. Clinical Microbiology and Infection, 2010, 16 (2): 102-111.

[36] Casadesus-Masanell R, Zhu F. Business Model Innovation and Competitive Imitation: The Case of Sponsor-based Business Models [J]. Strategic Management Journal, 2013, 34 (4): 464-482.

[37] Chemmanur T J, Loutskina E, Tian X. Corporate Venture Capital, Value Creation, and Innovation [J]. Social Science Electronic Publishing, 2011, 27 (8): 2434-2473.

[38] Chemmanur T J, Paeglis M, Simonyan K. Management Quality and Equity Issue Characteristics: A Comparison of SEOs and IPOs [J]. Financial Management, 2010, 39 (4): 1601-1642.

[39] Chuluun T. Prevost A and PuthenpurackalBoare. Ties and the Cost of Coporate Bebt [J]. Financial Management, 2014, 43 (3): 533-568.

[40] Cohen L, Frazzini A, Malloy C. The Small World of Investing: Board Connections and Mutual fund Returns [J]. Journal of Political Economy, 2008, 116 (5): 951-979.

[41] Coleman J S. Foundations of Social Theory [M]. Cambridge, MA: Belknap Press, 1990.

[42] Crane A D, Koch A, Michenaud S. Institutional Investor Cliques and Governance [J]. Journal of Financial Economics, 2019, 133 (1): 175-197.

[43] Crossan M M, Apaydin M. A Multi-Dimensional Framework of Organizational Innovation: A Systematic Review of the Literature [J]. Journal of Management Studies, 2010, 47 (6): 1154-1191.

[44] Das T K, Teng B S. Risk Types and Inter Firm Alliance Structures [J]. Journal of Management Studies, 1996, 33 (6): 827-843.

[45] Dewar R D, Dutton J E. The Adoption of Radical and Incremental Innovations: An Empirical Analysis [J]. Management Science, 1986, 32 (11): 1422-1433.

[46] Dong M, Hirshleifer D A. Teoh S H. Stock Market over Valuation, Moonshots and Corporate Innovation [R]. SSRN Working Paper, 2016.

[47] Dosi G, Malerba F, Ramello G B, et al. Information, Appropriability, and the Generation of Innovative Knowledge four Decades After Arrow and Nelson: an introduction [J]. Industrial and Corporate Change, 2006, 15 (6): 891-901.

[48] Edmans A, Holderness C. Blockholders: A Survey of Theory and Evidence [J]. Handbook of the Economics of Corporate Governance, 2016, 1: 541-636.

[49] Engelberg J, Gao P, Parsons C A. The Price of a CEO's Rolodex [J]. Review of Financial Studies, 2013, 26 (1): 79-114

[50] Fama E F, Jensen M C. Separation of Ownership and Control [J]. Journal of Law and Economics Electronic Publishing, 1983, 26 (2): 301-325.

[51] Fan J, Huang P H, Morckr J, et al. Institutionl Determinants of Vertical integration in China [J]. Journal of Corporate Finance, 2017, 44 (2): 377-396.

[52] Firth M, Gao J, Shen J, et al. Institutional Stock Ownership and Firms'

Cash Dividend Policies: Evidence from China [J]. Journal of Banking and Finance, 2016, 65 (1): 91-107.

[53] Floyd S W, Wooldridge B. Middle Management's Strategic Influence and Organizational Performance [J]. Journal of Management Studies, 1997, 34 (3): 465-485.

[54] Freeman L C. Centrality in Social networks: Conceptual Clarification [J]. Social Network, 1979, 1 (3): 215-239.

[55] Gao H, Hsu P H, Li K. Innovation Strategy of Private Firms [J]. Journal of Financial and Quantitative Analysis, 2017, 22 (4): 1-32.

[56] GEC Plessey Telecommunications Limited. Distributed antenna system [P]. US19880276098, 1991-08-13.

[57] Gorodnichenko S. Financial Constraints and Innovation: Why Poor Countries Don't Catch up [J]. Journal of the European Economic Association, 2013, 11 (5): 1115-1152.

[58] Granovetter M S. Members of Two Worlds: A Development Study of Three Villages in Western Sicily. Johan Galtung [J]. American Journal of Sociology, 1974.

[59] Granovetter M. Economic Action and Social Structure: The Problem of Embeddedness [J]. American Journal of Sociology, 1985, 91 (3): 481-510.

[60] Guan J, Chen K. Modeling the Realtive Efficiency of National Innovation Systems [J]. Research Policy, 2012, 41 (1): 102-115.

[61] Gustave C A, Gossez M, Demaret J, et al. Septic Shock Shapes B Cell Response toward an Exhausted like/Immunoregulatory Profile in Patients [J]. Journal of Immunology, 2018, 200 (7): 2418-2425.

[62] Hall B H, Harhoff D. Post Grant Review Systems at the U. S. Patent Office-Design Parameters and Expected Impact [J]. Berkeley Technology Law Journal, 2004, 19 (3): 989-1015.

[63] Han B, Yang L. Social Networks, Information Acquisition, and Asset Prices [J]. Social Science Electronic Publishing, 2016, 59 (6): 1444-1457.

[64] Haunschild P R, Beckman C M. When do Interlocks Matter? Alternate Sources of Information and Interlock Influence [J]. Administrative Science Quarterly, 1998, 43 (4): 815-844.

[65] Heckman J J. Sample Selection Bias as a Specification Error [J]. Econometrica, 1979, 47: 153-161.

[66] Hochberg M C, Thompson D E, Black D M, et al. Effect of Alendronate

on the Age-Specific Incidence of Symptomatic Osteoporotic Fractures [J]. Journal of Bone and Mineral Research, 2005, 20 (6): 971-976.

[67] Hong H, Kubik J D, Stein J C. The Neighbor's Portfolio: Word-of-mouth Efects in the Holdings and Trades of Money Managers [J]. Journal of Finance, 2005, 60 (6): 2801-2824.

[68] Jaffe A B, Le T. The Impact of R&D Subsidy on Innovation: A Study of New Zealand Firms [Z]. NBER Working Paper, 2015.

[69] Jensen M C, Meckling W. Theory of the Firm: Managerial Behavior, Agency Costs, and Ownership Structure [J]. Journal of Financial Economics, 1976 (3): 305-360.

[70] Jiang F, Kim K. Corporate Governance in China: A Modern Perspective [J]. Journalof Corporate Finance, 2015, 32 (3): 190-216.

[71] Jin L, Myers S C. R-Squared Around the World: New Theory and New Tests [J]. Social Science Electronic Publishing, 2004, 79 (2): 257-292.

[72] Kaplan S N, Zingales L. Do Investment-Cash Flow Sensitivities Provide Useful Measures of Financing Constraints? [J]. Quarterly Journal of Economics, 1997 (1): 169-215.

[73] Kerr W R, Nanda R. Banking Deregulations, Financing Constraints, and Firm Entry Size [J]. Journal of the European Economic Association, 2010, 8 (2-3): 582-593.

[74] Larcker D F, So E C, Wang C C Y. Boardroom Centrality and Firm Performance [J]. Journal of Accounting and Economics, 2013, 55 (2-3): 225-250.

[75] Larcker D F, So E C, Wang C C Y. Boardroom Centrality and Stock Returns [Z]. Stanford University Working Paper, 2010.

[76] Lerner J, Malmendier U. With a Little Help from My (Random) Friends: Success and Failure in Post-Business School Entrepreneurship [J]. Review of Financial Studies, 2003 (10): 2411-2452.

[77] Lin C, Lin P, Song F M, et al. Managerial Incentives, CEO Characteristics and Corporateinnovation in China's Private Sector [J]. Journal of Comparative Economics, 2011, 39 (2): 176-190.

[78] Lin N. Social Capital. A Theory of Social Structure and Action [M]. Cambridge: Cambridge University Press, 2002.

[79] Lin N. Social Networks and Status Attainment [J]. Annual Review of Sociology, 1999, 25 (1): 467-487.

[80] Lin Y R, Fu X M. Does Institutional Ownership Influence Firm Performance? Evidence from China [J]. International Review of Economics and Finance, 2017, 49 (1): 17-57.

[81] Marcoux M, Lusseau D. Network Modularity Promotes Cooperation [J]. Journal of Theoretical Biology, 2013, 324 (5): 103-108.

[82] Massis A D, Frattini F, Kotlar J, et al. Innovation Through Tradition: Lessons From Innovative Family Businesses and Directions for Future Research [J]. Academy of Management Perspectives, 2016, 30 (1): 93-116.

[83] Meeus M, Oerlemans L. Firm behaviour and Innovative Performance: An Empirical Exploration of the Selection-adaptation Debate [J]. Research Policy, 2000, 29 (1): 41-58.

[84] Milne D. Walt Whitman Rostow Scribner's Encyclopaedia of American Lives [M]. 2006.

[85] Mishra A, Bäuerle P. Small Molecule Organic Semiconductors on the Move: Promises for Future Solar Energy Technology [J]. Angewandte Chemie International Edition, 2012, 51 (9): 2020-2067.

[86] Mizruchi M S. What Do Interlocks Do? An Analysis, Critique and Assessment of Research on Interlocking Directorates [J]. Annual Review of Sociology, 1996, 22: 271-298.

[87] Musacchio A, Lazzarini S G, Aguilera R V. New Varieties of State Capitalism: Strategic and Governance Implications [J]. Academy of Management Executive, 2015, 29 (1): 1-19.

[88] Nahapiet J, Ghoshal S. Social Capital, Intellectual Capital and The Creation of Value in Firms [J]. Academy of Management Proceedings, 1997 (1): 35-39.

[89] Nasierowski W, Arcelus F J. On the efficiency of national innovation systems [J]. Socio-Economic Planning Sciences, 2003, 37 (3): 215-234.

[90] Nicholson G J, Alexander M, Kiel G C. Defining the Social Capital of the Board of Directors: An Exploratory Study [J]. Journal of Management & Organization, 2004, 10 (1): 54-72.

[91] Olivera F, Argote L. Organizational Learning and New Product Development: CORE Processes [M]. 1999.

[92] Pareek A. Information Networks: Implications for Mutual Fund Trading Behavior and Stock Returns [J]. SSRN Electronic Journal, 2012.

[93] Porter M E, Millar V E. How Information Gives You Competitive Advantage [J]. Harvard business review, 1985, 63 (4): 149-174.

[94] Porter M E. Capital Disadvantage: America's Failing Capital Investment system [J]. Havard Business Review, 1992, 70 (5): 65-82.

[95] Rhodes E, Wield D. Implementing New Technologies: Innovation and the Management of Technology [M]. New Jersey: wiley blackwell, 1994.

[96] Roll R. The International Crash of October 1987 [J]. Financial Analysts Journal, 1988, 44 (5): 19-35.

[97] Schumpeter J A. The Theory of Economics Development [M]. Cambridge. MA: Harvard University Press, 1934.

[98] Shleifer A, Vishny R W. Large Shareholders and Corporate Control [J]. Journal of Political Economy, 1986, 94 (3): 461-488.

[99] Stuart T E, Yim S. Board Interlocks and the Propensity to Be Targeted in Private Equity Transactions [J]. Journal of Financial Economics, 2010, 97 (1): 174-189.

[100] Stulz R. Managerial control of voting rights: Financing Policies and The Market for Corporate Control [J]. Journal of Financial Economics, 1988, 20 (3): 25-54.

[101] Subramaniam M, Youndt M A. The Influence of Intellectual Capital on the Types of Innovative Capabilitles [J]. Academy of Management Journal, 2005, 48 (3): 450-463.

[102] Sun Y, Liu F. New trends in Chinese Innovation Policies Since 2009—a system Framework of Policy Analysis [J]. International Journal of Technology Management, 2014, 65 (1/2/3/4): 6-23.

[103] Tadesse M. Approaches and Acceptability of Development Communication for Agricultural Development in Central Ethiopia: Case of Ada'a Wereda [J]. 2006.

[104] Timmers C M, Van Straten N C R, Van der Marel GA et al. An Expeditious Route to Streptococci and Enterococci Glycolipids Via Ring-Opening of 1, 2-Anhydrosugars with Protic Acids [J]. Journal of Carbohydrate Chemistry, 1998, 17 (3): 471-487.

[105] Tong H, Wei S J. The Misfortune of Non-financial Firms in a Financial Crisis: Disentangling Finance and Demand Shocks [Z]. Cepr Discussion Papers, 2014.

[106] Utterback T D. Comparison of Pelvic Osteotomy for the Surgical Correction

of the congenital hip [J]. Clin Orthop, 1974: 98.

[107] Waegenaere A D, Wielhouwer J. Dynamic Tax Depreciation Strategies [J]. Social Science Electronic Publishing, 2012.

[108] Wang L, Zhan X. Problems and Countermeasures of the Introduction of Talents in the Institutions—Taking A Research Institute in Hainan Province As an Example [J]. Tropical Agricultural Engineering, 2019.

[109] Wasserman S, Faust K. Social Network Analysis in the Social and Behavioral Sciences [M]. Cambridge: Cambridge University Press, 1994.

[110] Wernerfelt B. A Resource View of the Firm [J]. John Wiley & Sons, Ltd. 1984, 5 (2): 171-180.

[111] Xu N, Li X, Yuan Q, et al. Excess Perks and Stock Price Crash Risk: Evidence from China [J]. Journal of Corporate Finance, 2014, 25 (1): 419-434.

[112] Zou H, Wong S. Shum C, et al. Controlling - minority Shareholder IncentiveConflicts and Directors' and Officers' Liability Insurance: Evidence from China [J]. Journal of Banking and Finance, 2008, 32 (12): 2636-2645.

[113] Zukin S, Dimaggio P. Structures of Capital: the Social Organization of the Economy [M]. Cambridge: Cambridge University Press, 1990.

[114] Zyglidopoulos S C, Georgiadis A P, Carroll C E, et al. Does Media Attention Drive Corporate Social Responsibility? [J]. Journal of Business Research, 2011, 65 (11): 1622-1627.

[115] 白俊红，蒋伏心．考虑环境因素的区域创新效率研究——基于三阶段 DEA 方法 [J]. 财贸经济，2011 (10)：104-112+136.

[116] 白俊红，李婧．政府 R&D 资助与企业技术创新——基于效率视角的实证分析 [J]. 金融研究，2011 (6)：181-193.

[117] 白俊，孟庆玺，申艳艳．外资银行进入促进了本土企业创新吗? [J]. 会计研究，2018 (11)：50-55.

[118] 边燕杰．社会资本研究 [J]. 学习与探索，2006 (2)：39-40+269.

[119] 曹春方，张超．产权权利束分割与国企创新——基于中央企业分红权激励改革的证据 [J]. 管理世界，2020，36 (9)：155-167.

[120] 陈仕华，卢昌崇．企业间高管联结与并购溢价决策——基于组织间模仿理论的实证研究 [J]. 管理世界，2013 (5)：144-156.

[121] 陈新春，刘阳，罗荣华．机构投资者信息共享会引来黑天鹅吗? ——基金信息网络与极端市场风险 [J]. 金融研究，2017 (7)：140-155.

[122] 陈岩，湛杨灏，王丽霞，等．研发投入、独立董事结构与创新绩

效——基于中国上市家族企业的实证检验［J］. 科研管理，2018，39（1）：95-107.

［123］陈洋林，宋根苗，张长全．税收优惠对战略性新兴产业创新投入的激励效应评价基于倾向评分匹配法的实证分析［J］. 税务研究，2018（8）：80-86.

［124］陈运森，谢德仁．董事网络、独立董事治理与高管激励［J］. 金融研究，2012（2）：168-182.

［125］程惠芳，陆嘉俊．知识资本对工业企业全要素生产率影响的实证分析［J］. 经济研究，2014，49（5）：174-187.

［126］党兴华，董建卫，吴红超．风险投资机构的网络位置与成功退出：来自中国风险投资业的经验证据［J］. 南开管理评论，2011，14（2）：82-91+101.

［127］丁琳，席酉民，张华．变革型领导与员工创新：领导-下属关系的中介作用［J］. 科研管理，2010，31（1）：177-184.

［128］董建卫，王晗，施国平，等．政府引导基金参股创投基金对企业创新的影响［J］. 科学学研究，2018，36（8）：1474-1486.

［129］段海艳，仲伟周．网络视角下中国企业连锁董事成因分析——基于上海、广东两地 314 家上市公司的经验研究［J］. 会计研究，2008（11）：69-75+97.

［130］范海峰，胡玉明．机构投资者持股与公司研发支出——基于中国证券市场的理论与实证研究［J］. 南方经济，2012（9）：60-69.

［131］方红星，金玉娜．公司治理、内部控制与非效率投资：理论分析与经验证据［J］. 会计研究，2013（7）：63-69+97.

［132］冯飞鹏．产业政策、信贷配置与创新效率［J］. 财经研究，2018，44（7）：142-153.

［133］冯根福，温军．中国上市公司治理与企业技术创新关系的实证分析［J］. 中国工业经济，2008（7）：107-119.

［134］顾夏铭，陈勇民，潘士远．经济政策不确定性与创新——基于我国上市公司的实证分析［J］. 经济研究，2018，53（2）：109-123.

［135］郭白滢，李瑾．机构投资者信息共享与股价崩盘风险——基于社会关系网络的分析［J］. 经济管理，2019，41（7）：171-189.

［136］郭晓冬，柯艳蓉，吴晓晖．坏消息的掩盖与揭露：机构投资者网络中心性与股价崩盘风险［J］. 经济管理，2018，40（4）：152-169.

［137］郭晓冬，王攀，吴晓晖．机构投资者网络团体与公司非效率投资［J］. 世界经济，2020，43（4）：169-192.

［138］何瑛，马珂．机构投资者网络与股价同步性［J］. 现代财经（天津财

经大学学报)，2020，40（3）：35-52.

［139］侯宇，叶冬艳．机构投资者、知情人交易和市场效率——来自中国资本市场的实证证据［J］．金融研究，2008（4）：131-145.

［140］胡曲应．公司治理结构、股利分配与企业创新绩效三元关系实证研究［J］．科技进步与对策，2017，34（18）：88-94.

［141］胡艳，马连福．创业板高管激励契约组合、融资约束与创新投入［J］．山西财经大学学报，2015，37（8）：78-90.

［142］扈文秀，孙伟，柯峰伟．融资约束对创新项目投资决策的影响研究［J］．科学学与科学技术管理，2009，30（3）：81-88.

［143］黄俊，陈信元．集团化经营与企业研发投资——基于知识溢出与内部资本市场视角的分析［J］．经济研究，2011，46（6）：80-92.

［144］江伟，李斌．制度环境、国有产权与银行差别贷款［J］．金融研究，2006（11）：116-126.

［145］姜付秀，黄磊，张敏．产品市场竞争、公司治理与代理成本［J］．世界经济，2009，32（10）：46-59.

［146］解维敏．“脱虚向实”与建设创新型国家：践行十九大报告精神［J］．世界经济，2018，41（8）：3-25.

［147］鞠晓生．中国上市企业创新投资的融资来源与平滑机制［J］．世界经济，2013，36（4）：138-159.

［148］孔东民，徐茗丽，孔高文．企业内部薪酬差距与创新［J］．经济研究，2017，52（10）：144-157.

［149］黎文靖，郑曼妮．实质性创新还是策略性创新？——宏观产业政策对微观企业创新的影响［J］．经济研究，2016，51（4）：60-73.

［150］李浩举．利率市场化改革对企业创新的影响研究［D］．北京：北京交通大学，2017.

［151］李汇东，唐跃军，左晶晶．用自己的钱还是用别人的钱创新？——基于中国上市公司融资结构与公司创新的研究［J］．金融研究，2013（2）：170-183.

［152］李敏娜，王铁男．董事网络、高管薪酬激励与公司成长性［J］．中国软科学，2014（4）：138-148.

［153］李维安．治理与管理：如何实现和谐运转？［J］．南开管理评论，2009，12（3）：1.

［154］李维安，齐鲁骏，丁振松．兼听则明，偏信则暗——基金网络对公司投资效率的信息效应［J］．经济管理，2017，39（10）：44-61.

[155] 李彦龙. 税收优惠政策与高技术产业创新效率 [J]. 数量经济技术经济研究, 2018, 35 (1): 60-76.

[156] 李扬, 张晓晶. "新常态": 经济发展的逻辑与前景 [J]. 经济研究, 2015, 50 (5): 4-19.

[157] 李争光, 赵西卜, 曹丰, 等. 机构投资者异质性、会计稳健性与投资效率——来自中国上市公司的经验证据 [J]. 当代财经, 2015 (2): 106-117+130.

[158] 李仲泽. 机构持股能否提升企业创新质量 [J]. 山西财经大学学报, 2020, 42 (11): 85-98.

[159] 梁平, 梁彭勇, 黄馨. 中国高技术产业创新效率的动态变化——基于Malmquist 指数法的分析 [J]. 产业经济研究, 2009 (3): 23-28+78.

[160] 林洲钰, 林汉川, 邓兴华. 所得税改革与中国企业技术创新 [J]. 中国工业经济, 2013 (3): 111-123.

[161] 刘柏, 徐小欢. 信息透明度影响企业研发创新吗? [J]. 外国经济与管理, 2020, 42 (2): 30-42.

[162] 刘冰, 符正平, 邱兵. 冗余资源、企业网络位置与多元化战略 [J]. 管理学报, 2011, 8 (12): 1792-1801.

[163] 刘京军, 苏楚林. 传染的资金: 基于网络结构的基金资金流量及业绩影响研究 [J]. 管理世界, 2016 (1): 54-65.

[164] 刘井建, 纪丹宁, 赵革新. 机构网络、高管薪酬与治理效应——对我国机构投资者治理模式的发现 [J]. 大连理工大学学报 (社会科学版), 2018, 39 (1): 38-48.

[165] 刘善仕, 彭娟, 段丽娜. 人力资源实践、组织吸引力与工作绩效的关系研究 [J]. 科学学与科学技术管理, 2012, 33 (6): 172-180.

[166] 刘善仕, 周怀康, 彭秋萍, 等. 企业信任氛围对异地投资的影响: 基于人力资本社会网络的调节作用 [J]. 系统工程, 2020, 38 (6): 1-13.

[167] 刘晓慧, 王爱国, 刘西国. 风险管控、高管激励与创新效率——基于我国创业板上市公司的实证分析 [J]. 经济体制改革, 2018 (6): 117-124.

[168] 刘星, 吴先聪. 机构投资者异质性、企业产权与公司绩效——基于股权分置改革前后的比较分析 [J]. 中国管理科学, 2011, 19 (5): 182-192.

[169] 卢昌崇, 陈仕华. 断裂联结重构: 连锁董事及其组织功能 [J]. 管理世界, 2009 (5): 152-165.

[170] 鲁盛潭, 方旻. 高科技、高成长性企业 R&D 投入与企业绩效的相关性分析 [J]. 财会月刊, 2011 (36): 12-15.

［171］鲁桐，党印．公司治理与技术创新：分行业比较［J］．经济研究，2014，49（6）：115-128.

［172］鲁晓东，连玉君．中国工业企业全要素生产率估计：1999—2007［J］．经济学（季刊），2012，11（2）：541-558.

［173］罗家德．关系与圈子——中国人工作场域中的圈子现象［J］．管理学报，2012，9（2）：165-171+178.

［174］罗绍德，刘春光．企业 R&D 投入活动的影响因素分析——基于企业财务资源观［J］．财经理论与实践，2009，30（1）：56-60.

［175］马光荣，刘明，杨恩艳．银行授信、信贷紧缩与企业研发［J］．金融研究，2014（7）：76-93.

［176］孟清扬．卖空压力对国有企业创新产出的影响［J］．技术经济，2017，36（9）：58-67.

［177］苗文龙，何德旭，周潮．企业创新行为差异与政府技术创新支出效应［J］．经济研究，2019，54（1）：85-99.

［178］欧锦文，陈艺松，林洲钰．慈善捐赠的媒体关注与企业创新［J］．外国经济与管理，2021，43（4）：111-122.

［179］潘越，王宇光，许婷．社会资本、政府干预与区域资本配置效率——来自省级工业行业数据的证据［J］．审计与经济研究，2015，30（5）：85-94.

［180］彭正龙，赵红丹，梁东．中国情境下领导-部属交换与反生产行为的作用机制研究［J］．管理工程学报，2011，25（2）：30-36.

［181］齐结斌，安同良．机构投资者持股与企业研发投入——基于非线性与异质性的考量［J］．中国经济问题，2014（3）：27-39.

［182］钱苹，罗玫．中国上市公司财务造假预测模型［J］．会计研究，2015（7）：18-25+96.

［183］钱锡红，杨永福，徐万里．企业网络位置、吸收能力与创新绩效——一个交互效应模型［J］．管理世界，2010（5）：118-129.

［184］钱颖一．激励与约束［J］．经济社会体制比较，1999（5）：7-12+6.

［185］乔琳，朱炜，綦好东．QFⅡ网络关系与公司价值——基于中国 A 股上市公司的实证分析［J］．当代财经，2019（8）：128-140.

［186］权小锋，吴世农，文芳．管理层权力、私有收益与薪酬操纵［J］．经济研究，2010，45（11）：73-87.

［187］史永，李思昊．关联交易、机构投资者异质性与股价崩盘风险研究［J］．中国软科学，2018（4）：123-131.

［188］宋献中，胡珺，李四海．社会责任信息披露与股价崩盘风险——基于

信息效应与声誉保险效应的路径分析［J］. 金融研究，2017（4）：161-175.

［189］谭劲松，冯飞鹏，徐伟航．产业政策与企业研发投资［J］. 会计研究，2017（10）：58-64+97.

［190］谭克诚．企业机会主义行为倾向下的企业社会责任问题探析［J］. 郑州大学学报（哲学社会科学版），2013，46（4）：65-69.

［191］唐清泉，徐欣，曹媛．股权激励、研发投入与企业可持续发展——来自中国上市公司的证据［J］. 山西财经大学学报，2009，31（8）：77-84.

［192］田元飞．R&D 资金管理与技术创新成果相关关系研究［D］. 长沙：中南大学，2009.

［193］万良勇，郑小玲．董事网络的结构洞特征与公司并购［J］. 会计研究，2014（5）：67-72+95.

［194］王斌，解维敏，曾楚宏．机构持股、公司治理与上市公司 R&D 投入——来自中国上市公司的经验证据［J］. 科技进步与对策，2011，28（6）：78-82.

［195］王典，薛宏刚．机构投资者网络加剧还是抑制了公司特质风险［J］. 金融经济学研究，2018，33（5）：71-81.

［196］王栋，汪波，李晓燕．新型城镇化视角下地方政府竞争对企业创新投资影响研究［J］. 软科学，2016，30（5）：35-39.

［197］王红建，李茫茫，汤泰劼．实体企业跨行业套利的驱动因素及其对创新的影响［J］. 中国工业经济，2016（11）：73-89.

［198］王红领，李稻葵，冯俊新．FDI 与自主研发：基于行业数据的经验研究［J］. 经济研究，2006（2）：44-56.

［199］王化成，高鹏，张修平．企业战略影响超额在职消费吗？［J］. 会计研究，2019（3）：40-46.

［200］王会娟，余梦霞，张路，等．校友关系与企业创新——基于 PE 管理人和高管的关系视角［J］. 会计研究，2020（3）：78-94.

［201］王建峰，郭华，潘炳红．AH 股市场中知情交易信息传递效率比较研究［J］. 南开经济研究，2014（3）：125-136.

［202］王健忠，高明华．反腐败、企业家能力与企业创新［J］. 经济管理，2017，39（6）：36-52.

［203］王珏，祝继高．基金参与公司治理：行为逻辑与路径选择——基于上海家化和格力电器的案例研究［J］. 中国工业经济，2015（5）：135-147.

［204］王世权．监事会的本原性质、作用机理与中国上市公司治理创新［J］. 管理评论，2011，23（4）：47-53.

［205］王新红，刘利君，王倩．异质机构投资者持股对融资约束的影响研究［J］．南京审计大学学报，2018，15（1）：69-78.

［206］王彦超．金融抑制与商业信用二次配置功能［J］．经济研究，2014，49（6）：86-99.

［207］王营，张光利．董事网络和企业创新：引资与引智［J］．金融研究，2018（6）：189-206.

［208］王贞洁，王京．宏观经济不确定性、战略变化幅度与投资行为［J］．管理评论，2018，30（7）：207-217.

［209］魏浩，巫俊．知识产权保护、进口贸易与创新型领军企业创新［J］．金融研究，2018（9）：91-106.

［210］魏蒙．融资结构对企业绩效影响机理研究［D］．上海：上海社会科学院，2017.

［211］魏志华，曾爱民，李博．金融生态环境与企业融资约束——基于中国上市公司的实证研究［J］．会计研究，2014（5）：73-80+95.

［212］温军，冯根福．风险投资与企业创新："增值"与"攫取"的权衡视角［J］．经济研究，2018，53（2）：185-199.

［213］温军，冯根福．异质机构、企业性质与自主创新［J］．经济研究，2012，47（3）：53-64.

［214］吴先聪，张健，胡志颖．机构投资者特征、终极控制人性质与大股东掏空——基于关联交易视角的研究［J］．外国经济与管理，2016，38（6）：3-20.

［215］吴晓晖，郭晓冬，乔政．机构投资者抱团与股价崩盘风险［J］．中国工业经济，2019（2）：117-135.

［216］吴晓晖，郭晓冬，乔政．机构投资者网络中心性与股票市场信息效率［J］．经济管理，2020，42（6）：153-171.

［217］吴晓晖，王攀，李玉敏．70 年来中国财务会计研究的演进与发展［J］．经济管理，2019，41（8）：197-208.

［218］夏宁，陈露．冲突视角下大股东制衡研究——基于山水水泥控制权争夺的案例分析［J］．会计研究，2016（11）：46-52+96.

［219］肖虹，曲晓辉．R&D 投资迎合行为：理性迎合渠道与股权融资渠道？——基于中国上市公司的经验证据［J］．会计研究，2012（2）：42-49+96.

［220］肖利平．公司治理如何影响企业研发投入？——来自中国战略性新兴产业的经验考察［J］．产业经济研究，2016（1）：60-70.

［221］肖文，林高榜．政府支持、研发管理与技术创新效率——基于中国工

业行业的实证分析［J］. 管理世界，2014（4）：71-80.

［222］肖欣荣，刘健，赵海健. 机构投资者行为的传染——基于投资者网络视角［J］. 管理世界，2012（12）：35-45.

［223］谢德仁，陈运森. 董事网络：定义、特征和计量［J］. 会计研究，2012（3）：44-51+95.

［224］辛清泉，孔东民，郝颖. 公司透明度与股价波动性［J］. 金融研究，2014（10）：193-206.

［225］信恒占. 机构投资者异质性、持股持续期与公司业绩［J］. 山西财经大学学报，2017，39（4）：112-124.

［226］徐向阳，陆海天，孟为. 风险投资与企业创新：基于风险资本专利信号敏感度的视角［J］. 管理评论，2018，30（10）：58-72+118.

［227］许楠，曹春方. 独立董事网络与上市公司现金持有［J］. 南开经济研究，2016（6）：106-125.

［228］许年行，于上尧，伊志宏. 机构投资者羊群行为与股价崩盘风险［J］. 管理世界，2013（7）：31-43.

［229］许强，王利琴，茅旭栋. CEO—董事会关系如何影响企业研发投入?［J］. 外国经济与管理，2019，41（4）：126-138.

［230］杨菲. 企业知识积累与企业创新关系研究［D］. 西安：西北大学，2018.

［231］杨海燕. 机构投资者持股稳定性对代理成本的影响［J］. 证券市场导报，2013（9）：40-46.

［232］杨海燕，韦德洪，孙健. 机构投资者持股能提高上市公司会计信息质量吗？——兼论不同类型机构投资者的差异［J］. 会计研究，2012（9）：16-23+96.

［233］杨建君，盛锁. 股权结构对企业技术创新投入影响的实证研究［J］. 科学学研究，2007（4）：787-792.

［234］杨俊，张玉利，杨晓非，等. 关系强度、关系资源与新企业绩效——基于行为视角的实证研究［J］. 南开管理评论，2009，12（4）：44-54.

［235］杨鸣京. 高铁开通对企业创新的影响研究［D］. 北京：北京交通大学，2019.

［236］杨亭亭，罗连化，许伯桐. 政府补贴的技术创新效应："量变"还是"质变"？［J］. 中国软科学，2018（10）：52-61.

［237］杨勇. 基金经理网络位置与投资绩效［J］. 经济经纬，2012（5）：157-160.

[238] 姚立杰，周颖．管理层能力、创新水平与创新效率［J］．会计研究，2018（6）：70-77.

[239] 伊志宏，李艳丽．机构投资者的公司治理角色：一个文献综述［J］．管理评论，2013，25（5）：60-71.

[240] 游家兴，刘淳．嵌入性视角下的企业家社会资本与权益资本成本——来自我国民营上市公司的经验证据［J］．中国工业经济，2011（6）：109-119.

[241] 余明桂，范蕊，钟慧洁．中国产业政策与企业技术创新［J］．中国工业经济，2016（12）：5-22.

[242] 翟淑萍，毕晓方，李欣．薪酬差距激励了高新技术企业创新吗?［J］．科学决策，2017（6）：1-28.

[243] 张涤新，李忠海．机构投资者对其持股公司绩效的影响研究——基于机构投资者自我保护的视角［J］．管理科学学报，2017，20（5）：82-101.

[244] 张方华．企业集成创新的过程模式与运用研究［J］．中国软科学，2008（10）：118-124+140.

[245] 张红娟，谭劲松．联盟网络与企业创新绩效：跨层次分析［J］．管理世界，2014（3）：163-169.

[246] 张洪辉，夏天，王宗军．公司治理对我国企业创新效率影响实证研究［J］．研究与发展管理，2010，22（3）：44-50.

[247] 张济建，苏慧，王培．产品市场竞争、机构投资者持股与企业 R&D 投入关系研究［J］．管理评论，2017，29（11）：89-97.

[248] 张敏，童丽静，许浩然．社会网络与企业风险承担——基于我国上市公司的经验证据［J］．管理世界，2015（11）：161-175.

[249] 张其仔．社会资本的投资策略与企业绩效［J］．经济管理，2004（16）：58-63.

[250] 张维迎．产权安排与企业内部的权力斗争［J］．经济研究，2000（6）：41-50+78.

[251] 张伟华，王斌，宋春霞．股东资源、实际控制与公司控制权争夺——基于雷士照明的案例研究［J］．中国软科学，2016（10）：109-122.

[252] 张长征，黄德春．企业规模、控制人性质与企业融资约束关系研究［J］．经济经纬，2012（4）：110-114.

[253] 张子余，袁澍蕾．生命周期视角下董监高治理机制与企业技术创新［J］．软科学，2017，31（6）：96-99.

[254] 赵洪江，陈学华，夏晖．公司自主创新投入与治理结构特征实证研究［J］．中国软科学，2008（7）：145-149.

[255] 赵洪江，夏晖．机构投资者持股与上市公司创新行为关系实证研究[J]．中国软科学，2009（5）：33-39+54.

[256] 赵瑞．企业社会资本、投资机会与投资效率[J]．宏观经济研究，2013（1）：65-72.

[257] 郑国坚，林东杰，张飞达．大股东财务困境、掏空与公司治理的有效性——来自大股东财务数据的证据[J]．管理世界，2013（5）：157-168.

[258] 郑志刚，孙娟娟，Rui Oliver．任人唯亲的董事会文化和经理人超额薪酬问题[J]．经济研究，2012，47（12）：111-124.

[259] 钟凯，程小可，肖翔，等．宏观经济政策影响企业创新投资吗——基于融资约束与融资来源视角的分析[J]．南开管理评论，2017，20（6）：4-14+63.

[260] 钟宇翔，吕怀立，李婉丽．管理层短视、会计稳健性与企业创新抑制[J]．南开管理评论，2017，20（6）：163-177.

[261] 周建国．关系强度、关系信任还是关系认同——关于中国人人际交往的一种解释[J]．社会科学研究，2010（1）：97-102.

[262] 周铭山，张倩倩．"面子工程"还是"真才实干"？——基于政治晋升激励下的国有企业创新研究[J]．管理世界，2016（12）：116-132+187-188.

[263] 周云波，田柳，陈岑．经济发展中的技术创新、技术溢出与行业收入差距演变——对U型假说的理论解释与实证检验[J]．管理世界，2017（11）：35-49.

[264] 朱信凯，徐星美．产权性质、机构投资者异质性与投资效率——基于我国农业上市公司的经验证据[J]．苏州大学学报（哲学社会科学版），2016，37（1）：95-101.

[265] 朱有为，徐康宁．中国高技术产业研发效率的实证研究[J]．中国工业经济，2006（11）：38-45.

[266] 朱月仙，方曙．专利申请量与R&D经费支出关系的研究[J]．科学学研究，2007（1）：123-127.

[267] 祝继高，陆正飞．融资需求、产权性质与股权融资歧视——基于企业上市问题的研究[J]．南开管理评论，2012，15（4）：141-150.